행운의 아라비아 **예멘**

행운의 아라비아 **예멘**

초판 1쇄 인쇄일 _ 2006년 8월 21일
초판 1쇄 발행일 _ 2006년 8월 28일

지은이 _ 홍성민
펴낸이 _ 최길주

펴낸곳 _ 도서출판 BG북갤러리
등록일자 _ 2003년 11월 5일(제318-2003-00130호)
주소 _ 서울시 영등포구 여의도동 14-5 아크로폴리스 406호
전화 _ 02)761-7005(代)
팩스 _ 02)761-7995
홈페이지 _ http://www.bookgallery.co.kr
인터넷 한글주소 _ 북갤러리
E-mail _ cgjpower@yahoo.co.kr

ⓒ 홍성민, 2006

값 14,000원

* 저자와 협의에 의해 인지는 생략합니다.
* 잘못된 책은 바꾸어 드립니다.

ISBN 89-91177-22-0 03340

행운의 아라비아 예멘

예멘의 통일과 알리 압둘라 쌀레

—————— 홍성민
한국예멘교류센타 회장

BG 북갤러리

추천사

나와 한국과의 인연은 우리나라가 통일을 수립한 초기에 시작되었다. 당시 한국은 통일부와 대학교 연구기관에서 '예멘통일조사단'을 예멘으로 파견하였었다. 한국대사관 관계자들과의 돈독한 관계를 계기로 해서 나와 싸나대학 동료들은 한국 대표단을 따뜻이 환영하였고, 예멘 통일 과정에 대한 그들의 질문에 성실히 대답해주었다.

예멘 통일 1주년 기념식에 전 세계로부터 축하사절단이 우리나라를 방문했는데, 그 중에 한국 대표단이 포함되어 있었으며 그 때 홍성민 박사를 알게 되었다. 우리는 곧 친해졌고, 예멘과 한국과의 관계 발전과 한국의 통일 실현에 대해 다양한 의견을 나눴다.

그 후 중동아프리카 연구소 초청으로 한국을 방문하게 되었고, 예멘의 통일 과정에 대한 강의를 하게 되었다. 한국에 머무는 동안 선거를 경험했으며 홍성민 박사는 선거 관계자들을 소개해주기도 했다. 또한 판문점을 방문하여 남북 경계선인 38선을 처음 보았다. 그곳에서 나는 분단의 아픔을 겪고 있는 한국 국민들의 통일 염원을 실감할 수 있었다.

이렇게 한국과의 인연은 계속되었으며 그동안 통일부 장관을 선두로 한 한국 대표단이 예멘을 방문하여, 통일부 장관은 싸나대학 자말 압둔 나씨르 홀에서 한국의 현실에 관한 강의를 하기도 했다. 예멘에 있는 한국 동료들과 함께 '예멘한국친선협회'를 설립하고자 준비하던 중 한국의 경제 상황의 악화로 인해 싸나 주재 한국대사관은 철수하게 되었고, 예멘한국친선협회 설립은 무산되었다. 하지만 주 사우디 주재 한국대사관의 협조로 예멘과 한국 간의 관계를 공고히 하기 위한 다양한 활동을 계속할 수 있었다. 또한 나의 동료인 홍박사는 한국예멘교류센타를 설립하면서 한국에 예멘을 알리기 위해 정기적으로 인쇄물을 발간하고 홈페이지를 개설하는 등 활발한 활동을 펼치고 있었다.

나와 한국과의 관계는 한층 돈독해졌고, 한국의 조선대학교 대표단이 예멘을 방문하여 알리 압둘라 쌀레 대통령에게 예멘 통일을 실현시킨 것을 높이 평가하여 명예 박사학위를 수여하기도 했다. 이렇게 나와 한국 동료들은 주위 사람들의 도움으로 깊은 우정을 유지할 수 있었으며, 그 중 Galal Ibrahim Fakirah 교수는 홍박사의 서신을 전달해주기도 했다.

한 가지 영광스러운 일은 2005년 4월 알리 압둘라 쌀레 대통령의 한국 방문을 수행하게 된 것이다. 쌀레 대통령은 서울대학교에서 예멘 통일 과정에 관한 강의를 했으며 한국에서 한국예멘교류센타 임직원들을 만나기도 했다.

그 후 홍박사와 부인은 예멘 통일 15주년 기념식에 참석하게 되었고, Mrs. 홍은 스스로를 '쉬바 김'이라는 예멘 명을 붙이며 예멘에 대한 각별한 사랑을 전했다. 한국에 돌아간 뒤에는 아예 '예멘을 사랑하는 사람들'이라는 HUBY (Hubb ul-Yemen)을 결성하여 예멘을 알리는 다양한 활동을 펼치게 되었다.

홍박사는 정치적, 경제적, 사회적인 다양한 분야에서 예멘에 관한 연구와 학문 활동을 게을리 하지 않았다. 또한 한국 기업들에게 예멘을 알리느라 늘 동분서주하고 있다. 이 책이 한국-예멘 관계를 한층 돈독히 하는 데 크게 기여할 것으로 믿어 의심치 않는다. 이 책은 그의 모든 활동이 담겨있으며, 또한 쌀레 대통령의 예멘 통일 업적과 방한 기간 중의 강의 등과 같은 활동들이 세세히 들어있다. 따라서 이 저서는 한국 국민들에게 쌀레 대통령이 예멘에서 실현한 업적들을 속속들이 알려줄 것이며, 한국 국민에게 전하는 통일의 중요성도 충분히 인식할 수 있을 것이다.

마지막으로 홍성민 박사와 쉬바 김 그리고 한국예멘교류센타의 모든 임직원들과 HUBY 회원들 그리고 아미라 김에게 심심한 감사를 전하고 싶다.

그리고 하나님께서 예멘에 무한한 번영과 영광이 그리고 한반도에 항구적인 통일이 실현시켜 주시기를 기원한다. 그래서 조만간 한국에서 통일 기념식을 치룰 수 있기를 바란다.

2006년 7월

예멘 싸나대학 부총장

아흐메드 M. 알-깁시

머리말

　나는 한국과 예멘의 만남은 이미 실크로드시대에 하드라마우트 지역 어느 곳에선가 이루어졌으며, 그 후 중세 해양시대에는 아덴(Aden)의 항구도시에서 이루어졌을 것이라는 확신을 갖고 있다. 아랍의 유명한 지리학자 이븐 쿠르다지바(Ibn Khurdaziah ; 820-912)는 그의 저서 《제도 및 제 왕국안내서(Kit b al-ma lik wa' l-mam lik)》에서 '아랍인들의 한국 정착'을 언급하고 있다. 이러한 사실은 A.D. 931년 이라크의 남부 바스라(Basra) 지역에서 하드라마우트 지역으로 남하한 알라위 싸이드('Alawi Sayyides) 후손들에 의해 밝혀지고 있으며, 실제로 이 지역의 타림(Tarim)과 쎄이윤(Seiyun) 중간지점에 있는 알라위의 무덤은 오늘날까지 이 사실을 말해주고 있다.

　수천 년의 시공(時空)을 뛰어 넘은 이 순간에도 잠비아의 매혹(魅惑)에서 '한국인의 숨결'을 느끼며 예멘의 신비에 사로잡힌 나는, 21세기의 새로운 예멘에 매료되었다. 잠시 동안 '분열의 아픔'이 '통일'로 하나 된 예멘의 잠재력이 그것이다. 예멘은 석유, 수산, 관광 등 풍부한 자원을 배경으로 '천혜의 항구, 아덴'이 세계사의 새로운 주역으로 등장할 것이다. 그리고 각양각색의 뿌리 깊은 건축, 문화, 예술의 전통을 잘 보존하고 있는 예멘은 분명히 새 시대에 '문화대국'이 될 것임은 자명한 일이다.

이 책을 쓰게 된 배경 또한 바로 이 점에 기인한다. 1980년대 말 국제질서가 붕괴되고 새로운 국제질서의 여명(黎明)의 조짐이 보일 때, '통일'을 새로운 시대에 예멘의 지평으로 생각하고 실천에 옮긴이가 바로 '알리 압둘라 쌀레' 대통령이다. 그는 통일을 이루자마자 즉시 경제개혁에 착수하였고, 그 결과 예멘은 현재 착실한 성장을 계속하고 있다. 이러한 그의 역량은 '새로운 시대를 향한 지도자'의 상징으로 부각되고 있다. 나는 믿어 의심치 않는다. 그가 먼 훗날 예멘의 역사, 더 나아가 아랍의 역사에 있어서 '아랍의 미래를 걱정한 위대한 선구자'였음을….

한국에 있어서 예멘은 아직 미지(未知)의 나라다. 한국인에게 있어서 예멘은 1990년대에 통일을 이룬 아라비아의 오지(奧地) 아니면 가난한 아랍국가 정도로 알려져 있다. 이러한 한국인의 인식은 그간 예멘을 배우고, 또 이를 한국에 알리겠다고 노력해온 내게 있어서 커다란 아픔이 되고 있다. 한국인에게 예멘의 새로운 이미지를 보여주고, 분단된 한반도 통일에 금과옥조(金科玉條) 같은 교훈을 알려주기 위해 지난해 알리 압둘라 쌀레 예멘 대통령이 직접 방한하여 국가원수로서는 이례적으로 서울대에서 몸소 특강까지 하였지만, 아직도 한국인에게 있어서 예멘은 낯선 나라로 인식되고 있다. 안타깝고

서글픈 일이다.

1990년 5월 22일 남예멘의 수도 아덴에서 '예멘의 통일'이 선포되자 예멘 국민들은 물론 전 세계도 놀라움을 금치 못했다. 베를린 장벽이 무너진 독일 통일의 흥분이 채 가라앉지 못한 터라 더 큰 충격이었다. 사회주의 체제가 힘없이 붕괴되고 독일에 이은 예멘 통일이 이루어지자 자연히 그 관심은 한반도 통일로 모아졌다. 이러한 열기는 한반도를 기습하였지만, 15년이 지난 현재까지도 우리는 통일을 이루지 못한 반(半)반도의 아픔을 유지하고 있다.

우리는 2000년 6월 '남북정상회담'을 고비로 아직 국민적 합의를 못 이룬 채 '금강산 관광'이나 '개성공단 사업' 등이 간헐적으로 추진되고 있을 뿐이다. 더 더욱 '6자회담'의 덫에서 헤어나지 못하고 있고, 주변국 일본에게는 '역사교과서 왜곡'과 '독도 영유권' 문제로 발목이 잡혀있는 상태이다. 정말 안타까운 일이다.

예멘 통일에서 역시 중요한 점은 '경제적 요인'이 통일을 앞당기는 견인차 역할을 하였다는 것이다. 통일 이전에 이미 남북 예멘간에는 경제협력의 필요성이 고조되고 있었다. 다시 말하면 예멘 통일의 가장 큰 요인 중 하나는 석유를 포함한 광물자원의 공동개발과 아덴(Aden)항의 개발이었다. 이 과정에서 남예멘의 사회주의 경제제도 실패는 양국 통일을 앞당기는 촉진제 역할을 하였다. 그래서 독일 통일이 '흡수통일'이라면, 예멘 통일은 '합의통일'이다.

통일 이후 비록 높은 실업률, 물가, 인플레이션, 환율급등 등의 경제문제에 부딪치기는 하였지만, 사회통합의 전 단계인 '통화통합'을 무난히 달성하였기에 예멘의 통일은 역사적으로 '합의통일'에 의한 모델케이스로 남을 것이다.

이러한 요인은 한국에 있어서 예멘의 중요성을 더욱 더 깊게 인식시켜 주고 있다. 통일을 이룬 예멘과 한국의 관계는 단지 '통일'이라는 공동인식에서 끝나지 않는다. 자원의 부국이며, 아직 그 개발이 일천(日淺)하다는 측면은 경제관계에서도 한국의 기술과 자본을 요구하고 있다. 그렇기에 한국과 예멘과의 관계는 다소 늦은 감이 없지는 않지만 이제 경제협력의 관계로 발돋움해야 한다.

양국간에는 1985년 공식수교가 이루어진 상태이지만, 한국의 IMF 이후 주예멘 대사관이 철수하였고, 2001년에는 주한 예멘대사관도 철수한 상태이다. 이 문제는 양국관계에 적지 않은 영향을 미치고 있다. 한국예멘교류센타(Korea-Yemen Center)가 민간교류 차원에서 1994년 설립되고 그 활동이 본

궤도에 진입할 무렵 대사관 철수는 커다란 충격이었고, 양국간 교류는 교착 상태에 빠지게 되었다.

다행히도 '한국예멘교류센타'는 그 명맥을 유지하고 있었고, 주한 예멘대사관 시절의 외교관들이 귀국한 후에도 한국을 잊지 않고 예멘센타와 꾸준한 교류를 지속하고 있다. 특히 큰 힘이 된 것은 학자들간의 교류이다. 싸나대학의 교수들이 세미나 참석을 포함하여 간헐적으로 한국을 방문하였고 아덴대학은 꾸준히 우리 센타에 연구물들을 보내주었다. 이 조그만 결실이 2005년 4월 쌀레 대통령의 한국방문시 한–예멘관계에 조그만 초석(礎石)을 쌓아준 것이다.

한국을 방문한 쌀레 대통령은 우리 센타에 예멘의 귀중한 서적을 직접 가져와 직접 기증해 주었다. 이에 우리 센타 임직원들은 큰 감명을 받았고, 면담 직후 나와 쉬바 김 그리고 아미라 김을 예멘으로 공식 초청하였다. 당황한 우리는 시간이 촉박하긴 하였지만 빈손으로 방문할 수 없었기에, 서울대학교에서 강연한 내용을 조그만 자료집으로 묶어 《예멘 통일의 실현과정》이라는 소책자로 만들어 하드라마우트의 수도 무칼라에서 개최된 '제15주년 예멘통일 기념식'에 참석하였다. 한국어, 영어, 아랍어로 동시에 출판 된 작은 성의지만, 이를 본 대통령은 무척 좋아하였다. 금년 호데이다에서 개최된 '제16주년 예멘통일 기념식'에 참석하여 다시 만난 대통령은 '한국의 날(Korean night)'을 포함하여 조그만 '한국의 문화행사'를 하고 싶다고 했더니, 예멘센타를 극찬해 주며 지원을 아끼지 말라고 수행한 각료들에게 특별한 지시도 하였다.

이에 고무된 우리는 더 큰 분발을 각오하지 않을 수 없었고, 한-예멘간 관계에 있어서 우리 한국예멘교류센타에 대한 예멘 대통령의 특별한 배려는 우리에게 큰 힘이 되고 있다. 특히 대통령이 직접 민간단체의 활동에 대해 이토록 큰 관심을 가져 준 나라는 세계에서도 매우 드문 일일 것이다. 나는 이 고마움을 결코 잊을 수 없다. 예멘측의 헌신적인 배려는 향후 한-예멘간 민간교류는 물론 경제교류에도 큰 밑거름이 될 것이라는 점을 믿어 의심치 않는다. 이 책을 쓰게 된 동기는 바로 이러한 예멘측의 배려에 기인하고 있다. 우리는 앞으로 Korea-Yemen Center의 숙원 사업인 '예멘문화센타 건립'이 완성되어 예멘의 문화를 한국에 알리는 데 일조(一助)를 할 수 있을 때까지 그 노력을 아끼지 않을 것임을 다시 결의한다. 아울러 다음 기회에는 위대한 통일 대통령 알리 압두라 쌀레 예멘 대통령을 국제적으로 알리기 위해 깁시 박사와 함께 영문으로 된 보다 알찬 책을 만들 것을 약속한다.

이 책은 그동안 한국예멘센타가 발간해온 〈알리 압둘라 쌀레-예멘 통일의 아버지, 민주공화국의 기수〉(1997), 〈알리 압둘라 쌀레-예멘 통일과 민주화의 기수〉(1998) 및 〈예멘 통일의 실현과정-알리 압둘라 쌀레 예멘대통령 한국 방문 특별강연〉(2005) 등의 책자가 근간이 되었고, 그간 필자가 틈틈이 기고한 몇몇의 글들이 보태진 것이다. 이 책이 앞으로 한-예멘 관계에 조금이라도 기여한다면 더 없는 영광일 것이다.

이 책이 나오기까지 한국예멘교류센타 임직원 여러분들의 헌신적인 노력은 결코 잊을 수 없다. 특히 그 동안 가정의 어려운 사정이 있었음에도 꾸준히 귀중한 자료들을 아랍어로 옮겨준 아미라(Amira) 김에게 큰 감사를 드린다. 더 더욱 예멘 현지에서의 도움은 결코 잊을 수 없다. 내 인생의 영원한 후원자가 돼 준 싸나대학의 깁시(Dr. Ahmed M. Al-Kibsi) 부총장의 도움이 없었다면 이 책의 발간은 아예 불가능했을 것이다. 그리고 대통령 궁의 관계자 여러분들, 갈랄 I. 화키라(Galal Ibrahim Fakirah) 농업성 장관을 비롯한 싸나대학의 교수들과 각 부처의 장관들의 조언은 이 책의 완성을 도와주었다. 아울러 한국에서 외교관 생활을 마치고 귀국하여 우리 센타의 활동을 헌신적으로 돕고 있는 예멘 현지의 외교관들에게도 고마운 마음을 전한다. 그리고 이 책의 출판을 흔쾌히 맡아준 도서출판 〈북갤러리〉의 최길주 사장님께 더 없는 고마움을 전한다.

　이 책이 한-예멘간 교류에 있어서 하나의 가교(架橋)가 되기를 기원하면서….

2006년 7월

한국예멘교류센타 회장

鏡巖 홍성민 박사

차례

제3장 예멘 분단의 아픔과 통일의 환희

제6장　예멘 통일과 한반도

일러두기

이 책에 표기된 본문의 용어 가운데 가스(GAS)를 개스로, 리비아 국가원수 카다피(Qaddafi, Muammar al-)를 까다피로, 고대 아라비아의 예언자(nabi)이자 이슬람교(敎)의 창시자인 무하마드(Muammad)를 무함마드로 표기한 것 등은 원어(原語)에 가깝게 표기를 쓰고자 하는 한국예멘교류센타의 요청을 그대로 살려 표기한 것임을 밝혀둡니다.

제1장
사자를 길들이는 예멘의
알리 압둘라 쌀레

제1장
····· □·□·□ ·····
사자를 길들이는 예멘의 알리 압둘라 쌀레

1. 사자(獅子)의 등을 탄 쌀레 대통령

예멘에는 "예멘을 통치하는 것은 사자를 타는 것과 같다: 만일 당신이 한 번 타면 당신은 내릴 수 없다"는 속담이 있다. 오랜 기간동안 사자의 등을 올라타고 사자를 길들이고 있는 알리 압둘라 쌀레(Ali Abdullah Saleh) 예멘 대통령은 이 같은 예멘의 속담을 문제 삼지 않는 것처럼 보인다.

1978년 7월 17일 서른여섯 살의 알리 압둘라 쌀레는 예멘인민의회에 의해 전쟁으로 파괴된 어수선한 북예멘의 대통령으로 선출되었다. 전문가들이 예멘은 '쌀레의 전임자들에 대한 암살과 쿠데타의 연속으로 통제가 불가능한 나라'로 서슴없이 논평하는 매우 어려운 상황이었다. 쌀레가 권력을 잡기 이전 예멘에서 가장 오랫동안 대통령 직을 유지한 사람들조차도 그 직책을 3년 이상 유지하지 못했기에 당시 국제적인 언론들은 쌀레가 대통령 지위를 3개월 이상 유지하지 못할 것이라고 조롱하였다.[1] 그러나 1990년 쌀레는 서로 반목질시(反目嫉視)하던 남과 북을 통일시켰고 새롭게 통일된 예멘의 대통령으로 선서를 했다.

쌀레는 통일을 달성하기 위해 10년 이상 국내외에서 열정적인 외교와 일련의 정상회담을 가졌다. 국가통일과 함께 마침내 쌀레는 남북 양국 예멘의 근대사에 지배적이던 살육적인 투쟁과 수많은 내전을 종식시켰다. 아울러 쌀레는 예멘을 위한 국제적인 위상강화를 모색했고, 1988년 북예멘은 이집트, 이라크 및 요르단과 함께 아랍협력위원회(Arab Cooperation Council; ACC)를 발족시켰다.

그러나 남북 예멘 재통일 이후 단지 일년이 되었을 무렵, 예멘정부는 걸프전(The Gulf War)에서 이라크에 대한 반대노선 제휴를 거부하였다. 그 결과 사우디 아라비아는 수백만의 예멘 노동자들을 추방하였고, 그들이 국내로 귀환함에 따라 예멘의 국가경제가 마비될 정도로 예멘에 대해서는 무거운 경제제재가 되었다. 통일 이후 10년 이상의 세월이 흐른 후 예멘은 똑같은 실수를 두 번 반복하지 않도록 노력을 기울이고 있다.

과거 15년 동안 예멘은 사우디 아라비아, 오만과의 국경분쟁을 평화적으로 하였다. 에리트리아가 1997년 예멘의 후나이시(Hunaish) 섬을 공격했을 때 강한 인내가 시험되긴 했지만, 쌀레는 군사적인 행동 대신 외교적 절충을 선택했고, 그 결과 후나이시 섬은 평화적으로 예멘으로 반환되었다.

놀랄 것도 없이 오랜 기간에 걸쳐 쌀레 대통령은 국가통일에 대해 수많은 위협에 직면해왔으며, 민족분쟁을 대부분 대화를 통해서 그리고 중재위원회의 활용을 통해서 해결함으로써 분단국가의 불화를 치료하기 위한 열정적인

---

1) 1973년 북예멘 지도자 무함마드 알리 오스만의 석연치 않은 암살사건으로 남북관계가 악화된 가운데 1974년 이리야니 대통령이 주위의 압력으로 하야하고 이브라힘 알-함디 군사위원회 의장이 정권을 승계하였다. 1977년 10월 인기 높던 알-함디 대통령과 그의 동생이 암살되고 아흐마드 알-가시미가 대통령직을 승계하였다. 하지만 1978년 그도 남예멘의 정적에 의해 살해되었다.

노력을 해왔다. 예멘 통일의 유지는 미묘한 균형행위가 요구되었고 쌀레 대통령은 각 종파들을 정부로 끌어들임으로써 그리고 그들을 민주적인 과정에 개입시킴으로써 각 종파들의 이익을 만족시킬 수 있게 해주었다. 인간권리의 존중, 언론의 자유, 여성의 참여 및 대통령 직접선거와 대통령 중임제도를 포함하는 헌법개정 등이 이러한 개혁 기간동안 모든 변화들을 말끔히 정리하였다. 현재 예멘에는 쌀레 대통령이 종종 '정부의 또 다른 얼굴'로 묘사하는 형식적인 반대만이 존재할 뿐이다.

세계에서 가장 가난한 나라 중 하나로 분류되었던 예멘이 직면한 커다란 도전을 모두 감안하면, 경제성장은 비교적 안정적으로 이루어졌으며 인프라, 생활수준 및 국내 안정은 괄목할만한 업적을 남겼고 또 상당히 개선되었다. 불과 30년전 200마일 미만의 포장도로가 있었던 예멘은 오늘날 6,000마일 이상으로 확대되었고, 쌀레 대통령은 그 사실이 너무나 자랑스러워 하나씩 거침없이 이야기한다. 한정적이나마 '석유의 부(oil wealth)'는 국가경제가 침체하는 것을 방지해주는 역할을 해주었을 뿐만 아니라 '독일병(Dutch disease)'과 같은 고통을 안겨주지도 않았다. 그럼에도 불구하고 최근 쌀레 대통령은 세계은행(World Bank)의 권고에 따라 경제의 다른 주요 부문들, 즉 관광업과 수산업 분야 등의 다양화를 강력히 추진하고 있다.

쌀레 대통령이 예멘의 경제개혁 일정을 추진함에 있어 혼신의 힘을 기울이고 있기는 하지만 정치적인 반대 때문에 때때로 진행이 늦춰지는 경향이 있다. 그 결과 세계은행과 국제통화기금(IMF)은 구조적인 개혁, 증권시장의 설립, 외채감축 및 빈곤퇴치와 같은 다수의 분야에 예멘과 함께 공동작업을 계속해오고 있다. 오늘날 예멘은 이 지역에 있어서 세계은행의 가장 큰 포트폴리오(portfolio) 프로젝트를 갖고 있다. 이에 덧붙여 2005년 이전에 세계은행 권고에 따라 예멘정부는 광범위하게 퍼진 일반대중의 반대에도 불구하고 연료 보조금을 감축했고 직업, 임금 및 봉급에 대한 새로운 전략을 승인했다. 쌀레 정부는 재화와 상품에 관한 관세 면제와 함께 이 같은 개혁조치들이 예멘이 WTO에 가입하기 위해 필요한 것이라고 설득하고 있다.

[지도 1] 중동 지도

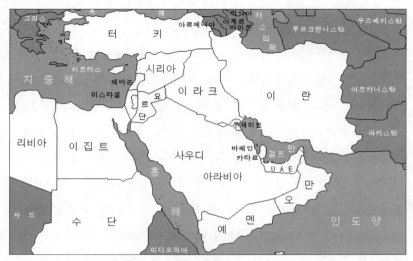

출처: 중동경제연구소, http://hopia.net/kime/nation/mid.htm

9·11 테러사태 이후 쌀레 대통령은 '테러와의 전쟁'에 동참함으로써 미국과 강력한 유대관계를 유지해오고 있다. 조지 W. 부시(George W. Bush) 미대통령과 회담이 끝난 직후 쌀레 대통령은 테러공격에 대한 예멘의 비난을 강조했다. 물론 예멘은 테러리즘의 참상에 대해 일차적인 경험을 가지고 있다. 2000년 10월 미함정 콜호와 2002년 프랑스 슈퍼탱커 림버그(Limburg) 폭격 이후, 예멘의 경제는 매우 어려운 시기를 보내야 했다. 이 지역에서 안전을 강화하기 위한 조치는 재정적인 원조의 제공뿐만 아니라 미국이 예멘의 미숙

한 해안경비대를 훈련시키고 장비 제공을 돕도록 자극하였다.

쌀레와 부시간의 사전 회담들은 자연히 안보협력과 테러에 대한 제휴에 있어 최전선 파트너로서 예멘의 역할에 초점이 맞춰졌다. 이러한 협력의 결과 예멘 당국은 국내외 모두에 있어서 여러 형태의 테러공격을 방지해왔다. 미 행정부에 의한 노력들은 반테러(counter-terror) 법정의 설립과 미 함정 콜호 폭격에 대한 조사협조 및 국내에서 테러 근절에 대한 정부의 개입이 포함된다. 2004년 두 지도자들은 중동에서 민주적인 변화와 경제개혁을 증진하기 위한 미국의 이니시어티브에 대해 토론하였다. 쌀레 정부는 민주주의의 시작과 함께 예멘이 중동의 다른 지역에 있어서 하나의 민주주의의 모델 역할을 할 수 있지만, 그것을 달성하기 위해서 예멘은 더 많은 지원을 필요로 한다는 입장을 견지하고 있다.

오랜 기간동안 사자의 등을 올라타고 그 사자를 길들이고 있는 알리 압둘라 쌀레 예멘 대통령은 그 유명한 예멘의 속담을 문제 삼지 않는 것처럼 보인다. 2005년 6월 쌀레 대통령은 "나는 피곤하다, 나는 쉬고 싶다, 예멘은 이제 젊은 지도자에 의해 통치되어야 할 때다"라고 말하면서, "다음 선거가 치러질 때 하야하겠다"고 말했다.[2] 실제로 2005년 하드라마우트주의 수도인 무칼라에서 개최된 15주년 예멘 통일 기념식이 끝난 직후, 이 사실을 발표하여 언론에 대서특필되었으며, 당시 그 기념식에 참석했던 나는 예멘 현지에서 그 사실을 직접 목격하였다.

---

2) Foreign Affairs. Nov.-Dec. 2005, 《Yemen : Poised to Prosper》, A special report prepared by Strategic Media, pp.1-2.

2. 지도자의 결심과 예멘의 통일[3]

알리 압둘라 쌀레 대통령은 예멘의 역사적인 영광을 되살리기 위한 민족적 혁명을 위해 전 생애를 바쳐 왔다. 그 같은 위대한 역사적인 노력의 결과 쌀레 는 1990년 5월 22일 예멘 통일을 선언함으로써 다당제와 표현의 자유, 자유 시장경제 및 헌법이 보장하고 있는 인권 존중을 바탕으로 재건과 발전을 향하 여 중요한 걸음을 내딛게 되었다. 그는 반란과 재분단을 도모하는 세력들에 과감히 맞서 투쟁했다. 그리하여 지난 1997년 4월 27일 예멘 국민들은 통일 을 이룩한 지 두 번째로 새 의회 선거라는 민주주의를 향한 시험을 치러 민주 주의의 기초를 더욱 굳건히 하였으며 법치국가의 개념을 뿌리내리게 되었다.

예멘은 1962년 왕국에서 공화국으로 바뀐다. 쌀랄 대령이 이끄는 군부 쿠 데타가 성공하여 예멘아랍공화국이 성립되었다. 그러나 쌀랄 정권 역시 대중 적 지지기반이 약해서 이후 정정(政情)은 혼미를 거듭한다. 의회는 1962년 공화국 수립 후 존재가 인정되기는 하였지만 그 역할은 아주 미약했다. 1962~1963년 혁명의 성공 후 정치지도자들은 왕정의 잔재와 식민주의 세 력을 몰아내기 위해 국민회의를 창설했다. 국민회의의 성립은 민주주의와 공 화제라는 민주주의의 기본원칙을 수행하기 위한 기본토대가 되었다. 민주주 의, 이것은 예멘아랍공화국이 추구하는 제1의 통치이념이었다. 민주주의는 공화국의 신념이자 믿음이었으며 민주주의 실현의 제1목표였다. 1971년에 는 의회의 역할을 증대시키기 위해 쑤라(Sura) 의회를 구성하여 의원을 선출 하게 된다.

---

3) 이 글은 필자가 손주영 외 지음, 2000, '예멘 통일의 주역 ; 알리 압둘라 쌀레(Ali Abdullah Saleh Al Amar : 예멘, 1942)', 〈20세기 중동을 움직인 50인〉(서울 : 가람기획) 139-146 쪽에 기고한 글을 수 정, 보완한 것이다.

한편 남예멘은 1967년 영국으로부터 독립하여 남예멘 인민공화국이 탄생하여 사회주의 체제를 성립시킨다. 그 해 북예멘에서는 이리아니 정권이 수립된다. 그러나 이리아니 정권은 1974년 알-하마디에게 넘겨지고 1977년 알-하마디 정권 또한 친 사우디 아라비아 계열의 알-가쉬미에게로 넘겨진다. 가쉬미 정권 역시 정치·경제·사회적 난국을 극복하지 못하고 가쉬미는 폭탄 테러로 사망한다. 알-가쉬미의 사망 이후 1978년 7월 군부의 지지를 받는 타이즈의 군사 지도자 알리 압둘라 쌀레 중령이 대통령에 취임한다. 그는 정치, 사회적인 갈등, 경제적인 어려움을 해결해야 하는 막중한 임무를 부여받았다. 쌀레 대통령은 가장 먼저 정치조직을 근대화하여 의회의 역할을 증대시켰다.

예멘에서 1978년은 격동의 해였다. 싸나와 아덴에서는 권력투쟁과 정치적 소용돌이 바람이 휘몰아치고 있었다. 쌀레가 국민의회의 선거를 통하여 1978년 7월 17일 대통령과 총사령관의 권력을 잡았을 때, 소수의 사람들만이 이를 반겼다. 당시 예멘의 현실은 극도로 복잡하였고 수많은 정치인들은 정치적 소용돌이에서 탈피하고자 관망하고 있었다. 세계 대부분의 예멘 분석가들은 쌀레 대령의 정권이 1~2년 안에 무너지리라고 예상하였다. 그러나 이러한 예상은 모두 빗나가고 말았다. 그는 오늘날까지 예멘의 대통령으로 건재하고 있으며, 예멘의 생활수준 향상과 경제성장의 측면에서 커다란 성과를 기록하고 있다. 쌀레 대통령의 통치기간 초기의 1년 반 동안의 기간에, 그는 북예멘의 흩어진 여러 부족들을 잘 훈련시켰고, 동시에 남예멘의 사회주의 체제의 절박한 위기도 함께 피할 수 있었다. 이러한 배경은 남-북예멘 양국간에 있었던 1979년 내전이 하나의 계기가 되었다.

1979년 쌀레 대통령은 3차 헌법을 통과시켜 국민회의의 역할을 확대시킨다. 그때까지 99명이던 의원 수를 159명으로 늘리고 진정한 의미에서의 입법부로 만들어 나가는 작업을 실행에 옮긴다. 또 각 주마다 9명의 의원으로 구성되는 지방의회를 발족시킨다. 그러나 주민의 완전한 직선에 의한 국민회의 의원선출을 선발하는 데는 많은 시간이 더 필요하였다. 국민회의 의원이나 지방의회 의원은 선출직과 임명직의 두 가지가 있었기 때문이다. 지방의회의 경우도 2/3는 국민이 선출하고 나머지 1/3은 대통령이 임명하는 절충적인 방식을 도입했다. 이러한 일련의 조치들은 급격한 변화로 인한 정정불안을 염려한 쌀레 대통령의 고육지책(苦肉之策)으로 분석된다.

쌀레는 또한 국민들의 정치의식과 이슬람 사상을 결합하여 국민헌장을 만들었다. 국민헌장은 정치에 무관심하거나 정치에 반감을 느끼는 모든 세력을 포용하는 것으로 국민통합의 강령으로 중요한 역할을 하게 된다. 국민헌장이 추구하는 기본 목표는 아래와 같다.

첫째, 보다 나은 현재와 미래를 건설하고자 하는 국민들의 열망을 실현시키기 위해 예멘 혁명의 목표에 부합하는 국민세력을 창설한다.

둘째, 다양한 의견의 제시는 새로운 예멘사회 건설이라는 독립적이고도 자유로운 희망의 출발점이 될 것이다.

셋째, 국민의 이익에 정책의 최우선 순위를 두며 국가의 독립과 국민 주권을 강화시켜 나간다.

넷째, 혁명의 목표를 실행에 옮길 수 있도록 실행원칙들을 마련한다.

다섯째, 새로운 예멘사회 건설이라는 목표를 이룩하기 위해 모든 국민은 자유롭고 솔직하게 의견을 표현할 수 있다. 그리고 그러한 의사표명의 기회역시 주어진다.

이러한 국민헌장을 토대로 1980년에는 국민 대화위원회가 구성되고 국민들의 정치참여 폭이 넓어졌다. 국민회의는 정치기구로, 입법기능은 물론이고 대행정부 견제기능까지 수행하게 된다. 국민회의는 정파의 이익이나 부족의 이익을 대변하는 것이 아니라 국민의 이익을 대변하는 진정한 민의(民意)의 대변자가 되려고 노력했다. 바람직한 국가의 건설과 국민의 이익을 최우선으로 여기는 정치세력으로 그 입지를 굳혀갔다.

국민들의 정치참여의 폭을 넓히기 위하여 각계 각층의 시민들과 대화하는 쌀레 대통령

알리 압둘라 쌀레 대통령은 1978년 7월 17일 대통령 직에 취임한 이래 지도력과 경험 그리고 탁월한 안목으로 나라를 이끌었다. 그는 원래 군사 지도자였으나 정치적인 지도자로 발전해 갔다. 앞으로 예멘이 안고 있는 경제문제만 원만히 해결한다면 20세기를 마감한 위대한 대통령으로 기록될 것이다.

쌀레 대통령은 취임 이후 10년 동안 정국을 안정시켰고 그러한 토대 위에서 1990년, 통일이라는 예멘민족의 염원을 성취시켰다. 자본주의와 사회주의를 추구했던 남·북예멘의 통일은 1980년대까지만 해도 일견 불가능해 보였다. 사회의 체제나 조직, 인적구성 등에서 이 둘은 '물과 기름의 관계'처럼 보였기 때문이다. 그러나 쌀레 대통령은 이러한 난관을 극복하고 통일을 성취해냈다. 이것은 쌀레 개인의 애국심과 추진력이 만들어낸 작품이라고 말할 수 있다.

새로운 예멘 건설을 위해 나타난 1980년대 초의 특징은 우선 첫째로 역사적으로 서로 이질적인 양국간의 현실에서 국가 이익의 창출과 정치, 경제, 사회적 건설을 위하여 국민적인 상호 협조와 안보 및 안정을 위한 원칙을 실현할수 있었으며, 둘째로 대부분의 주요 정치 세력이 포함된 폭 넓은 정치적 단체로서 정치기구를 구성하여 권력의 안정을 도모하여 1982년 국민의회가 결성되었고, 셋째로 국민의 자본축적과 장기적인 경제정책으로 국가의 자체 능력과 발전 가능성에 기반을 둔 공업, 교통, 수송, 농업 분야에 대한 전문적이고 완벽한 경제적 성장 동기를 제공하였고, 넷째로 쌀레의 집권 시기는 예멘 사회의 안정을 추구하고 경제발전 및 현대적인 국가 건설과 전통간의 조화 그리고 예멘의 사회문제를 다룸에 있어서 탁월하고 민첩한 통치적 유연성을 발휘하였고, 다섯째로 쌀레의 집권 이후 기본적인 서비스 분야, 예를 들면 보건, 교육, 기타 사회 서비스 분야 등에서 국민을 위한 가시적인 업적을 쌓았으며, 그의 경제정책은 사회활동에 지장을 초래하지 않는 효과적인 것이 되었다. 마지막으로 자본주의와 사회주의간의 투쟁과 복잡한 국제관계에도 불구하고, 쌀레 대통령의 집권 이후 예멘의 대외정책은 어느 한쪽에도 치우침이 없는 독자적인 독립성을 지키고 있다.

쌀레 대통령은 역내 국가들은 물론 세계의 국가들과의 우호관계를 배경으로 예멘의 통일을 이루어 내기 위하여 평화적인 대화를 통한 노력을 경주하였고, 아덴의 통치자들과 통일을 위한 협상을 통하여 형제 관계를 맺었다. 1979년 3월 쿠웨이트 접촉을 시작으로 1989년 11월 아덴 접촉을 마지막으로 적극적인 통일 협상을 계속하였다. 드디어 쌀레 대통령은 1990년 5월 22일 그의 노련한 정치적인 경험과 입장 고수 덕분으로 통일을 이룩하여 예멘공화국을 탄생시켰다.

1990년 5월 22일 남예멘의 수도 아덴에서 통일 예멘 국기를
게양하는 쌀레 대통령

1990년 5월 남북 예멘의 무장(武裝)이 통일에 앞서 기술적으로 해제되고, 1990년 5월 22일 '예멘공화국(The Republic of Yemen)'이 전격적으로 선포되었다. 북예멘의 지도자 쌀레 대통령은 통일 예멘 대통령의 직책을 맡았고, 부통령은 남예멘의 지도자 알-바이드가 맡게 되었다. 북예멘의 수도 싸나는 모든 각료와 정부위원회를 불러들여 새 정부의 '행정수도'로 명명되었다. 지리적으로는 훨씬 크지만 상대적으로 인구가 적은 남예멘의 수도 아덴(Aden)은 그 보상을 위하여 '자유무역지대(free trade zone)'의 약속과 함께 '경제수도'로 명명되었다. 1993년 4월 선거에서 알-바이드가 패배한 이후, 쌀레와 알-바이드 관계는 악화되었고 알-바이드는 동년 9월 싸나를 떠나 아덴으로 되돌아갔다. 오만과 요르단의 중재 노력을 포함한 수많은 화해 시도에도 불구하고 양 지도자는 장래 공화국의 정치기구에 합의를 이루지 못했다. 해결의 열쇠인 제도 통합에 대한 실패는 남북 예멘간의 긴장을 고조시켰으며, 1994년 초 산발적인 무력충돌을 가져왔다. 결국 남예멘이 통일된 공화국에서 탈퇴를 선언함으로

써 1994년 5월 5일 전면적인 내전(civil war)이 발발하였다. 그러나 남예멘 측은, 공군력의 우세에도 불구하고 남예멘 군대는 아덴으로 후퇴하였고, 동년 7월 7일 북예멘에 항복하였다. 북예멘은 남예멘 분리주의자들에 대해 '군의 통일'을 위한 승리를 선언하였고, 남예멘 지도자들은 인접 국가로 피신하였다. 그 후 알-바이드는 오만에서 정치로부터 은퇴를 하였고 북예멘의 '재통일' 형식으로 예멘은 '완전한 통일'을 이룩하여 오늘에 이르고 있다.

이와 같은 쌀레의 업적은 역사적으로 예멘국민의 삶에 있어서 하나의 전환점을 이룩하였다고 볼 수 있다. 예멘 통일의 정치적 교훈은 오랫동안 식민지 지배로 분파 되었던 국민과 나라를 재통일한 첫 번째 사례로 평가되고 있다. 1990년 5월에서 1994년의 기간동안 쌀레 대통령은 종족주의(宗族主義) 시대로 회귀하지 않고 예멘공화국의 체제를 유지하는 강력한 통치력을 발휘하였다. 쌀레는 내전 이후 종족주의의 소용돌이로부터 안전한 곳, 즉 거친 폭풍우 가운데서 예멘이라는 배를 탁월하게 순항시킬 수 있었다. 드디어 1997년 7월 7일에 예멘 전역에 완전한 통일의 깃발이 펄럭였을 때 완전한 승리는 쌀레에게 안겨졌다. 쌀레 대통령은 파괴된 남북내전의 흔적을 없애고 국가 이익을 위한 경제발전과 건설에 있어서 새로운 단계로 도약하는 데 온 정열을 바치고 있다.

이러한 이유에서 통일 예멘공화국의 건설은 아라비아 반도뿐 아니라 중동, 더 나가서 세계적으로 큰 관심의 대상이었다. 예멘의 정치발전은 후진국 정치발전의 사례로 연구대상이 되었다. 앞으로 쌀레 대통령이 추구해야 할 경제발전 역시 어떻게 진행될지 세계 각국은 주목하고 있다. 또 통일을 추구하는 우리나라의 입장에서는 합의통일과 흡수통일 두 가지 과정을 겪은 예멘의 사례가 통일문제를 다루는데 있어서 하나의 시금석(試金石)이 될 수 있다.

아울러 1972~1979년 국경분쟁을 치른 남북 예멘은 양국의 충돌이 협상과 대화의 창구를 마련하여 1990년 통합을 이루게 하는 초석이 되었다는 점은 커다란 의미를 갖는다. 예멘 통일은 독일의 '흡수통일'과는 다르게 거의 대등한 관계에서 '선통합-후조정'이라는 통일 방식을 취하고 있기에 한반도의 통일과 관련하여 시사하는 바가 매우 크다.

세계의 이목을 집중시키며 진행된 예멘의 통일 과정은 내부적으로 매우 복잡한 양상을 띠면서 전개돼 왔다. 통일에는 반드시 후유증이 있다는 사실이 독일 통일과 예멘 통일의 예(例)에서 입증되고 있다. 독일 통일이 경제적 후유증이 특징이라면, 예멘 통일의 특징은 정치적 후유증이라고 볼 수 있다. 하지만 예멘 통일의 경우, 독일방식의 '흡수통일' 형태가 아니기에 그 후유증의 근원도 다른 곳에서 찾아야 할 것이다. 통일 직후 극심한 경제난으로 인한 예멘 통일의 후유증을 독일과 똑같이 경제적인 원인에만 국한하여 보는 것은 바람직하지 못하다.

비록 예멘이 통일 이후 심각한 경제난을 겪기는 했지만, 구조적으로 볼 때 이의 근본적인 원인은 내부적 경제문제에 있는 것이 아니라 국제 정치적인 측면, 즉 걸프전의 영향으로 보아야 할 것이다. 예멘이 걸프전 당시 이라크의 편을 들었기에 곧바로 UN에 의한 경제제재 조치가 이루어졌고 경제구조가 취약한 통일 예멘정부는 위기에 직면했다. 설상가상으로 사우디는 이 조치의 일환으로 100만 명에 달하는 예멘인 근로자들을 추방하였다. 이는 곧바로 예멘 국내에서 실업의 증가요인으로 작용하게 되면서 설상가상으로 예멘 경제를 더욱 어렵게 만들었다.

그 당시 예멘 경제는 구조적으로 해외의존형이었다. 인접 아랍국가에서 보내오는 근로자들의 송금이 예멘 경제에서 커다란 역할을 했으며, 인접 아랍국가들, 특히 이라크, 사우디 및 쿠웨이트의 원조에 의존도가 매우 심한 취약한 경제구조를 갖고 있는 나라가 예멘이었다. 따라서 통일이후 경제난의 원인을 통일 후유증으로 분석하는 것은 바람직하지 못하다. 만일 그들이 통일이 되지 못한 상태라 할지라도 걸프전 이후 국제 정치적인 상황은 예멘이 감내하기 어려운 경제적 위기의 원인이 될 수 있었다.

1990년 5월 22일, 통일 예멘공화국은 수립 이후 쌀레 대통령의 영도 하에 안정된 국가로 발전하고 있다. 통일된 국가의 기틀이 완전히 마련된 예멘은 헌법과 법령, 사상과 종교, 경제와 사회 등 전 분야에서 고른 발전이 기대된다. 그러나 그 과정은 시련의 연속이었으며 결과 또한 아직 만족스러울 정도는 아니다. 지금도 예멘정부는 경제성장과 사회발전이라는 기본 목표를 설정하고 공공부문과 민간부문에 대한 투자를 계속하고 있다. 이를 위해 사회간접자본인 도로와 항만을 확충하고, 자유무역지대 등을 건설하고 있다. 이러한 제반조치가 경제발전의 초석이 될 것으로 기대된다. 예멘은 공공기관의 지출을 삭감하고 수출 규모를 늘리며, 농수산업, 제조업, 서비스업의 생산성 향상을 위해 노력하고 있다. 더욱이 통일 이후 생산되기 시작한 원유의 생산은 경제기반을 강화하고 경제를 활성화하는데 크게 기여할 것으로 기대된다. 예멘의 역사에서 쌀레의 강력한 지도자 역할은 예멘이 새로운 시대로 진입할 수 있는 길을 열어주고 있다고 볼 수 있다.

통일 이후 정치적인 안정과 강력한 정부의 지도력을 바탕으로 쌀레 대통령은 사회 전 분야에 걸쳐 국민들의 생활수준을 향상시키고 삶을 윤택하게 하며, 경제성장을 실현하고자 석유와 개스 및 수산업 자원을 포함한 국가 자원과 에너지 개발을 활발히 진행 중이다. 이와 관련하여 예멘정부는 모든 국내 및 해외 투자자들에게 각종 다양한 혜택과 편의를 제공하는 투자법을 공포하였다. 2000년 기준으로 예멘에는 30여 개의 전 세계 유수 회사들이 예멘의 석유탐사 및 채굴 분야에서 활동하고 있다. 최근에는 프랑스, 미국, 한국 합작회사와 예멘정부간에 액화 천연가스 LNG 채굴 협정이 체결되었다. 석유나 개스분야뿐만 아니라 건설이나 농업, 관광[4] 및 기타 분야에서도 투자할 수 있는 기회는 얼마든지 있다. 통일과 함께 아덴은 자유무역지대로 선포되었으며 1996년부터 2000년까지 통일국가의 제1차 경제5개년 계획의 닻이 올려짐과 때를 같이하여 사유화 정책이 실행되기 시작했다.

쌀레 대통령은 모든 계획과 업적실현에 혼신의 힘을 다하고 있다. 그는 부패와의 전쟁을 선포하였고 전반적인 개혁정책을 단행하여 그 첫 번째 결과로서 국내 통화의 안정과 적자 감소 및 경화(硬貨)의 예비준비율 증가가 이루어졌다. 그에 대한 효과는 이웃한 국가들과 다수의 지역 및 국제기구들이 이러한 건설적인 노력에 지원하게 됨으로써 현실화되었다.

지역의 평화와 안정을 실현시키기 위한 노력의 일환으로 쌀레 대통령은 아랍의 결속과 이웃 국가들과의 평화적인 협력과 신뢰회복에 커다란 중요성을 부여하고 있다. 그래서 그의 대외정책은 상호이익을 추구하고 다른 국가의 내정에 간섭하지 않으며 주권을 존중하고 모든 분쟁을 평화적인 방법으로 해결한다는 데에 주력하고 있다. 이러한 정책은 이웃 국가들과의 국경분쟁에도 잘 반영되고 있다. 평화, 안정 그리고 협력의 분위기 하에서 예멘은 종국에는 파멸과 후회밖에 남지 않는 무력이나 전쟁으로 자원을 고갈시키는 대신 선진 국가의 대열에 합류할 수 있는 경제성장을 이룩하고자 열망하는 정부와 국민들의 꿈을 실현하기 위해 노력하고 있다. 쌀레 대통령은 신뢰와 긍정을 바탕으로 한 다가오는 새 시대를 향해 미래의 국가 건설을 위하여 오늘도 최선을 다하고 있다.

이와 관련하여 예멘이 겪고 있는 어려움 가운데 하나가 지나친 정부 조직의 비대화 현상이다. 자본주의 형태의 북예멘과 사회주의 형태의 남예멘이

---

4) 역사적으로도 잘 알려져 있듯이 예멘은 수천 년에 걸친 고대 문명과 아름답고 웅장한 고대 건축양식으로 유명한 나라이다.

통일을 이룩하여 행정부에 공무원의 수가 증대됨으로써 재정에 커다란 압박을 받고 있고, 행정 업무의 비효율성을 초래하고 있다. 이러한 문제의 해결은 매우 첨예한 정치적 문제를 내포하고 있지만 순조롭게 잘 해결되고 있다. 이 문제를 제외한 순수한 예멘 내부의 경제적 후유증은 우리가 보는 시각처럼 그리 심각하지는 않았다. 예멘은 '통화통합'을 그런 대로 순조롭게 이룩해 낸 편이다. '사회통합'의 과정에서 가장 어려운 전 단계 중 하나가 '통화통합'인데, 예멘이 극심한 인플레이션에 시달리면서도 통화통합을 이룩해 낸 점은 높이 평가해야 할 부분 중 하나다. 아무튼 예멘의 통일과 통일 이후 현재까지 안정 기조를 유지하는 것은 쌀레 대통령의 강력한 리더십에 기인한다고 볼 수 있다. 비록 군사 지도자에서 정치지도자로 변신하기는 했지만, 예멘의 '민주화 개혁'에 혼신의 힘을 다하고 있는 점은 쌀레 대통령의 강력한 국가건설을 위한 의지라 볼 수 있다.

예멘 통일에서 우리가 배울 수 있는 중요한 교훈은 민족간 동질성 회복 문제이다. 예멘은 동질성 회복의 수단으로 통일 이전 10여 년에 걸치는 기간 동안 쌍방의 협력을 바탕으로 이 문제를 회복하였다. 예를 들면 통합 국어 및 역사교과서의 사용, 매스컴을 통한 상호 이해의 증진 등은 이 과정에서 커다란 역할을 해냈다. 한국도 예멘과 마찬가지로 1972년 통일문제에 관한 남북간 대화가 시작되었지만, '예멘은 통일을 이루었고 우리는 아직 이루지 못했다'는 사실만으로도 예멘 통일은 우리에게 있어서 하나의 교훈이 되고 있다.

3. 예멘의 격변기와 쌀레 대통령의 생애

1) 예멘의 격변기

1517년 예멘은 오스만 터키에 의해서 정복되었다. 오스만의 점령은 1918년 '무드로스(Mudros)' 휴전 때까지 지속되었다. 1911년 이맘(Imam) 야흐야는 터키의 종주권을 인정하지만 고지대의 이맘과 티아라(Tiara)의 터키간 행정 통제를 분할하는 조약을 보장하기 위하여 대규모 봉기를 주도하였다. 제1차 세계대전 기간동안 이맘은 터키를 지원하였고, 1799년 페림(Perim) 섬을 점령하여 1839년 아덴에 보호령을 수립한 영국은 아시르(Asir)의 작은 주(州)로부터 예멘의 북쪽 지역까지 침공한 이드리스(Idris)의 침략자들을 지원하였다.

1962년 9월 예멘에서는 쿠데타가 발생하였다. 이 쿠데타는 후에 대통령이 된 압둘라 앗-살랄(Abdulla as-Salal) 대령을 포함한 예멘 군 장교들에 의해 주도되었으며, 통일아랍공화국(UAR ; United Arab Republic)의 군대에 의해서도 지원되었다. 그 결과 공화국 군대는 대부분의 국가에 대한 통제력을 획득하였다. 이집트와 시리아간의 통일국가가 '통일아랍공화국' 이라는 이름으로 1958년 2월 수립되었다. 새롭게 탄생한 UAR과 예멘은 같은해 3월 8일 다마스쿠스에서 협정을 조인하였다. 새로운 연합은 통일아랍국가(United Arab States)로 명명되었고, 통일된 국방 및 외교 정책을 수립하였으며 후에는 관세동맹 및 단일 통화를 유지하도록 하는 형태를 취하였다. 이들 연합은, 비록 UAR이라는 명칭이 1961년까지 짧은 기간동안 유지되긴 했지만, 시리아가 이집트와의 연합에서 탈퇴한 직후인 1961년 12월 UAR에 의해서 공식적으로 해체되었다. 새롭게 선포된 예멘아랍공화국(Yemen

Arab Republic ; YAR)은 곧이어 소련과 미국에 의하여 승인되었으며, 1963년 초 UN가입이 허락되었다. 그러나 영국은 왕정을 계속 인정하였으며, UAR이 철수할 때까지 YAR을 승인하지 않았다.

쌀레 대통령의 젊은 시절

1990년 예멘이 통일될 때까지 북예멘(YAR)은 보수적인 일련의 군사정권에 의해서 통치되었다. 하지만 정치적 안정은 교묘히 기술적으로 이루어졌다. 1962년 이후 4명의 대통령이 쿠데타나 혹은 암살에 의하여 전복되었다. 두 전임자의 사망 이후 8개월 이내에 육군 중령(후에 육군 장군이 됨) 알리 압둘라 쌀레는 1978년 7월 북예멘의 대통령이 된다. 1978년 9월 암살 시도와 동년 10월 선임 육군 장교들에 의한 쿠데타 시도에도 불구하고 살아남은 쌀레 대통령은 형식적인 후퇴를 생각하였다. 아무튼 이들 두 사건에 있어서 남예멘(PDRY)의 개입 의혹은 두 예멘간의 관계에 긴장을 야기했다. 이러한 상황에서 1979년 2월과 3월 광범위한 국경 충돌은 공개적인 전쟁으로 확대되었다.

이러한 상황으로 예멘의 보호국과 이웃 국가들과의 관계는 항상 미묘한 상황에 놓이게 된다. 주변 국가들과의 잦은 충돌은 1914년 3월 오스만 정부와 서명한 국경의 경계설정 문제를 이끌어냈다. 제1차 세계대전 기간동안 예멘에서 터키 군대는 커다란 영토를 점령하여 보호령으로 만들었다. 이 과정에 1919년 대부분의 부족장들은 영국과의 조약을 갱신하였지만, 예멘에서 원칙적으로 종교적 권한을 행사하는 싸나(Sana'a)의 이맘은 모든 영토에 대한 주장을 유지하였다. 1962년 8월 예멘은 런던회의에서 합의된 협정을 선포하였고, 아덴 영토에 대한 주장을 반복하였다. 드디어 1962년 9월 27일 혁명

이후 YAR이 수립되었으며, 혁명 지도자 쌀레 대령은 그 당시 새로운 정권이 아덴 영토에 대한 주권을 강요할 의도가 없음을 천명하였고, 그 대신 영국과의 친선을 희망하였다. 그러한 이유로 남-북 예멘은 운명을 달리하는 두 국가로 갈라지는 비운을 맞게 되었다.

하지만 아덴에서는 연방정부로 편입되는데 대해 상당한 반대가 있었다. 1962년 8월 발생한 사건은 합법적인 국가로서 연방정부로의 결합을 천거하는 백서(白書)를 발간케 하는 계기가 되었다. 이에 대해 몇몇 정당들은 이러한 움직임에 대해 반대의사를 분명히 하였고, 1962년 발생한 사건에 대하여 동맹파업과 데모로 직접적인 반대를 하였다. 동년 9월 초안된 조약이 아덴 입법회의에서 통과됨과 동시에 아덴에서는 심각한 폭동이 발생하였다. 그럼에도 불구하고 영국과 연방정부는 1963년 1월 협정에 서명하여 연방정부의 일원이 되었다. 1967년 6월 20일 영국정부는 예멘의 의도를 알게 되었고, 동년 8월 25일 예멘으로부터 영국군의 철수는 일찍이 시작되었다. 아덴이 독립 의사를 표명했을 때, 영국정부는 군대 철수를 서두를 것과 가능하다면 1968년 1월 9일 남아라비아를 독립시킬 것을 결의하였다. 1967년 11월 27일 영국 군대가 남아라비아의 군대에게 아덴지역을 양도한 후, 민족자유전선(National Liberation Front; NLF)은 남예멘인민공화국(People's Republic of Southern Yemen)의 창설을 선포하였다. 새로운 정권은 전임자들보다 더 좌익적이고 친소적 입장을 취하였다. 드디어 1970년 11월 새로운 헌법은 예멘 통일의 가능성을 시사하면서 예멘인민민주주의공화국(People's Democratic Republic of Yemen; PDRY)으로 국가 명칭의 개정·공포하였다. 영국군의 철수 이후 아덴에서 새롭게 형성된 정부의 출현은 사실상 예멘을 체제가 다른 두 국가로 분열시키는 큰 요인이 되었다.

이러한 와중에 남-북 예멘의 통합에 관한 논의는 1972년 9월 양국간 국경분쟁 이후 리비아를 비롯한 아랍 국가들의 적극적인 중재로 동년 10월 28일 '카이로정상회담'을 개최하면서 시작되었다. 1979년 2월 남·북예멘간 제2차 국경분쟁 이후 '아랍연맹평의회'의 중재안에 따라 동년 3월 '쿠웨이트 정상회담'이 이루어지면서 통합 과정은 제2기를 맞게 된다. 1986년 7월 남예멘의 알·아타스(al-Attas) 대통령과 북예멘의 쌀레 대통령은 리비아의 까다피(Qaddafi) 대통령의 초청으로 트리폴리에서 통합 및 북예멘에 거주하는 남예멘 피난민 송환문제를 논의하기 위하여 회담을 갖는 등 광범위한 통일논의를 계속하였다. 1988년 5월 싸나에서 개최된 회담에서 북예멘의 쌀레 대통령과 남예멘 사회당(YSP) 중앙위원회 사무총장 알-바이드(Al-Salim al-Baidh)는 양국의 통일에 관한 회담을 지속적으로 열 것에 대하여 합의하였다.

리비아 지도자 까다피와 대화하는 쌀레 대통령. 예멘 통일에서 까다피의 중재는 큰 역할을 하였다.

2) 쌀레 대통령의 생애

알리 압둘라 쌀레(Ali Ali Abdullah Saleh) 통일 예멘 대통령은 1942년[5] 싸나주의 바이트 알-아흐마르(Bait Al-Ahmar) 마을에서 태어나 쿠탑 (kuttb)에서 처음으로 교육을 받았다. 그는 1958년 16세의 나이로 군사학교 에 입교하여 군인의 신분으로 공부를 계속하였으며, 1960년 사관학교에 입학 하였다. 그 후 혁명을 준비하는 장교 그룹에 가담하여 하사관의 신분이었던 '라깁'의 신분으로 집행부에도 참여하였다. 다른 젊은 장교 후보생들과 함께 그는 1962년 9월 26일 혁명의 계획과 집행의 책임을 맡았다. 쌀레는 예멘의 여러 지역에서 혁명과 공화국을 방어하는 전투에 참여하였으며 수차례의 부 상을 입기도 하였다. 쌀레는 전투에서 뛰어난 용맹성을 보였으며, 국가의 여 러 문제 있어서 지각 있고 책임 있는 행동으로 군사 활동에 있어서도 능숙한 솜씨를 발휘하였다. 1963년 쌀레는 소위 계급에 해당하는 '물라짐 싸니'로 진급하였고, 그 해 말 서부지역에서 혁명을 주도하기 위한 전투에서 부상을 당 하기도 하였다. 70일 동안의 싸나 포위공격 기간 중에 그는 영웅적인 행동을 보였다. 1964년에는 기갑부대 학교에 입교하였고, 장갑차 전투의 전문가가 되었다.

1967년 남북간에 있었던 '10일 전투'의 영웅 가운데 한 사람이 되었다. 쌀레는 우방국에 개인 혹은 사절단 자격으로 공식적인 방문이나 대화를 하였 다. 쌀레는 외롭게 예멘을 대표했으며 대외적으로 대표단의 일원이 되기도 하였다. 그는 강한 지도력과 용기를 보였고 장갑차 분대장, 기갑부대의 분대

---

5) 쌀레 대통령의 일부 문헌에서는 1945년으로 알려져 있지만, 예멘정부의 대통령 공식 홈페이지 http://www.presidentsaleh.gov.ye에서는 1942년으로 밝히고 있어 이를 신뢰할만한 자료로 인용하였 다. 이 부분의 내용은 한국예멘교류센타, 1998, '예멘 통일과 민주화의 기수 : 알리 압둘라 쌀레'의 내 용과 예멘정부 대통령 공식 홈페이지를 기준으로 작성되었다.

장, 비밀대장, 참모를 거쳐, 알–문담 지역의 소장, 타이즈(Taiz)주의 군사령
관을 포함하는 고급 간부의 직책으로 승진하였다.

쌀레는 1978년 6월 24일 공화국의 임시 대
통령위원회 임시수반회의의 위원으로 선출되
었고, 군사령부의 부사령관, 총장성위원회의
의장을 맡았다. 쌀레는 1개월 후인 1978년 7
월 17일 예멘공화국의 대통령에 선출되었고,
곧이어 기초 국민회의, 즉 의회에서 군 총사령
관에 선출되었다. 1978년 9월 17일 안보 국
방을 공고히 하고 현대화에 기여한 위대한 공
로가 인정되어 군사위원회의 만장일치로 대령
인 아끼드('aqd)로 진급하였다.

군인시절의 쌀레 대통령. 그는
1967년 남북간에 있었던 '10일 전
투'의 영웅 가운데 한 사람이었다.

쌀레는 1982년 8월 30일 국민의회(People's General Congress)의 사
무총장이 되었다. 국민의회로부터는 국가 봉사를 위하여 혁명 정신을 새롭
게 하고 안정과 안보를 실현한 노력과 자기희생 정신을 기리어 국가의 최고
훈장인 '공화장'을 수여 받았다. 1983년 5월 23일 선거를 실시하여 쌀레는
대통령에 재선되었으며 군 총사령관직에 선출되었다. 1988년 7월 17일 국
가자문위원회를 통하여 대통령과 군 총사령관직에 다시 선출되었다. 1990
년 5월 20일 슈라위원회(Shura council)는 예멘 재통일에 대한 커다란 봉
사에 감사하는 의미로 장군(將軍)의 직위를 만장일치로 수여하였다. 쌀레
는 1990년 5월 22일 대통령위원회의 의장으로 선출되었고, 아덴(Aden)
시에서 예멘공화국 국기를 끌어당김으로써 예멘의 재통일이 선포되었고 예
멘의 분열은 종식되었다. 1993년 4월 27일 총선에 따른 후속조치로 알리
압둘라 쌀레 현 예멘대통령은 1993년 10월 11일 대통령위원회 의장으로

재선되었고, 의회는 만장일치로 중장에 해당하는 '알파리끄'의 직책을 부여하였다.

쌀레 대통령은 분리주의자들의 음모에 의한 국가 재분열 시도에 직면하였다. 그는 통일을 지키기 위해 전투를 주도했으며, 1994년 7월 7일 예멘 통일을 확고히 하는 승리가 달성될 때까지인 1994년 여름전쟁 기간동안 민주주의를 수호하였다.

1994년 10월 1일 쌀레는 의회에 의해 예멘공화국 대통령으로 선출되었다. 그는 현대국가를 건설한 기여에 대한 공로로 1997년 12월 24일 의회에서 국가원수로 추대되었다. 1999년 9월 23일 쌀레는 예멘 국민에 의한 최초의 직접 대통령선거에서 예멘공화국 대통령으로 재선되었다. 쌀레 대통령은 5명의 자녀를 두고 있으며, 장남은 아흐마드이다.

쌀레 대통령은 2002년 10월 10일 한국 조선대학교로부터 명예철학박사 학위를 수여 받았다. 또한 쌀레 대통령은 2005년 4월 26~27일 양일간 한국정부의 초청으로 한국을 공식 방문하여 한-예멘간 민간교류는 물론 에너지 자원협력을 포함하는 경제협력 분야에 양국간 우의를 다지기도 했다.

조선대학교로부터 명예철학박사 학위를 수여받는 쌀레 대통령

4. 민주화를 넘어서 경제개혁의 시대로[6]

1) 외국인의 안전이 최우선 순위

과거 수년 동안 예멘정부는 예멘 방문자들에 대한 안전과 보장을 증진하기 위해 커다란 노력을 경주해왔다. 예멘의 관광분야는 아덴-아비얀 이슬람군의 부대원들이 일본, 호주, 독일 및 스페인 관광객들을 납치했을 때인 1997년 첫 번째 타깃이 되었다. 그 결과 정부 당국은 대규모 단속을 강행했고 20명의 이슬람 그룹의 회원들을 체포한 후, 그들이 아덴시에 있는 관광객 폭격에 개입된 사실을 알게 되었다.

안보상황이 매우 중요하다는 사실을 깨달은 쌀레 대통령은 납치자들과 테러분자들의 활동을 제한하기 위해 예멘을 가로지르는 통행 검문소의 수를 증가시키면서 다른 모든 정책들 가운데에서도 우선적으로 이 부분에 대한 일련의 직접적인 조치들을 실행하였다. 아덴 폭발 이후 2주일 후 예멘정부는 미국에 대해 전문 조사원과 안보 전문가들의 지원을 요청하였다.

예멘에서 총 납치 건수가 124회에 달했기에 예멘정부는 1998년 '납치법 (Kidnapping Law)'을 발효시켰다. 이 법에 따라 납치는 사형에 처하는 무서운 범죄행위가 되었으며, 인질들이 피해 없이 해방되는 것 역시 납치행위에 포함되었다. 납치법이 성문화되기 이전, 예멘의 사회적 관습은 납치된 사람들의 안전을 의외로 존중하는 전통을 중요시하였으며, 단 한번의 사고를 제외하고는 다른 모든 피랍자들이 해를 당하지 않고 송환되었고 음식물도 충분히 제공되었다. 그럼에도 불구하고 정부는 예멘이 무법적이라는 명성을 쌓

---

6) Foreign Affairs. Nov.-Dec. 2005, 《Yemen : Poised to Prosper》, A special report prepared by Strategic Media 참조.

고 있으며 어떤 발본(拔本)적인 조치들이 있어야 한다는 생각에 강력한 법의 도입이 필요하다는 인식을 하게 된다. 그 후 납치의 수는 전격적으로 감소하였다. 아울러 새로운 법령은 범인 추적을 매우 어렵게 했던 사전통제의 역할을 강화하기 위하여 자동차 등록을 의무화하였다.

9·11사태 이후, 예멘 당국은 테러분자들의 활동이 상승기미를 보이자 테러리스트들의 추적을 강화하였다. 2002년 쌀레 대통령은 위협에 보다 효과적으로 대응하기 위하여 반테러법정(Counter-Terrorism Court)을 창설하고 나집 알-까드리(Najib Al-Qadri)를 법원장으로 임명하였다. 법원 설립 후 오래되지 않아서 알-까드리는 아덴-아비얀 이슬람군 잔여세력들을 추적해서 체포하도록 안보당국에 명령을 내렸다. 그 해 12월 반테러법정은 3명의 미국인 협조자들의 살해자들에게 사형언도를 내렸다. 법정은 예멘에서 서구세력들을 공격하려는 음모를 꾸미고 있는 8명의 테러분자 세포조직원들을 계속 감옥으로 보냈다.

예멘은 "만일 예멘에 사는 외국인들에게 묻는다면, 그들이 납치문제 때문에 우려되지는 않는다"는 안보상황을 목표로 외국인들에 대한 우대조치를 취하고 있다. 예멘으로 여행하는 사람들이 낯설고 먼 시골지역을 방문할 때 경찰의 보호를 요구하지만, 모든 도시는 많은 경찰을 유지하고 있고 안보 현실은 일반적인 예멘인과 동등한 상황으로 유지된다. 예멘인들은 가장 손님 접대를 잘하는 국민들 가운데 하나로 알려져 있다. 오히려 외국인들이 매우 환대를 받았다고 느끼게끔 친절히 잘 대해준다. "예멘으로 오기 전 모든 것에 대해 듣고 나는 약간 걱정을 했지만, 나는 안전을 느끼고 있으며 나를 환대해준 사람들의 환대 때문에 오히려 나는 아연실색 놀랄 뿐이다. 예멘 사람들은 외국인을 만나는 것을 매우 행복하게 생각한다"고 스페인 여행자 앙리끄 구티에레즈(Enrique Gutierez)는 말했다.

2) 예멘 경제의 젖줄, 석유와 개스

(1) 예멘의 석유와 개스산업

석유 소득은 예멘 총 정부수입(收入)의 70%를 차지한다. 예멘 석유광물성(MOMR)에 따르면, 40억 배럴의 원유 확인 매장량과 16.9조(兆) 큐빅피트(cubic feet)의 개스 확인 매장량과 함께 예멘은 일량 40만 5천 배럴의 원유를 생산한다. 그러나 35억 달러의 액화천연개스(LNG) 플랜트 조약이 아직도 유효하기 때문에 예멘은 2008년까지 미국과 한국으로 매년 620만 톤의 LNG를 수출함으로써 두 개의 수송 대플랜트의 완공과 함께 세계 LNG 시장에서 매우 중요한 역할을 하게 될 것이다. 예멘의 일반 개황은 〈표 1-1〉과 같다.

[표 1-1] 예멘의 일반 개황

국가원수	알리 압둘라 쌀레 대통령
정부수반	압둘-카데르 바자말
면적	328,065 sq.mi.
인구	20,727,063명(2005 추정)
수도	싸나
종교	샤피(순니) 및 자이디(시아)파 이슬람
평균수명	61.75년
1인당 GDP	800달러(2004년 추정)
노동력	598만 명(2004년 추정)
기후	대부분 사막, 서부해안 매우 덥고 축축함
인종	아랍인이 주종, 아프로-아랍, 아시아인종 소수
언어	아랍어
환율	US$: Yemei Rials, 192.15(2005년)

자료: Foreign Affairs. Nov.-Dec. 2005.

원유 매장량은 북쪽의 마립 자우프(Marib Jawf), 중부의 잔나(Jannah)와 이야드(Iyad), 남부의 동(東) 샤브와(Shabwa) 및 마실라(Masila) 등 5개 지역에 집중돼 있다. 예멘의 원유는 84블록으로 나눠지며, 그 가운데 절반은 탐사 및 생산이 허가돼 있다. 지난 몇 년에 걸쳐 생산이 다소 감소되고는 있지만, 아직도 석유 광물성은 확인 매장량 40억 배럴보다 더 많은 잠재력이 있다고 믿는다.

북해에서 석유산업의 경험, 즉 15년전 전문가들은 1990년대 말 매장량의 고갈을 예측했지만 아직도 그곳에서의 생산이 당시보다 더 많다는 사실을 전문가들은 지적한다. MOMR은 예멘에서도 동일하거나 아니면 더 좋은 결과를 기대하고 있으며 곧 옳은 것으로 밝혀질 것으로 믿고 있다. 예멘 현지에서 미래에 관해 낙관적인 회사는 프랑스의 토탈(Total)이다. 비록 일량 38,000 배럴밖에 생산하고 있지 못하지만, 토탈은 2004년 독자적으로 50%까지 생산을 증대시켰고 보기 드물게 저장돼 있기에 '기부(基部 ; basement) 원유'로 불려지는 원유를 발견하였다. 이 같은 새로운 발견으로 블록 입찰의 마지막 라운드에 과거보다 더 성공적인 것으로 입증되었다. 석유 광물성은 그 부문에 투자하는 사람들에게 충분히 협력적이며 석유 광물성 차관 압둘 말리크 M. 알라마(Abdulmalik M. Alama)는 "그 자체로 새로운 법적인 프레임워크를 유도할지라도 정부는 새롭고 개관적이며 개척적인 제안을 할 것이며 또 그렇게 할 준비가 돼 있다"는 입장이다.

1994년 남북내전 이후, 명성 있는 다수의 석유회사들이 철수하고 예멘정부는 헌트 오일(Hunt Oil), 캐나다 넥센(Canadian Nexen)과 같은 소규모 독립계 소규모 기업인 인디펜던트들에게 크게 의존해야만 했다. 예멘에는 현재 생산분할협정(PSAs ; Production Sharing Agreements)에 따라 20개 이상의 외국회사들이 조업을 하고 있다.

넥센은 예멘에 기반을 둔 가장 광범위하고 오랜 기간동안 조업해온 인디펜 던트이다. 10년의 성장 이후, 넥센은 성공의 첫 번째 징후를 깨닫기 시작하고 있다. 그들은 아직도 약 50개의 시추할 수 있는 지역을 갖고 있으며, 그곳에 서 감소를 상쇄하기 위해 20~40개 지역을 더 시추할 것이다. 예멘에서 넥센 의 경험은 보상받고 있으며 그로 인해 넥센은 예외적인 가치를 경험하고 있 다. 최근의 북해유전 신규투자가 성과를 나타낼 때까지 넥센의 연간 현금유 입의 30% 이상을 생산하였다.

예멘의 정유수요는 일량 13만 배럴의 생산능력을 갖는 두 정유회사에 의 해 충족된다. 아덴정유회사(The Aden Refinery Company ; ARC)는 일량 12만 배럴의 생산능력으로 조업한다. 아덴정유회사는 1950년대 BP에 의해 건설되었고 일량 17만 배럴의 생산능력으로 설계되었지만 내전기간 동안 피 해가 복구되지 않고 있으며 보다 낮은 수준인 일량 15만 배럴의 생산능력으 로 조업하는 공장이 부분적으로 재건축되었다. 아덴정유회사의 알리(Fathi S. Ali) 전무이사는 "우리가 처음 조업을 시작했을 때는 아라비아반도에서는 선구자였다"고 설명하고 있다. 하지만 오늘날 지평층에서 생산 감축과 함께 정유는 새로운 도전에 직면하고 있다. "이 공장은 고갈되고 있는 마립 원유만 을 처리하고 있기 때문에 2~3년 이내에 우리는 마실라, 사우디 혹은 다른 형태의 공정에 맞도록 우리의 기술을 변화시켜야 한다." 그는 "미래를 보아서 ARC는 해외 파트너를 적극적으로 찾아야 하고, 높은 옥탄 가솔린을 생산하 는 정유시설을 개선하기 위하여 2억 달러 이상의 투자를 찾아야 하며 정유시 설에 공급하기 위한 30MW의 발전소도 건설해야 한다"고 말했다. 이런 와중 에 3억 달러 규모의 정유공장이 현재 홍해 해변 위의 라스 이사(Ras Issa)에 서 생산 중이다. 이 공장은 2007년까지 온라인시스템이 될 것이며, 일량 5만 ~6만 배럴의 생산능력을 계획하고 있으며, 그 계획은 하이엘 사이드 그룹

(Ha-yel Saeed Group)을 포함하는 민간부문 주도로 이루어지고 있다.

아덴항의 정유시설. YLNG 플랜트는 세계에서 가장 큰 플랜트 규모의 70% 수준이 될 것이다.

쌀레 대통령 또한 예멘은 새로운 재발견이 이루어지지 않는다면 2012년 고갈된다는 석유자원에 대한 의존도를 보다 많이 다양화해야 한다고 역설한다. 교차로에 선 예멘 경제와 함께 IMF는 경제기반을 다양화하기 위한 전략을 개발하기 위한 정부의 계획과 2005년 예산에서의 개혁 조치의 포함을 환영했다. 최근 채택된 하나의 비판적인 조치는 연료 보조금의 감축이다. 이는 광범위한 불만에 직면했지만, 대다수 생산량이 불법적으로 국가 밖으로 도난당하고 예멘이 연간 9억 달러 정도의 비용을 지불한다는 사실 때문에 정부 개혁에 있어서 하나의 중요한 첫 걸음이 될 것이다.

연료 도난을 각인하기 위해 모든 정류소들을 손떼게 하는 회사는 예멘석유회사(Yemen Petroleum Company ; YPC)이다. 이 회사는 예멘에서 유일한 석유제품 마케터(marketer)이며 6천명의 종업원이 13개 지역에 분산돼 있는 힘있는 회사로, 예멘 에너지 부문에서 중요한 역할을 한다. 종업원은 공공부문에서 세 번째 큰 규모이다. 예멘석유회사는 약 10억 달러의 연간 총 매

출액과 6%의 마진으로 조업한다. 이 회사의 사장 알-아르하비(Omar M. Al-Arhabi)는 계속 적자나는 회사를 이익이 나는 회사로 변모시킨 것으로 널리 알려져 있다. 중간 공급책을 제거하고 소비자와 직접 거래함으로써 예멘석유회사는 연료 도난을 제거하는데 커다란 발전을 하였다. "YPC는 예멘의 발전에 있어서 매우 능동적인 역할을 하고 있으며, 우리는 향후 성장하기 위해 이 같은 관여를 프로젝트화 하고 있다"고 아르하비 사장은 회사의 밝은 장래를 확신하고 있다.

(2) 개스 거인(巨人)의 출현

요즘 달콤한 성공의 향내는 고대 싸나의 대기(大氣)를 채운다. 7년간의 유예기간 이후 예멘에서 계획된 가장 큰 프로젝트가 마침내 착수된다. 35억 달러의 비용으로 예멘액화천연개스회사(Yemen Liquefied Natural Gas Co. Ltd. ; YKNG)가 예멘 남부해안의 발-하프(Bal-Haf)에 기술시설 건축을 시작할 것이며, 2008년 12월 최초 선적을 시작할 것이다. 예멘 개발에 이정표를 표시하면서 이 프로젝트가 지방경제의 효과에 의미 있는 노크를 할 것이라는 사실은 이미 확인되었다. 예멘LNG 주주들은 예멘개스회사(23.10%)로 대표되는 예멘정부, 토탈(42.90%), 헌트(18%) 그리고 한국의 SK(10%), 현대(6%) 등이다. 한국석유공사(Kogas)의 협정에 따라 가까운 장래에 공익시설은 예멘LNG에서 6% 이윤을 얻을 것이다. 모든 협정이 현재 진행 중에 있으며, YLNG는 상류부문서 하류부문, 즉 개스 생산으로부터 LNG 수출에 이르는 완전 통합 형태의 프로젝트를 대표한다. 이 프로젝트는 수출의 2/3을 떠맡은 미국과 세계 최대의 LNG 바이어인 한국으로 연간 620만 톤을 수출할 것이다. 수출은 20년 이상 줄잡아 170억 달러 상당의 가치 있는 프로젝트를 창출하지만, 에너지 자원의 고갈에 따라 그 수치는 450억 달러에 육박하고 있다.

수년 동안 예멘의 개스 확인 매장량 16.7조(兆) 큐빅 피트는 쓸모없는 것으로 알려졌고 석유회사들은 생산에 큰 비용을 재투입해왔다. 지금 예멘은 국가경제에 대해 어마어마한 부양책을 제공하면서 개스 잠재력을 활용할 수단을 갖고 있다. YLNG는 휴스톤 기지 KBR, 프랑스의 Technip, 일본의 JGC 법인에게 플랜트를 위한 엔지니어링, 조달, 건설, 우선위탁권, 우선조업권 및 조업 서비스 등을 제공하기 위한 총체적인 턴키 계약을 했다.

플랜트 이외에도 220마일 파이프라인이 가공센터로부터 해안 위의 발-하프에 있는 액화 플랜트뿐만 아니라 국내 소비 및 지방 발전소에 공급하기 위한 지선(支線)에까지 건설될 것이다. 발-하프는 아덴만(灣)의 전략적 위치, 즉 자연적으로 깊은 항구와 낮은 토지 및 기술적인 위험성 때문에 최적지로 선정되었다. 발-하프는 이미 준설기나 방파제가 필요 없이 큰 용량의 LNG 탱커들을 수용할 수 있다. 이곳은 또한 공중 및 환경영향평가에서 이미 완전성을 확보한 상태이며 해안선에 영향을 거의 미치지 않는 친환경적인 영향을 갖고 있다. 어떤 파트너들도 더 이상 적합한 위치를 바랄 수 없을 것이다. 이 지역은 또한 지리적으로 인도, 극동아시아, 유럽 및 아메리카에 쉽게 접근할 수 있다. 동서간의 중간에 위치한 예멘의 전략적 입지는 YLNG가 어떤 시장에서든 경쟁력 있는 생산자가 될 수 있음을 담보해준다. 그리고 플랜트의 특수성 때문에 산출량은 세계의 거의 모든 LNG 시장에서 판매가 적합할 것이다. 연간 670만 톤의 결합능력을 갖는 두 대의 액화 트레인이 양립한다. YLNG의 1호 트레인 조업 시기는 2008년 말이며 제2호 트레인은 약 5개월 후 개통 예정으로 돼 있다. 이 트레인들은 싸나 동쪽 약 110마일에 있는 마립 지역 중앙에 위치한 블록 18로부터 개스를 공급받을 예정이다.

예멘의 개스 매장량은 시장의 리더인 이란의 조엘 포트(Joel Fort)의 한

부분이긴 하지만, YLNG 플랜트는 '세계에서 가장 큰 플랜트 규모의 70% 수준'이 될 것이라고 YLNG의 사장은 말하고 있다. 그는 또한 예멘의 LNG 플랜트는 '평균치 보다 40% 이상의 효율'을 가질 것이라고 덧붙인다.

이 프로젝트는 LNG 가격이 폭락하고 아무런 구매자도 찾을 수 없을 때인 아시아의 경제 위기 여명기에는 교묘한 구실로 지연되었다. 오늘날 개스 소비가 다시 증가하고 에너지 수요를 열망하는 세계와 함께 미국에서의 LNG 생산감소 및 아시아 수요의 증대는 YLNG가 시장에 진입함에 있어 황금의 기회를 갖고 있음을 의미한다. 프로젝트의 성공에 대한 자신감을 나타냄으로써 국제적인 금융인들은 토탈의 예멘 총지배인인 라베르그네(Jean-Michel Lavergne)가 말하는 "국제적인 금융기관의 레이더 스크린 위에 예멘을 던져넣을 것"이라고 언급하는 거래에 자금을 공급하기 위해 아우성을 치고 있다. 그는 프로젝트 지연에 대해 정황 설명을 계속한다. "사람들은 1965년으로 거슬러올라가는 나이지리아의 LNG 플랜트에 대해 말하고 있다. 그것은 착수하는 데 34년이라는 세월이 흘렀지만, 오늘날 세계에서 가장 큰 플랜트 중 하나이다." YLNG 프로젝트는 토탈에 대해서 매우 중요하다. 왜냐하면 그것은 토탈이 LNG 부문에서 주도적인 역할자가 되고자 하는 전략의 일부이기 때문이다. 6개의 세계적인 LNG 회사들과 함께 현재 세계시장의 6% 차지함으로써 YLNG는 그들이 주된 이해관계를 갖고 있는 시장에서 유일한 회사가 될 것이다. 토탈은 매년 10%씩 생산을 증대할 복안들을 갖고 있다.

충분히 조업이 가능할 때, 이 플랜트는 약 600개의 일자리를 창출할 것이며 예멘인들이 장기적으로 수혜를 받을 수 있음을 확신시키기 위한 훈련 프로그램도 확정될 것이다. 그럭저럭하는 사이에 약 1,5000명의 기술자와 노동자들은 이 프로젝트를 가동시킬 것이다. 동시에 정부는 개스 화력발전소 건설을 위한 계획을 개발 중에 있으며 연관 석유화학공업 창출을 위한 청사진을 논의하고 있다. 관리들은 파이프라인 루트를 따라 거주민들에게 사회, 경제적인 혜택을 가져다줄 것이라고 말한다.

YLNG 또한 미래 개발프로젝트들을 보강하기 위한 개스 탐사권으로 갖고 있으며 조건이 허락하면 제3호 트레인을 건설할 의욕도 있음을 피력하고 있다. "예멘의 개스 잠재력은 아무도 모른다. 결코 그 누구도 개스를 찾지 않았고 발견된 것들은 사고에 의해서 거의 발견된 것이다"라고 라베르그네는 말한다. YLNG의 포트 씨는 "YLNG가 생기기 이전, 예멘에서 개스의 소비는 거의 없었다. 그래서 허가권을 가진 석유 및 개스 회사들은 그것을 시장으로 가져갈 장소에 시스템이 없었기에 개스가 아니라 단지 원유만을 찾았다. 지금 개스는 팔릴 수 있으며, 그것을 찾을 때 흥미를 가질 것이며, 이는 눈덩이 효과(snowball effect)를 가질 것이다"라고 말한다.

5. 동방의 신데렐라 아덴, 예멘 성장의 보고(寶庫)

1) 동방의 신데렐라, 아덴

아덴은 지리적으로 북위 $12.47°$, 동위 $44.57°$에 위치하며 예멘과 아라비아 반도의 남서 끝에 자리잡고 있다. 유럽과 극동아시아 중앙 통로에 있는 아덴은 수에즈 운하를 통한 주된 세계 통상로에 위치한다.

아덴은 제벨 샴산, 코레막세르와 소아덴(Little Aden) 언덕까지 펼쳐지는 해변으로 둘러싸인 약 70 km^2의 담수지역으로 세계에서 가장 큰 천혜의 자연적인 항구이다. 아덴항은 내항과 아덴 정유 및 정박을 돕는 석유항 그리고 항로에 접근하는 외항으로 구성돼 있다. 아덴주의 인구는 약 450만 명 정도이며, 면적은 약 1,000km²이다.

　교역센터로서 아덴의 역사는 3000년 이상으로 거슬러 올라간다. 마르코 폴로(Marco Polo)와 이븐 바투타(Ibn Batuta)가 이곳을 11~12세기에 방문하였다. 1800년대 아덴은 선박의 연료항, 초기 증기기선의 석탄 및 물 공급지로 성장하였다.

　1869년 수에즈 운하가 개통된 후 아덴은 1950년대까지 세계에서 가장 바쁜 선박 정박지로 그리고 자유무역 쇼핑지 및 무역항 가운데 하나로 성장함으로써 아덴항의 서비스는 확대되었다. 아덴은 B.C. 7세기 이후 해상무역 센터로서 세계적인 명성을 누려오면서 향료와 향신료 무역 및 호위선의 회랑(回廊)을 위한 터미널로 간주되었다. [7]

　아덴항은 기후, 지리, 인종 혹은 종교적 혈연관계에 관계없이 항구로 오는 모든 상인들에 대해 동등한 기회를 부여하는 지역으로 역사를 통해 널리 알려져 왔다. 이렇게 축적된 연이은 세대를 통한 전통, 관습 및 행위 등은 아덴시의 계속적인 성공과 이전 시대에 자유항을 지역적인 세계무역 센터로 떠받치는 요인 중 하나였다.

2) 국제무역항으로서의 아덴항(港)의 매력

　고대 세계의 주된 통상로라고 자랑할 수 있는 장소는 드물지만, 아덴은 그런 곳 가운데 하나이다. 아시아와 아프리카의 교차로와 홍해의 입구인 바브 알-만다브(Bab Al Mandab) 해협 근처 아라비아해에 전략적으로 위치한 아덴만은 수천년 동안 꿀벌 통처럼 인간의 활동이 활발한 중심지 역할을 해왔

---

7) 영국군 장교이며 《아라비아 반도의 왕들(Kings of Arabian Peninsula)》의 저자인 해로드 자콥(Harlod Jacob)은 아덴을 '동방의 신데렐라'로 묘사하였다.

다. 상인, 어부 그리고 순례자들은 B.C. 7세기 이전부터 이 유명한 바다를 항해한 사람들이다. 1850년부터 세계의 4대 주요 항구로 자리매김한 1969년까지 아라비아 최초의 효율적인 자유무역제도가 이곳 아덴에서 실시되었다. 아울러 아덴은 1950년대 뉴욕의 뒤를 이어 두 번째로 바쁘게 일하는 항구였다.

오늘날 이 지역은 통일이 국가에 가져다 준 혜택과 현대식 운송 네트워크 설립을 위한 정책의 이점을 충분히 누리고 있다. 불과 10년전부터 아덴은 그 자신이 아덴자유지대(Aden Free Zone ; AFZ)의 설립을 통한 비즈니스의 국제적인 관문으로 거듭나기 위한 행보를 하고 있다. 수출입, 항구와 공항을 통한 선적물의 통과와 운송을 위한 중심지로서 AFZ은 1996년 설립되었다. 이 개발에는 60억 달러의 비용이 추정된다. 경공업, 중소 및 중공업 수출산업들은 모두가 자유지대에서 환영받으며 선박수리에서 금융업까지 광범위한 분야에 걸치는 서비스 업종의 증가로 잘 조화를 이룬다. 유럽으로 향하는 배들은, 동서(東西) 선적통로, 즉 AFZ을 매우 경쟁력 있게 해준다. 세계에서 가장 좋은 천연적인 항구 가운데 하나인 전략적 위치는 별개의 문제로 하더라

세계에서 가장 빼어난 자연적인 항구 중 하나라는 아덴항은 1950년대 세계에서 뉴욕 다음으로 번성을 구가하던 항구였다.

도, 아덴항에서 값싼 운송비용이나 다른 서비스를 이용함으로써 400만 달러를 절약할 수 있다.

AFZ이 이 지역에 상당히 장기적인 발전 기회를 가져오고 있음은 놀랄만한 일이 아니다. 예멘정부는 아덴을 국내 및 해외투자를 위한 매력적인 허브(hub)로 개발하려는 투자 비전을 갖고 있으며, 이러한 전략은 아덴의 항구도시에 인프라, 설비 및 다수의 프로젝트에 돈을 쏟아 부을 수 있는 투자전략을 포함하고 있다. 과거 8년 동안에 AFZ과 관련된 활동은 다음과 같은 것들을 포함하였다. 즉 지역의 중흥 및 마케팅, 도로포장, 항공선적을 위한 지역 설치, 안전의 확보 그리고 안정적인 환경 조성 등이다.

1999년부터 2002년까지 AFZ은 강력하고 안정적인 성장을 이룩했다. 화물의 수송을 다루는 컨테이너 수는 7배 증가하였다. 반면 2001년 총 컨테이너 선적의 기항(寄港)은 보통 20척에서 최고조에는 83척이었다. 그러나 2000년 미군함 콜호 공격과 2002년 말 림부르그(Limburg), 프랑스 원유 탱커의 폭발로 항구에 대한 안보관심은 2003년까지 손해를 끼쳤다. 이미 큰 충격을 준 아덴항에서의 수송은 - 안보 두려움의 결과로 - 예멘으로의 선적에 대한 급격한 보험 프리미엄의 증가라는 또 다른 일격을 당했다. 그러나 예멘정부는 이 같은 사건의 부정적인 영향을 극복하기 위해 부단히 노력하였다. 안보상황의 개선 이후 급속한 투자 자극이 이루어졌으며 해안경비대의 훈련과 무장을 위해 미국과의 협력을 포함하는 안보문제가 상당히 개선되었다.

국제적인 투자자들은 점차 투자의 관심을 아덴으로 돌리고 있다. 2005년 6월 국가소유 두바이 항구국(局)의 투자 지부인 DPI(Dubai Port International)는 인근의 말라(Ma'alla) 컨테이너 터미널과 함께 아덴지역의 컨테이너 터미널 조업권 및 개발권 계약을 받아냈다. 향후 35년 이상 DPI는 그곳을 주된 선적 통과 허브로 만들려는 예멘정부의 야심과 보조를 맞추며 터미널을 관리할 것이다. DPI와 합작한 민간 투자자, 세이크 부그샨(Sheikh Abdullah Ahmed Bugshan)은 "입찰 기회는 세 가지 다른 측면들을 포함한다"고 설명하며, 세 가지 측면들은 "설비에 대해 얼마를 투자하려고 하는가, 임차에 대해 얼마를 투자하려하는가 그리고 TEU's에 얼마를 보증하려하는가" 등이다. DPI의 보증금은 입찰자 가운데 최고인 단독으로 4억 9천만 달러이다. 추가적인 3억 7천만 달러는 700~2,000m에 이르는 방파제의 길이 확장과 2007년까지 150만 대의 컨테이너를 수용할 수 있는 터미널에 최초로 투자될 것이다. 미국과 강력한 협력관계를 갖고 있는 사우디 출신의 세이크 부그샨은 예멘 경제의 모든 부문에 걸쳐서 강력한 투자를 하고 있다. 그는 '명백한 선택'이라고 그 자신이 주장하는 DPI와 파트너가 되는 것 이외에는 다른 옵션이 없다고 믿는다. 신청한 투자액수를 기반으로 하여 DPI는 두바이의 제발 알리(Jebal Ali)를 세계의 주도적인 항구 중 하나로 변모시키는데 조력했던 통찰력과 경험을 가져올 것이다. 예멘인들은, 아덴은 미증유(未曾有)의 전략적 위치를 제공하기 때문에, 두 항구들은 국제적인 선박회사와 투자자들에게 전대미문의 오퍼를 창출할 수 있도록 수직적 관계로 함께 일할 수 있다고 믿는다.

한편 아덴은 3대륙 – 아시아, 유럽 및 아프리카 – 에서 비즈니스 기회를 위한 자연적인 통로로 오랫동안 인식돼 왔다. 아덴항은 중동, 동아프리카 및 인도 아대륙(sub-continent)의 약 20억 인구의 지역시장에의 진입로를 제공한다. 아덴의 거대한 잠재력은 모두에게 명백하며 AFZ은 그 잠재력을 개방하기 위해 움직이는 수레바퀴를 놓았다. AFZ의 위원장, 알와단(Mohamed Hamood Alwadan) 박사는 "아덴은 세계에서 가장 빼어난 자연적인 항구 중 하나이다"라고 단언한다.

아덴시는 관광 비즈니스의 모든 측면들을 제공하는 다양한 관광산업의 잠재력을 지닌 뛰어난 도시 가운데 하나이다. 신(神)은 아덴에 온갖 종류의 레크리에이션과 취미생활에 적합한 해안과 선명하고 푸른 만(灣)으로 이루어진 깨끗한 모래 바다의 좁고 긴 땅으로 시작하는 화려하고 매력적인 자연을 제공하였다. 또한 아덴시는 등산의 취미와 모험에 적합한 다양한 등고선으로 위험을 지켜주는 화산 언덕의 산맥은 물론 연중 온화하고 좋은 기후, 내륙의 새들과 풍부한 물고기들을 유인하는 해변의 풍경 등을 갖추고 있다.

✖ 아덴자유지대 – 투자유인정책
- 15년 동안 산업 및 상업 이윤에 대항 면세 혜택, 15년 연장 가능
- 100% 외국인 소요 허용 및 장려
- 자본 및 이윤 자유지대 밖으로 자유롭게 이동 기능하며 어떠한 외환 통제도 없음
- 자유지대에서 일하는 비예멘인 고용자들의 봉급, 임금 및 보너스에 대한 소득세 면제
- 자유지대에서 국유화 및 몰수는 허용되지 않음

아덴주(州)는 매혹적인 해안과 해안선을 따라 펼쳐진 깨끗한 모래가 빼어나며, 모든 해안은 시민과 관광객들이 연중 떼지어 몰려든다. 중요한 지역으로는 아래와 같은 해안들이 있다.

(1) 골드 모후르(Gold Mohur)

골드 모후르는 코끼리만(Elephant Bay)과 샴산 산맥에서 내려다보이는 하일 산맥 끝자락에 있는 타와히(Tawahi)에 자리잡고 있다. 그렇기에 골드 모후르는 아름다운 위치와 따뜻한 물로써 유명하다. 이곳에는 골드 모후르 클럽, 예멘 클럽, 코끼리만 클럽과 다른 여행 행락지들이 있다.

'동방의 신데렐라'로 불려지는 아덴의 해변은 자유무역지대 설정으로 '제2의 두바이'를 꿈꾸며 다양한 관광 산업의 개발을 서두르고 있다.

(2) 알-가디르 해안(Al-Ghadir Shore)

알-가디르 해안은 아름다운 장소로 잘 알려진 알-부라이카인 소아덴시 (Little-Aden city)에 자리잡고 있다. 이곳에는 특히 휴일이나 주말에 오는 시민과 방문객들을 위한 수영 클럽이 있다.

(3) 아비안 연안 해안(Abyan Coast Shore)

아비안 해안은 코르막사르에 위치하고 있으며, 그곳에는 화려한 모래와 휴양지가 있는 아덴주에서 가장 긴 해안이다. 이곳에는 아덴주의 모든 해안 위에 흩어져 있는 다른 해안이 있으며, 암란, 후쿰 그리고 카이사 해안과 같은 몇몇의 해안들이 있다.[8]

---

8) http://www.aden-freezone.com/afz.htm.

6. 자유무역지대, 수산업, 관광산업을 연계한 성장전략

1) 풍부한 수산자원 – 예멘의 미래 보장

하드라마우트 지역의 무칼라(Mukalla) 항구도시 외곽에는 자체적인 시스템에 의해 원료가 공급되는 4억 달러 규모의 수산물 가공공장과 담수화 공업단지(desalination plant)가 있다. 재무이사의 말에 의하면, 이곳은 모든 설비를 갖춘 공항이 있다. 세이크 부그샨은 예멘의 무한한 미개발된 해안선과 거대한 투자 잠재력에 관해 들은 뒤 곧바로 투자를 결심하였다고 한다. 전문가들이 단지 25%만이 개발되었다고 추산하는 1,550마일의 해안선을 갖고 있는 예멘의 개발 여지는 무척 많다. 이밖에도 수산업 부문은 주로 숙련되게 조업하는 잘 조직된 회사와 수산 전문회사에 의한 풍부한 어획량을 갖는 인공수산업으로 구성돼 있다.

예멘수산회사(Yemeni Fish Company)는 바로 그렇게 되기를 희망한다. 이 회사는 갓 잡아 올린 신선한 수산도매시장에 진입함으로써 모든 생선 가운데서도 참치와 오징어 수출을 통해 회사의 명성을 높이려는 목표를 갖고 있

다양한 수산 가공공장을 주변에 두고 발전하는 무칼라 해변. 예멘은 유럽의 가장 큰 수산물 시장인 스페인 수출을 시작으로 수산업 진흥에 큰 힘을 기울이고 있다.

다. 조업 첫 해에 이미 이 회사는 프랑스, 독일, 영국 및 유럽의 가장 큰 수산물 시장인 스페인에 수출을 시작했다. 미국에 두 가지의 시험적인 거래가 진척되고 있으며, 장래 이익을 가져다 줄 수 있는 시장도 노크하고 있다. 하루 30톤의 생산능력을 갖고 있지만, 훨씬 더 욕심을 부린다면 충분히 성장할 여지가 있다. 즉 생산하려고 하면 생산은 얼마든지 가능하다.

그러나 숫자가 모든 것을 의미하는 것은 아니며, 이 회사는 수산업에 보다 큰 열의를 갖고 있다. 예멘수산회사는 "최고 수준에서 조업하는 친환경적 회사"라고 영국 출신 이 회사 CEO인 존 윌리암스(John Williams)는 말한다. 그는 계속 말하기를 "우리는 어떻게 하면 재고량에 손해가 없을까에 관해 지방의 어부들을 끊임없이 교육시키고 있다." 이 회사는 자신 소유의 5척의 배를 이용하고 있으며 플랜트로 귀환하기 전에 생산물을 보호하기 위해 최적의 방법으로 예멘만(灣)의 해안을 따라 고기를 잡을 수 있도록 숙련된 200명의 지방 어부들과 함께 조업하고 있다. 존 윌리암스에 따르면, 품질관리는 표준에 딱 맞을뿐더러 다른 회사들에 대해서도 그 기준을 맞춘다. 이 회사는 국내 시장가격을 상당히 부추기는 생선에 대해 적절한 등급의 품질을 제공한다. 예멘수산회사는 마진이 보다 큰 부가가치가 있는 부문으로 빨리 이동하기를 바라고 있다. 이 회사는 현재 다양한 종류의 포장된 참치 식사를 실험하고 있다. 조미료를 배합하는 가능성은 끝이 없지만 군침이 도는 결합은 꿀과 카레 (가루)를 포함한다. 실험되는 합성원료들은 꿀, 카레, 고추, 파프리카, 나륵풀(basil), 커민(cumin), 버터 등이다. 슈퍼마켓 선반에서 여러분들에게 가까워 질 시기가 그렇게 멀지는 않을 것으로 보인다.

예멘정부는 2010년까지 연간 15만 톤 혹은 5억 달러까지 생선 수출의 가치를 증대시키기를 희망한다. 현재의 증가율을 볼 때, 2004년 예멘 어부들에 의해 잡힌 127,000톤 가운데 47,600톤까지 지난 4년 동안 수출되었다는 사실이 이 같은 수치를 가능한 것으로 입증시켜준다.

2) 매력적인 관광산업 – 예멘 도약의 발판

시바 여왕(Queen of Sheba)의 출생지, 카인과 아벨의 매장지, 노아의 방주(方舟)의 진수항(港) 그리고 에덴의 정원으로 일컬어지는 예멘은 휴가를 즐기는 사람들에게 많은 볼거리를 제공한다. 세계관광기구(WTO)에 따르면, 중동으로부터의 방문객들이 2004년 20%까지 증가하였다. 전 세계 관광객 수가 7억 6천300만을 기록하는 가운데 2005년 1/4분기에 이미 17% 증가세를 보였다. 세계관광기구는 2020년까지 관광객의 수가 16억 명에 달할 것으로 추계하고 있다. 많은 국가들이 이 같이 돈이 되는 사업에 큰 관심을 갖고 있으며, 예멘 또한 예외가 아니다. 예멘정부는 석유와 개스로부터 세계의 중심 경제활동인 관광으로 시험적인 이동을 시작하고 있다.

2005년 4월 예멘에서 문화개발을 위한 새로운 전략이 UNDP와 함께 문화관광성에 의해 발표되었다. 1998년 이후 개발 중인 전략의 첫 번째 목적 중 하나는 예멘에서 일반적인 문화유산 목록표를 작성하는 일의 착수이다. 예멘의 문화유산은 매우 풍부하고 다양한 반면, 대부분 예멘 일반인들의 지식은 빈약하며 제한적이다. 고고학적인 유적, 박물관, 역사적인 도시와 필사본들이 풍부하다. 예멘은 세계적으로 관심을 끄는 세 개의 문화유산을 자랑으로 삼고 있다. 싸나(Sana'a)의 옛 시가지, 하드라마우트의 쉬밤(Shibam) 도시 그리고 2004년 아랍세계의 문화수도로 선포된 고대도시 자비드(Zabid). 많은 수의 방문객이 찾는 다른 국가들과는 다르게 예멘의 문화적 관심은 벽돌과 회반죽 형태의 유적지로 확대되며, 아울러 음악, 구술문학, 관습과 의식적인 행사 그리고 예멘인들의 일상생활을 구성하는 언어와 방언 및 수공예품 등 매우 독특하다.

휴일에 찾는 인상적인 매력이 있음에도 불구하고 예멘은 대부분 사람에게 '보고 싶은 장소'로서의 특징이 있는 것 같지는 않다. 중동 전체적으로 여행객 수가 증가하고 있지만, 세계 여행 및 관광위원회(World Travel and Tourism ; WTTC)의 추계에 따르면, 예멘의 여행객 수는 중동의 불과 1.1%를 차지할 뿐이다. 이러한 요인들은 관광산업의 성장을 방해하며, 가장 피해를 주는 것으로 그중 하나는 미국의 여행자제 경고이다. "그것은 미국인들이 예멘 방문을 가장 주저하게 할 뿐만 아니라 다른 나라 사람들도 미국인들이 무엇을 하는가를 따라서 행동하기 때문에 다른 나라 사람들에게도 마찬가지로 피해가 되고 있다"라고 유니버설 그룹[9]의 회장 샤이바니(Alwan S. Shaibani)는 설명한다. "수많은 미국인 단체 관광객들이 예멘으로 오며 심지어 매우 외진 오지(奧地) 지역까지 여행이 이루어지기는 하지만 그들은 결코 어떤 안전문제에 직면하는 일이 없다. 그래서 나는 미국의 여행자제 경고를 실질적으로 이해할 수 없다"고 샤이바니 회장은 설명하면서 여전히 예멘 관광산업에 대해 자신감을 피력한다. 그는 또한 '비르 알-아잡(Bir Alazab)'이라 불려질 15세기 중반으로 돌아가는 고대 싸나지역의 복원인 7억 달러 규모의 호텔이 현재 마무리작업을 하고 있다는 사실을 자신만만하게 이야기한다. 미국을 포함한 다른 많은 국가들처럼, 예멘은 지난 10년 이상 세계의 지정학적 이동을 수반해온 테러 위협을 제거해야 한다. 안전문제는 과거 납치사건으로 초점이 맞춰지는 경향이 있다. 하지만 1998년 반납치법(anti-kidnapping law)의 도입 이후 이러한 사건은 전격적으로 감소해왔다. 2001년 이후 어떠한 외국인도 납치된 적이 없다.[10] 지역적인 맥락에서 볼 때 예멘은 주말

---

9) 유니버설 그룹(Universal Group of Companies)은 예멘 단체여행 방문자의 30~35%를 담당하는 관광 부문에서 가장 큰 민간기업 중 하나이다.

비즈니스에 있어서 많은 동료들보다, 안전문제에 있어서 훨씬 나은 여행을 한다. 이집트는 2005년 4월 4월 카이로를 강타한 일련의 테러공격들이 있었음에도 불구하고 중동에서 가장 인기 있는 관광지 가운데 하나이다. 왜 그 당시 예멘의 관광산업은 같은 열기로 회복되지 않았는가? 현재까지 예멘의 관광산업이 직면한 가장 큰 도전 중 하나는 열정적인 관광 캠페인에 대한 투자 부족으로 인한 국내 성장 일변도였다는 점이다. 보다 엄밀히 말하면 이 같은 안전문제와 관련, 부정적인 영향에 대한 반대 캠페인에는 거의 돈이 투자되지 않았다는 사실이다. 보다 광범위한 차원에서 말하면, 휴일 방문지로서 예멘의 관광을 진흥하는 일에 투자가 이루어지지 않았다는 점이다. 이와는 대조적으로 이집트는 4월 테러사태 이후 오히려 방문자 수가 더욱 지수적(指數的)으로 증가하는 관광산업에 수백만 달러를 집중적으로 투입하였다. 그러나 이것만으로 변화하기에는 너무 지나치다. "우리는 예멘의 관광을 장려하기 위한 예산을 가지고 있다"고 예멘관광진흥국(Yemen Tourism Promotion Board)의 전무, 알-마흐바쉬(Taha A. Al-Mahbashi)는 말하고 있다. 그는 "우리는 CNN의 캠페인을 주목한다. 그리고 관광 잡지와 신문에도 광고를 할 것이며, 박람회에도 참가할 것이다"라고 설명한다. 마케팅이 특히 미국과 유럽 관광 경영자들에게 필요할 뿐만 아니라 이러한 필요는 관광 진흥을 위한 기금 증대를 포함, 관광산업 지원을 향한 정부정책의 조화를 요구한다. "우리는 예멘에서 관광산업 구축을 위한 새로운 이미지 개선을 지속적으로 행할 것이며, 예멘의 관광산업은 무한히 성장할 것이다"라고 알-마흐바쉬는 자신 있게 주장한다.

---

10) 2005년 12월 독일인 여행객 5명이 예멘에서 실종됐다가 석방됐으며, 2006년 1월 6일 지방 부족민들에 의해 억류돼 있던 이탈리아인 관광객 5명도 무사히 풀려났다. 예멘에서는 종종 납치 억류사건이 발생하기는 하지만 살해하는 일은 거의 없으며, 대개 중앙정부와 협상을 통해 풀려나는 것이 그동안 관례였다. 1998년 반납치법의 도입으로 최근의 사건은 매우 이례적인 것이다.

시바 여왕의 출생지, 카인과 아벨의 매장지, 노아의 방주(方舟)의 진수항(港) 그리고 에덴의 정원으로 일컬어지는 예멘은 휴가를 즐기는 사람들에게 많은 볼거리를 제공한다.

예멘의 국가 수송기는 예멘항공(Yemeni Airway)이다. 50년 이상 운행을 해온 예멘항공은 이 기간동안 좋은 명성을 수립하고 있으며 탁월한 안전기록을 유지하고 있다. 30개의 국제노선과 국내노선을 운항하며 3개 대륙을 연결하는 예멘항공의 서비스는 계속 발전할 것이다. "우리는 보다 효율적인 운항을 위한 조치들을 강구하고 있으며 그래서 항공 관련 자문관들을 초청하였다"라고 예멘니아(Yemenia)의 기장 출신인 회장 알-카디(Captain Abdul-kalek Al-Kadi)는 말한다. 12대의 항공기를 갖고 있는 예멘항공은 보다 많은 사람들이 여행의 최종 선택지로서 예멘에 올 때까지 서비스를 확대해 나갈 것이다. "예멘은 고립되지 않았으며, 여러분들은 언제나 예멘에 도착할 수 있을 것이다"라고 알-카디 회장은 덧붙이고 있다.

예멘은 경쟁력 있는 다수의 관광상품을 갖고 있으며, 수출증대의 잠재력도 갖고 있다. 문화관광, 건강관광, 자연 및 모험관광, 도시관광 등. 그러나 예멘의 진짜 매력은 다른 국가들이 매력적으로 열심히 종사하는 대중관광에 특화

돼 있다는 사실이다. 알-로와이샨(Khalid Abdallah al-Rowaishan) 문화관
광성 장관의 말에 의하면, "예멘은 그 이야기가 아직 전해지는, 쓰여지지 않
은 시(詩)이다."

한-예멘간 문화교류에 관해
예멘 문화관광성에서 알-로와
이샨 문화관광성 장관과 면담
하는 필자. 가운데 우측이 알-
로와이샨 장관

7. 도약준비 마친 국내기업의 성장잠재력

1) 벌꿀에서 병원까지

하드라마우트 지역에서 도안(Doann) 계곡은 고립된 장소이다. 그러나 이
지역과 이 지역의 근교는 예멘에서는 최소한 유명한 지역이다. 심지어 '그 무
게가 금보다 더 높은 가치가 있다'고 알려진 최고급 양질의 벌꿀 때문에 도안
은 수세기 동안 잘 알려져 왔으며, 도안 계곡 또한 보다 값어치 있는 그 어떤
것, 즉 비즈니스맨들을 양성해 왔다. 수많은 사람들이 지난 세기에 도안을 떠
나 그들의 부(富)를 쫓아서 사우디 아라비아로 갔으며, 그들은 현재 사우디

싸나에서 꿀을 파는 상인. 예멘 도안의 꿀은 '그 무게가 금보다 더 높은 가치가 있다'고 알려진 최고급 양질의 벌꿀로 세계적으로 명성이 높다.

최고 재벌 기업가들 가운데 손을 꼽을 수 있을 정도이다. 〈포브스(Forbes)〉 목록에 몇몇의 기업가들이 등장하고 있다. 예멘 출신 사우디 2세인 세이크 부그샨 씨는 그의 조상이 살아온 건조한 산악지대의 작은 마을에 그가 기증한 비용으로 건설되는 40마일의 도로 건설을 위해 2002년 귀국하였다. 도착 후 쌀레 대통령과의 만남으로 세이크 부그샨 씨는 조국 예멘에 투자를 권유받았다. 그는 지금 두바이 국제항구와 함께 아덴자유무역지대에 4억 9천만 달러 투자, 무칼라에 2억 6천만 달러의 시멘트 플랜트, 관광개발 및 4천만 달러의 수산물 가공 플랜트 등의 투자를 포함하는 다양한 종류의 프로젝트에 투자하고 있다. 그는 또한 석유와 개스산업에 높은 부가가치를 실현할 수 있는 석유화학 플랜트 개발계획을 세우고 있다.

그가 가장 자랑으로 삼는 프로젝트는 벽촌(僻村)의 재건이다. 그가 벽촌에 대해 이야기할 때면, 그의 얼굴은 밝아지며 그는 흥분과 함께 미소를 짓는다. 하지만 그 이유를 아는 것은 매우 쉽다. 그는 말하길, "내가 처음 계곡에 왔을 때 그곳에는 전기도 없었고, 도로도, 심지어 병원까지도 없었다. 그래서 이 모든 것들이 그 지역을 위한 우선권이었다. 첫째로 우리는 도로를 건설했고, 그

때에 2메가헤르츠 전력망을 건설했고, 이미 완성된 4개의 학교를 짓기 시작했다. 또한 우리는 예멘에서 그 어떤 병원보다도 나은 서비스를 제공하는 새로운 병원을 건축하고 있다." 그러는 동안 마을은 종종 진흙과 볏짚과 같은 단순한 재료를 이용하는 고대의 기술과 장인정신(匠人精神)을 회복하고 있다.

세이크 부그샨은 이 모든 것들을 가능케 해준 팀에게 겸손하게 감사를 표하며, 이밖에도 이 지역을 변모시키는데 헌신한 인민위원회에게도 감사를 표한다. 토목기사로 단련된 세이크 부그샨은 매우 능숙한 관리자이며 프로젝트에 활동적인 관심을 갖고 있다. 이웃 마을 주민들이 모두 그곳으로 이주하려 아우성친다고 했을 때, 그는 생각에 잠겨서 "우리는 또한 여러분들이 이웃을 잊을 수 없기에 다른 마을에도 건물을 짓는다"라고 대답했다. 그러나 세이크 부그샨의 철학은 마을에 국한되지 않는다. 지금 무칼라 대학(The University of Mukalla)은 세이크의 무한한 관용으로 건설된 새로운 시설과 실험실로 브랜드 가치를 높이고 있다. "나는 여기에 와서 나를 따르는 다른 사람들에게 용기를 주기 위하여 노력한다. 우리가 무엇을 했는지를 알게 될 때, 그들은 모두 그들 자신의 마을로 돌아올 것을 희망하고 마을을 복구하기를 바랄 것이다."

2) 성공을 목전에 둔 은행업(Banking)

2005년초 국제금융기구는 예멘에 대한 대성공을 언급하면서 예멘이 세계은행과 IMF 정책에 대한 지지로 지역자유시장경제에서 예멘이 두 번째 지역을 차지한다고 발표하였다. 예멘에서 특히 금융부문은 지역적 기준으로 볼 때 작지만 국가와 은행부문에 의해서 지배된다. 예멘의 금융부문은 59억 달러의 지불준비금을 갖고 있는 예멘중앙은행(Central Bank of Yemen)에 의해 통제되며 예멘에는 4개의 이슬람은행과 두 개의 국가소유 은행들을 포함하는 15개 상업은행들이 있다. 예멘에서 가장 오래된 은행들인 예멘부흥개발은행(The Yemen Bank for Reconstruction and Development ; YBRD)과 예멘국립은행(The National Bank of Yemen ; NBY)이 금융부문을 지배하고 있다. 최근 중앙은행 또한 지방의 상업은행 지부(支部)를 통하여 공정하게 매우 높은 정도의 불이행 차관과 악성채무의 불충분한 집행을 포함하여 예멘의 금융부문에서 커다란 진보를 실현하였다.

경제의 다른 부문들과 마찬가지로 금융부문 또한 과거 10년을 통하여 커다란 개선을 이루어왔으며 금융부문에 대한 주요 공여국으로는 세계은행, 독일의 GTZ 및 일본이 포함돼 있다. 한편 예멘의 은행들은 시간이 흐름에 따라 변화하고 있다는 긍정적인 징후도 보이고 있다. 예멘인들은 거의 은행구좌를 갖고 있지 않으며 은행들이 극복해야 할 장애물 중 하나는 그들의 서비스와 신용 확립에 관하여 일반 예멘인들을 교육하는 것이다. 예멘의 가장 큰 은행인 YBRD는 1962년 혁명 후 곧바로 설립되었다. 중앙은행으로서 그리고 예멘의 인프라 개발의 주된 자금 공급자로서의 간단한 조업절차를 마친 이 은행은 현재 36개의 지점을 갖고 상업은행으로서 업무를 계속하고 있다. 알-기프리(Abudulla Salem Al-Gifri) 은행장은 "예멘인들은 이 은행이 예멘 최초의 은행이며 보다 더 중요한 것은 예멘을 진보시킨 최초의 은행이기에 이 은행을 매우 자랑하고 있다"고 언급하면서 경제에 있어서 YBRD의 역할을 강조하고 있다. 은행제도에 활력을 불어넣기 위한 정부 계획의 일환으로 "YBRD는 초대형 은행을 만들기 위하여 예멘국립은행과 합병할 것이다"라고 NBY 은행장 겸 최고경영자인 알-쿠할리(Abdulrahman M. Al-Kuhali)는 말한다. 예멘국립은행(NBY)은 통일 이전 사회주의시절 남예멘 유일의 은행이었다. 두 은행들 모두는 Basel II의 규칙에 따른다. NBY는 27개 지점의 영업망을 갖고 있으며 외국과의 강력한 연결고리를 갖고 남예멘에서 아직도 강력한 지위를 유지하고 있다. "NBY[11]는 국제적인 등급기관, 즉 자본능력기관(Capital Intelligency)에 등급을 요구하고 그것을 얻은, 예멘에서는 유일한 은행이다" 라고 쿠할리는 말한다.

3) 예멘의 오지(奧地)를 연결하는 싸바폰(Sabafon)

외부세계에 잘 알려진 예멘의 회사는 거의 없지만, 텔레콤 분야에서 한 회사는 그것을 곧 바꾸기를 바라고 있다. 예멘의 급증하는 모바일 분야에서 주도적 역할을 하는 싸바폰(Sabafon)은 소말리아에서 조업허가를 받았다. 이 회사는 명백히 새롭고 도전적인 시장에의 모험을 두려워하지 않는 용감한 회사이다. 그러나 새로운 지형은 예멘에서 특권을 갖고 있고 영향력 있는 세이크 중의 세이크인 싸바폰의 카리스마적이고 거리낌없는 알-아흐마르(Sheikh Hameed Abdullah Al-Ahmar) 회장의 기세를 꺾지 못한다. "아랍세계에서 국제적인 경영자라고 말할 수 있는 민간회사들은 단지 7~8개에 불과하고 싸바폰은 그 가운데 하나다"라고 아흐마르 회장은 확신한다. 그리고 말할 것도 없이 싸바폰은 예멘의 지형(地形)에서 어려움을 극복하고 많은 것을 배웠다. 싸바폰이 처음 영업을 개시했을 때, 노동력의 70%는 외국인이었고 단지 30%만이 예멘인이었다. 그 후 해를 거듭되면서 좋은 지위, 훈련, 봉급 및 모든 기회의 주인으로서 예멘인들은 현재 노동력의 99%를 차지하고 있다. 이밖에도 이 회사는 예멘의 이미지 제고를 위해 커다란 장애를 뛰어 넘었고, 스포츠 이벤트에도 정규적인 스폰서가 되고 있다. 이 같은 아낌없는 성원은 싸바폰이 예멘 국민들과의 강력한 유대관계 건설을 가능케 해주었다.

---

11) NBY의 수준은 예멘의 국가 등급보다 높은 등급인 BB이다.

이 회사는 연결범위를 확대하기 위해 그들의 산악들을 이용한 부족들과의 유대강화가 지렛대 역할을 했다고 한다. "약 65%의 주민들이 시골지역에 거주한다"고 그는 강조한다.

싸바폰은 예멘의 82%의 지분을 소유하고 있으며 그 나머지 18%는 외국인 투자의 지분이다. 이 회사는 2005년 말까지 예멘의 모바일 분야의 새로운 진출의 기로(岐路)에서 위상을 강화하기 위하여 신기술에 대규모 투자를 하였다. 그러나 아흐마르의 목표는 장래의 경쟁 분야이다. "지금 우리는 소말리아에 진출하고 있다. 우리는 지역의 역할자로 받아들일 준비가 되어 있으며 우리 서비스의 질을 평가하고 또 우리의 파트너가 되기 위해서 다른 회사들이 협상해 오고 있다. 나는 장차 미국까지도 우리의 제휴관계라고 말하고 싶다."12)

---

12) Foreign Affairs, op.cit., p.13.

제2장
번영이 보장된
행운의 아라비아(Arabia Felix)
예멘

제2장
ㅁ·ㅁ·ㅁ
번영이 보장된 행운의 아라비아(Arabia Felix) 예멘

1. 시바 여왕과 향료의 나라

아라비아 서남부에 위치한 예멘(Yemen)이라는 나라는 한국인에게는 '통일'과 관련하여 매우 낯익은 이름이지만, 예멘의 신비로움과 성장잠재력에 대해서는 그다지 많이 알려진 편이 아니다. 사실 필자 자신도 예멘을 그저 통일을 이룬 아주 작은 아랍국가정도로 생각했고, 국민소득이 매우 낮은 미개한 나라 정도로 생각했다. 1990년 통일 이후 예멘인들과 교류하며 서로를 이해하는 과정에서 나는 커다란 오류를 인정하지 않을 수 없었다. 예멘인에 대한 이해와 그들의 역사적 전통이나 문화 예술에 대한 이해가 없이는 진정한 아라비아 반도의 문화를 이해할 수 없다는 작은 결론에 이르게 됐다. 다시 말하면 중동국가 가운데서도 유일하게 아랍인의 독특한 기질과 문화적 전통을 이어가고 있는 민족이 예멘 사람들인 것이다.

고대 그리스시대에 예멘은 '행운의 아라비아' (Arabia Felix) 동남부지역

을 형성하고 있었다. 예멘은 음식에 소금이 필요하듯이 아라비아의 소금과
같은 존재로서 아랍에서는 빼놓을 수 없는 중요한 지역이다. 예멘 없는 아라
비아가 그의 진수와 향취를 가질 수 없듯이 마찬가지로 아라비아로부터 예멘
을 분리하여서는 그의 정수(精髓)를 이해할 수 없다. 역사적으로 예멘은 아
라비아반도 남단의 작은 나라이긴 하였지만, 아라비아 반도를 횡단하여 이주
하는 사람들의 근원지 역할을 하였다. 이러한 이유로 예멘 혈통을 주장하는
예멘인들이 요르단, 팔레스타인, 레바논, 시리아, 이라크, 쿠웨이트, 바레인,
아랍에미레이트연합을 포함하는 걸프만의 국가들과 사우디 아라비아 등의
국가에 많이 거주하고 있다. 야마니(Yamani)나 함다니(Hamdani) 같은 인
명은 예멘에 기반을 둔 사람들이라는 걸 쉽게 알 수 있다. 예멘(Yemen)의 어
원은 대개 두 가지로 알려지고 있으며, 그 첫째는 '축복이나 행복'을 의미하
는 아랍어의 유문(yumn)에서 유래됐다는 설이며, 두 번째는 아랍어의 '오른
쪽'을 의미하는 야민(yamin)에서 유래됐다는 설이다. 실제로 메카의 카바신
전에서 보면 예멘은 오른쪽에 위치하고 있다.[1]

　예멘은 우리에게 흔히 〈솔로몬과 시바〉라는 영화를 통해서 시바 여왕의 나
라로 더 잘 알려져 있으며, 이러한 시바왕국(Sheba Kingdom)은 B.C. 950
년부터 B.C. 115년까지 존속되었다. 시바왕국 이후 예멘은 A.D. 6세기까지
힘야르왕조에 의해 통치되었다. A.D. 525년 예멘은 이디오피아에 의해 정복
당했고, 다시 A.D. 575년 페르시아가 이 지역을 정복하여 통치하였다. 예멘
은 7세기에 정식으로 이슬람(Islam)을 받아 들였으며, 9세기에 자이디
(Zaidis)파 이맘인 야흐야 알-하디 일랄-하끄가 라쉬드왕조를 수립하였다.
라쉬드조(朝)의 예멘은 1517년 오스만 터키에 의해 점령되어 1918년까지

---

1) 이 글은 홍성민, 1996, '행운의 아라비아(Arabia Felix) 예멘' 〈신용분석〉, 여름가을 합본호, 한국신용
　분석사회의 내용을 정리한 것이다.

오스만 터키의 지배를 받게 된다.

예멘이 '행운의 아라비아'라는 이름을 얻게 된 연원도 고대 세계에서는 '향료'의 나라로 유명했기 때문이다. 지리적으로 유리한 곳에 위치한 예멘의 향료(香料)는 홍해 연안을 따라 요르단의 페트라(Petra)로 교역되었다. 그중 일부는 이집트로 교역되고 나머지는 그리스나 시리아 지역으로 광범위하게 수출되었다.

시바왕국(B.C. 950년부터 B.C. 115) 시대의 유물

예멘의 향료는 해로(海路)를 통해 중국과도 교역을 해 왔기에 고대 세계에서 동서교역의 중심지 역할을 할 수 있었다. 행운의 아라비아로 알려진 예멘의 향료는 그 후 포르투갈이나 스페인 등 유럽지역에 광범위하게 알려지게 되었다.

시바왕국이 번성한 이유는 이 왕국이 동남아시아의 향목(香木), 중국의 비단, 아프리카의 신비한 새의 날개, 여기에 아라비아 반도의 남부에서 채취된 유향(乳香)이라 불리는 향료 등의 물건들을 고대 이집트나 구약성서에 나오는 이스라엘 등에 공급하는 교역로를 지배하고 있었기 때문이다.

특히 유향은 지중해 세계, 특히 이집트 주변에서 매우 중시되었다. 그 이유는 이 향이 신에게 제사를 지낼 때 필요했기 때문이다. 유향에는 남유향(男乳香)과 여유향(女乳香)이 있어 여신을 부를 때는 남유향, 남신을 부를 때는 여유향을 피우도록 돼 있었기에 이것 없이는 제사 자체가 불가능했다. 고대 사회에서 제사가 불가능하다는 것은, 즉 정치가 불가능했다는 의미이다. 그 정도로 높은 가치를 지니고 있었기에 유향은 무게로 재어 금과 같은 가치로 거래가 되었다고 한다.

남아라비아의 상인들은 이 유향을 소재로 한 여러 가지 전설을 만들어 내어, 신화, 온축(蘊蓄 ; 충분히 연구해서 간직한 깊은 지식), 신비라는 베일에 쌓아 높은 부가가치를 덧붙여 비싸게 강매하는 것에 성공했다.

유향은 나무줄기에 흠집을 내어 거기서 흘러나오는 수액을 고형화 한 송진과 같은 것으로 아라비아 상인들은 그들의 주 고객이었던 유럽, 지중해 세계의 사람들에게 어떻게 해서 채취되는가를 알려주지 않았고 원산지를 명확히 밝히지도 않았다. 그 대신 그것을 채취하는 방법이 매우 어렵다는 점만을 강조했다. 이러한 이유로 지중해 세계에서는 아래와 같은 전설이 전해진다.

"유향나무는 날개를 가진 푸른 뱀들이 지키고 있기 때문에 보통사람들은 가까이 갈 수 없다. 이것을 채취하기 위해서는 숫소의 가죽을 쓴 남자가 여러 가지 주술을 구사해야만 겨우 채취할 수 있는 것이다."

이 내용은 기원전 5세기, 그리스의 헤로도토스가 기술(記述)한 내용으로 아라비아 상인은 이러한 전설을 만들어 내어 부가가치를 높였다고 전해지고 있다.

시바왕국의 교역로는 '유향의 길' 또는 '스파이스 로드'라 불리며, 이 교역로를 통해 거대한 부를 축적했던 나라가 바로 시바왕국이다. 시바왕국의 여왕을 둘러싼 전설이 다수 전해지고 있는데, 예를 들면 구약성서 중 시바의 여왕과 솔로몬 왕의 전설 등이 그것이다.

'현명하고 지혜가 넘치는 왕'으로 이름 높은 솔로몬 왕은 어느 날 짐승과 새와 정령(精靈 ; 인간과 천사 사이에 위치하는 것)들을 데리고 세계를 여행하고 있었다. 매일 밤이 되면 모두 모여 그 날의 활동을 보고했는데, 어느 날 야쯔가시라라는 새만이 모이는 시간이 되어도 돌아오지 않아서 솔로몬 왕은 대단히 화를 내고 있었다. 그럴 즈음 야쯔가시라가 돌아와서 하는 말, "늦어서 대단히 죄송합니다. 하지만 저는 남쪽으로 날아가 여러분들이 아직 들어보지도 못한 곳을 보고 왔습니다. 남쪽에 시바왕국이라는 나라가 있는데, 여왕이 다스리고 있으며 대단히 풍요로운 나라였습니다. 그러나 그곳에서는 여호와를 숭배하지 않고 태양을 숭배하고 있었습니다"라고 보고했다.

"그것이 사실이렷다?" "예, 정말 사실입니다." "좋다, 만일 그것이 사실이라면 늦게 온 너를 용서해 주겠지만, 거짓이라면 그냥 두지 않겠다"라고 솔로몬 왕은 말하고 야쯔가시라에게 시바왕국에 편지를 가지고 가도록 명령했다.

그 편지에는 "나는 당신의 나라가 매우 풍요로운 나라라고 들었다. 그러나 여호와를 숭배하지 않고 태양을 숭배한다는 것은 잘못된 일이다. 앞으로는 여호와를 숭배하도록 하시오!"라고 적혀 있었다. 야쯔가시라는 편지를 가지고 시바왕국으로 가서 상공에서 편지를 떨어뜨렸다. 편지를 받는 시바 여왕은 장로들을 불러 회의를 열었다.

"우리들 앞으로 솔로몬이라는 왕이 편지를 보내 왔어요. 자신의 말을 들으라고 써있는데 어떻게 하면 좋을지 얘기를 해보세요" 하자 장로들 가운데 어떤 이는 "건방진 녀석 같으니! 전쟁을 일으켜서 혼을 내줍시다", 또 어떤 이는 "무시하는 게 좋겠습니다", 또 다른 사람은 "우리나라와 같이 풍요로운 나라는 없을 테니 토산물을 보내어 그들을 놀라게 하여 회유하는 것이 어떨지요?"라고 진언했다. 그때 시바 여왕은 "그게 좋겠다"라고 말하고 대량의 금, 은, 보석을 이스라엘에 보냈다.

이것을 받은 솔로몬 왕은 "우리나라에도 이런 물건들은 산처럼 쌓여 있어 기쁘지도 않고 즐겁지도 않다. 만일 당신들이 여호와를 숭배하지 않겠다면 군대를 보내어 전쟁을 일으키겠다"라고 회신을 보냈다.

이 같은 회신을 받은 시바 여왕은 "알았다! 그렇다면 내가 직접 그를 만나러 가겠다"라며 직접교섭에 나설 것을 결정했다. 당시의 세계 정세에서는 이스라엘과 시바왕국은 상당히 거대한 나라였기 때문에, 말하자면 초강대국이었기 때문에 이 회견은 지금으로 말하자면 정상회담이라 말할 수 있다.

시바 여왕은 토산물을 낙타 등에 가득 싣고 가신(家臣)과 장군 등을 거느리고 솔로몬 왕을 만나러 출발하였다. 이 낙타의 대열(caravan)은 상당히 길었기 때문에 가장 선두의 낙타가 출발한 후 마지막 낙타가 출발하기까지는 3일이라는 시간이 걸렸다고 전해지고 있다. 또한 구약성서에 의하면, "이때 시바 여왕이 솔로몬 왕에게 가지고 간 금, 은, 보석은 이제껏 없었던 양이었고 그 이후에도 그 정도의 양이 보내진 적은 없었다"라고 기록되어 있을 정도로 상당한 수량의 귀중한 토산물을 가지고 이스라엘로 향했던 것으로 전해진다. 이렇게 해서 솔로몬 궁전에 다다르자 솔로몬 왕은 여러 가지 어려운 문제를 내어 시바 여왕이 정말로 지혜가 있는 사람인지 아닌지를 시험해 보려고 했다.

예를 들면 시바 여왕이 여행에 나선 후, 정령들에게 명을 내려 시바왕국의 궁전에서 여왕의 옥좌를 이스라엘까지 가져오라고 한 후, 여왕이 왔을 때 "이것은 당신의 옥좌입니까?"라고 질문했다. 여왕은 "그렇다고 생각 됩니다"라고 대답했는데, 구약성서에 의하면 여기서 "아니요"라고도 "그렇다"라고도 대답하지 않았던 것이 '지혜의 증표'라고 쓰여 있다. 또 솔로몬의 궁전에는 푸른 수정으로 깔려 있는 마루가 있었는데, 여왕은 솔로몬에게 다가갈 때 그 푸른 수정을 보고 물이라고 생각해서 옷자락을 약간 들어 올려 걸으려 했다고도 기록돼 있다.

어찌 하였든 이러한 서로의 대화에서 두 사람은 서로의 지혜에 감탄했고 서로 마음이 끌리게 되어 마지막에 솔로몬은 "시바 여왕이 원하는 것이면 무엇이든지 주었고", 여왕은 귀국의 길에 오르게 되었다고 한다.

하지만 이 때 시바 여왕의 귀국 코스가 매우 흥미롭다. 여왕은 갈 때는 향료의 길을 따라 아라비아반도를 북상하여 갔는데 귀국할 때는 이스라엘에서 이집트를 경유하여 남하하여 이디오피아까지 갔다. 그리고 이디오피아에서 구슬 같은 남자아이를 낳았는데 이것이 솔로몬과 시바 여왕 사이에서 태어난 아이로, 이 아이가 이디오피아를 1974년까지 지배한 하이레세라시에 황제집 안의 시조로 알려지고 있다. 즉 이디오피아 황제집안은 솔로몬과 시바 여왕 사이에서 출현한 가계(家系)라는 것이다. 그 후 시바 여왕은 홍해를 건너 예 멘으로 돌아갔다.[2]

2. 모카(Mocha) 커피의 원산지

신비(神秘)의 나라 예멘에 도착하는 순간, 이방인들이 마주치는 독특한 예멘인 특유의 복장과 모습은 일종의 환상을 자아내기도 한다. 마치 우리의 버선 모양을 한 그들의 전통적인 칼, '잠비아'를 차고 한쪽 뺨에는 볼록하게 '까트(Qat)'를 씹고 있는 예멘인의 모습은 마치 이스탄불 돌마바치 궁전 앞 의 '터키 병정'을 연상시키듯 일종의 호기심을 자아낸다. 더욱이 커피의 원산 지가 이곳의 항구 모카(Mocha)에서 유래됐다는 사실과 예멘이 '시바 여왕' 의 나라라는 자존심은 아직도 그들이 경제적으로 매우 낙후돼 있다는 사실에 는 아랑곳하지 않고, 예멘인들의 생활은 세월을 잊고 사는 삶의 형태로 이어 지고 있다.

시바 여왕(Queen of Sheba)이 실제로 오늘날의 마립(Ma' rib) 지역으로 부터 왔는지에 관계없이 여왕은 신비롭고 형용할 수 없는 부와 사치스런 생활

---

2) 염경원 번역, 1994,《모카 마타리의 예멘》(사또히로시칸 저《예멘―또 하나의 아랍》, 동경 : 아시아경 제연구소), http://hopia.net/kyc/book/y_stud_k3.htm 06-06-06.

을 누리고 있었다. 이러한 부(富)는 홍해에 위치한 향로의 무역로가 있었기에 가능했다. 무역을 통해서 이루어진 부에 의해서 뿐만 아니라 아라비아 반도의 특징적인 유리한 기후, 즉 '녹색 예멘(Green Yemen)' 때문에 예멘은 고대 세계에 '행운의 아라비아'로 알려졌다. 그로부터 수세기가 지난 후 커피는 부의 원천이 되었고, 심지어 오늘날 커피 형태도 예멘의 모카 항구 이름을 따서 부르게 되었다. 더욱이 '백인의 무덤(white man's grave)'으로 불려지던 아덴(Aden)은 인도로 가는 교두보가 되었다. 이러한 이유로 수세기 동안 탐험가나 모험가들은 금단의 나라, 예멘에 들어가기를 열망해 왔다. 경탄할 만한 아름다움과 어둠침침한 상점 그리고 베일에 싸여진 여자가 있는 '싸나(Sana'a)'는 아랍의 중세시대를 연상케 하며, 여행자들을 매료시킨다. 더욱이 빈틈없이 무장을 한 부족 병사들의 자랑스러운 아랍의 전통의상은 매우 인상적이다. 단순한 호텔이나 여관, 채색 유리로 장식한 창문, 남자들의 볼록한 두뺨 그리고 까트를 즐기는 예멘인들의 충만한 여유는 예멘의 특징적인 단면들이다.[3]

잘 알려진 바와 같이 커피의 원생종은 이디오피아가 기원이다. 그것이 예멘에 전래되어 커피 음료가 된 것인데 시바 여왕의 전설에도 나타나있듯이 예멘과 이디오피아는 대단히 친밀한 관계였다. 앞서의 전설에서도 소개되었듯이, 솔로몬을 만나고 귀국하는 길에 시바 여왕은 이디오피아에서 자식을 낳고 귀국한다. 이러한 일련의 사건은 '이디오피아-커피-예멘'이라는 관계를 연결해 주고 있다. 홍해를 사이에 두고 마주보고 있는 두 나라! 당시의 시바 왕국은 대단히 강대했기 때문에 이디오피아에 식민지를 가지고 있었고, 솔로몬과 시바 여왕의 전설에도 이디오피아가 등장하고 있다. 이러한 의미에서

---

3) 홍성민, 1996, 앞의 글.

시바 여왕은 마시는 음료로서의 커피 탄생의 밑바탕이 된 사람이라고 할 수 있게 되었는지도 모른다.[4]

프랑스의 외교가 탈레랑-페리고르(Talleyran-Perigord : 1754~1838)은 커피의 맛이란 모름지기, "악마와 같이 검고, 지옥과 같이 덥고, 천사와 같이 맑고, 사랑과 같이 달고 …"라 했다. "한 모금의 커피는 언짢아진 마음에 기쁨을 불러일으키고 꿈속의 희열을 초월한다"고 찬사를 한 사람은 밀턴(John Milton : 1608~1674)이었지만, 볼테르 같은 프랑스의 계몽 사상가는 말년에도 하루에 50잔의 커피를 마신 것으로 유명하다. 이러한 커피(coffee)의 어원에 관해서는 여러 가지 설이 있다. 웹스터의 《지리사전》(Kafa(Kaffa))에는 '이디오피아의 서남쪽에 있는 곳으로, 커피나무의 본고장'이라고 나오며, 브리태니카에도 비슷한 말이 나온다. 지금의 이디오피아는 과거 '아비시니아(Abyssinia)', 즉 아랍어로 '혼동하는 사람'이라는 뜻으로 아랍인이 이곳으로 이주한 데서 온 말이다. 아무튼 과거의 문헌에 '커피에 관한 기록이 두 가지로 나오는 바, 그 한쪽이 chaube, kaweh, kawah, chaweh, cahoueh 같이 이디오피아(아비시니아)의 주(州) 이름 Kafa 혹은 Kaffa와 유사성을 보이는 것이다. 다른 하나는 bun, bon, bunc, bunna 같이 전혀 다른 계통의 것이다. 따라서 옥스퍼드 영어사전(O.E.D.)은 'Kafa(Kaffa)가 커피의 이름이라고 확실히 밝히지 않고' 있으며, 그 대신 '카파(Kafa, Kaffa)'라는 주를 가진 나라 이디오피아에서 커피를 '분'이라고 하여 "커피가 카파에서 왔다"고 한 말에 이의를 달고 있다. 브리태니카는 '아비시니아의 카파(Kaffa)에서 자란 것을 남 아라비아에서 가져가 심었을 것'이라고 밝히고 있으며, 오늘날 커피라는 말은 아랍어의 '까흐와(qah-

---

4) 염경원 번역, (사또히로시 칸, 1994,《예멘-또 하나의 아랍》, 동경 : 아시아경제연구소), http://hopia.net/kyc/book/y_stud_k3.htm 06-06-06.

wah)'에서 전래되었고, 그 발음이 형태를 달리하면서 세계로 퍼져 나갔을 것으로 보고 있다.[5] 위에 언급한 '이디오피아-커피-예멘'이라는 관계를 살펴볼 때, 커피의 어원이 예멘의 아랍어 '까흐와'에서 왔음은 자명한 일이며, 그 근거는 '카파', '분' 및 '바니 마타리'에서 찾을 수 있다. 억측에 가깝긴 하지만, 카파지역에서 예멘의 바니지역으로 건너와 생산된 커피는 바니 마타리에서는 '카파에서 온 것'이라는 의미로 아랍어 발음으로 '까흐와'로 알려졌을 것이고, 반면 이디오피아에서는 커피나무가 있기는 했지만, 그 효용이나 사용처를 잘 모르는 상태였기에, 예멘의 '바니 마타리'의 지명에서 경작된 커피를 지명의 이름을 따서 '분'이라는 이디오피아식 발음으로 불렀을 가능성이 짙다. 물론 언어학자들이 보다 세심한 연구하여 밝힐 일이긴 하지만, 중요한 것은 커피라는 말 그 자체는 아랍어의 까흐와에서 유래되어 커피 혹은 카페 등의 이름으로 유럽에 전파되었다는 사실이다.

'모카 마타리'의 '모카'라고 하는 명칭은 예멘의 항구 이름이다. 그리고 '마타리'도 역시 예멘의 '바니 마타리'라는 지방의 이름에서 온 명칭이다. '바니 마타리'라는 의미는 아랍어로 '비(雨)의 자손들'이라는 의미로 싸나에서 서쪽으로 홍해를 향한 지역에 있다. 이 주변은 항상 비가 내리며 습기가 많고 고도 2,000미터 전후의 지역으로 커피의 생육에 적합한 지역이다. 이 '바니 마타리' 지방에서 채취된 커피원두와 그것을 모카 항에서 출하하게 된 것으로 인해 '모카 마타리'라는 이름이 붙여진 것이다.[6] 아무튼 '까흐와'의 프랑스 이름, '까페(café)'는 '커피를 마시는 곳'도 함께 가리키게 되었고, 거기서 추출된 식물성 알칼로이드인 이뇨(利尿) 흥분제가 카페인이 되었다. 약 500년 전 발견되어 가꾸기 시작한 커피나무는 현재 세계적으로 약 4천5백

5) 박갑천, 1995,《세계의 땅 이름》, (서울 : 앞선책), pp. 97-99.
6) 사토히로시 칸, 앞의 글.

종을 헤아리게 되었고, 그것들은 다시 세 가지[7]로 크게 분류된다.

커피 열매. 예멘의 '바니 마타리' 지방에서 채취된 커피원두와 그것을 모카 항에서 출하한다는 이유로 예멘의 커피는 '모카 마타리'라 불려진다.

커피가 어떻게 해서 마시는 음료가 되었는지에 관해서는 여러 가지 설이 있는데, 여기서는 예멘에서 알려진 이야기를 소개하기로 한다. 이슬람교가 아라비아반도에 탄생한 것은 7세기 전반의 일로, 그 이후 이슬람은 메카와 메디나를 기점으로 해서 전 세계로 퍼져나갔는데, 이슬람 탄생 당시의 아라비아반도에도 커피는 존재하지 않았다.

커피는 아라비아반도에 이슬람교가 완전히 퍼지고 난 수세기 이후, 즉 15세기경이 되어서야 겨우 음료로써의 커피가 발견되게 된다. 앞에서 언급했듯이 과거에 예멘인과 이디오피아인 사이에는 빈번한 왕래가 있었다. 어느 날 이슬람의 수행자가 병이 나서 아무리해도 기분이 좋아지지 않자 무언가 기분이 좋아질 것은 없을까하고 궁리를 하고 있었다. 그러던 중 겨우 이디오피아

---

7) '코페아 아라비카(coffea arbica)', '코페아 로부스타(coffea robusta)', '코페아 리베리카(coffea liberica)'가 그것인데, '코페아 아라비카'는 보통 '아라비아 커피'라 불리며 아라비아가 원산지임을 가르킨다. 여기서 '아라비카'는 그 자체로 '아라비아 커피'를 의미하며, 이 '아라비카'는 세계의 모든 커피의 대종을 이루며, 전체 생산량의 90% 이상이 이 종류이다. '모카(Mocha)'라는 곳은 예멘의 남서쪽에 있는 항구로 아라비아산 고급 커피는 이곳을 통하여 수출되는 것이다.

에 놀러 가서 먹었던 '분'의 열매를 생각해냈다. 그래서 예멘의 산악지대를 찾아서 같은 모양의 열매를 발견하여 씹어 보았더니 몸에 활력이 넘치고 병이 나아졌다고 한다. 그래서 이것을 주위의 사람들에게도 권하였고 '분'이 보급되게 되었다고 한다. 이 '분'이 커피의 열매였는데, 이 단계에서는 정신을 맑게 하는 약으로써 사용되었을 뿐 기호품으로 마시는 음료는 아니었다.

한편 이슬람의 수행자들이 밤의 근행(성전 코란의 공부)을 할 때에 졸리지 않게 하는 방법은 없을까하고 생각하였다. 그때 '분'을 음료로 마셔보니 눈이 떠지고 머리도 맑아져 근행도 잘 할 수 있게 되었다고 한다.

이것은 대단히 좋은 일로 이슬람 세계에 특히 종교자 중에서 음료로써의 '카후와', 즉 '커피'가 퍼지기 시작된 것이다. 이것이 서서히 이슬람 세계 전체로 퍼졌고 이슬람의 성지 메카와 메디나에서도 커피를 마시는 습관이 퍼졌다. 그런데 이슬람에서는 음주가 금지되어 있기에 메카에서도 일부 사람들이 커피가 지닌 각성작용을 문제로 삼아 커피도 술의 일종이지 않은가 하는 문제를 제기하고 나섰다. 이 문제를 둘러싸고 16세기 초반에 커피 옹호파와 반대파 사이에 커다란 종교적 논쟁이 있었는데, 결국 커피는 술과는 다르다는 검증을 받게 되어 커피를 마시는 문화가 이슬람세계에서 확립되었다.

커피는 홍해에 연한 예멘의 조그만 항구도시 알 모카(Al-Mocha)로부터 15세기 말경 유럽에 처음 소개되었다. 전해오는 이야기에 의하면 모카의 수호성인(聖人)인 알리 이븐 오마 알-샤딜리가 포르투갈의 선원들에게 자신이 마시던 검은 음료를 제공했는데, 그 음료가 정신을 맑게 하고 기분을 전환시키는 기능을 가지고 있다는 사실을 알게 되었다. 선원들은 커피의 씨앗을 얻고 또 커피의 제조법을 익혀 포르투갈로 돌아왔다. 커피는 짧은 시간 내에 전 유럽으로 퍼져 나갔으며, 현재 가장 보편적인 음료로 전 세계인의 사랑을 받고 있다. 15세기 말에 살았던 성인 알리 이븐 오마 알-샤딜리는, 그의 무덤이 실제로 모카의 알-샤딜리 사원에 있다. 그러나 커피의 전래에 대한 다른 견해도 있다. 커피가 포르투갈 사람을 통해 유럽에 전파되지 않았으며, 오스만 터키에 의해 비인으로 전해졌다는 것이다. 아무튼 그 커피가 상품화된 것은 유럽인들에 의해서이며, 현재는 하나의 문화로까지 발전해 있는 상태다.

커피는 예멘의 서부 산악 지대에서 재배되었다. 그곳으로부터 50~80km 거리에 있는 항구도시 모카까지 말이나 낙타에 의해 커피가 운반된다. 영국의 동인도회사 사장이었던 헨리 미들턴경(卿)이 1610년 모카에 상륙해서 커피를 처음 접하게 된다. 비슷한 시기인 1616년 네덜란드 출신의 선장 피터 반 데어 브뢰케가 모카에 와서 커피의 교역 가능성을 타진한다. 17세기 중반 비인과 암스테르담에 커피를 판매하는 집이 생겨난다. 요한 세바스챤 바하(1685~1750)같은 음악가까지 커피를 노래하는 곡을 작곡하기에 이른다. 17세기 말 커피는 전 세계적인 교역 품목이 되었고, 커피는 예멘의 모카 지방으로부터 스리랑카, 자바로 그 재배 지역을 확장하게 된다. 재배와 교역을 주도한 이들 제국주의 국가들은 생산과 가격을 마음대로 조절하면서 예멘이 커피 생산에서 차지하는 위치를 떨어 뜨렸다. 18세기 말 모카항을 통해 실려 나가는 커피의 양은 22,000톤 정도였다. 그리고 이 물량의 상당 부분은 유럽이 아닌 미국으로 수출되었다. 19세기 들어 커피의 생산 기지가 남미와 아프리카로 더욱 확대되면서 모카 항을 통한 수출량은 더욱 감소한다. 모카항의 인구도 20,000명에서 급격히 줄어들었다.[8]

16세기 후반에는 오스만 터키 제국의 수도 이스탄불에도 커피가 전해져 궁정문화로 흡수되면서 상류계급이 커피를 마시면서 이야기를 하는, 즉 다시 말해 '사론'이 탄생하게 되었다. 커피의 보급은 이슬람교와 기독교의 싸움,

---

8) 한국예멘교류센타, 1996, 〈예멘〉, 중동지역연구 96-1, 52-53 쪽.

즉 유럽에서 보면 십자군의 역사 중에서 이슬람의 문화가 서서히 유럽 세계로 소개된 것이다. 1683년의 유명한 몽고의 전쟁에서 이슬람군이 철퇴한 후, 거기에 남겨진 커피원두 자루를 사서 처음으로 만들어 낸 커피점이 유럽에서 최초의 커피숍이 되었다.

한편 커피의 무역 상인으로는 최초로 네덜란드인이 활약을 했다. 어쨌든 커피라는 것이 아라비아반도의 예멘지방에서 나왔기 때문에 커피를 거래한다고 하면서 그곳에 가지 않으면 안 된다는 생각 때문에 최초로 커피원두를 모카로부터 사들여 암스테르담에서 수입했던 것이 1628년의 일이다. 이렇게 해서 모카는 세계 속으로 커피원두를 수출하게 되었고 세계에 그 이름을 알리게 되었던 것이다.

커피교역이 시작되었을 때, 아랍 상인들은 높은 이익을 생각했다. 가능한 한 자신들의 특산품인 것을 이용해서 비싸게 팔자, 희소가치, 부가가치를 붙이지 않으면 안 된다고 생각했다. 그래서 자신들의 독점이익을 확보하기 위해 원두를 수출할 때는 결코 다른 토지에서 발아하지 않도록 모두 달여서(煎) 수출했다. 그렇게 하지 않으면 자신들의 밭에서만 할 수 있다는 희소가치를 잃게 되기 때문이다.

그러나 사는 쪽에서도 어떻게 해서든 원두를 손에 넣고 싶어 했고 메카로 순례자가 돌아오는 길에 원두를 가지고 돌아오도록 하는데 성공했다. 이 원두가 당시의 세계무역의 중심지 암스테르담에 보내져 그곳에서 유럽의 제국주의 국가들은 자신의 식민지에 이 커피 원두를 이식, 플랜테이션을 만들어 값싸고 대량으로 안정적인 공급을 도모하였다. 이것이 현재 중남미나 자바의 커피농원의 기원인 것이다. 때문에 모카에서 적출된 커피는 세계 커피의 모태라고 할 수 있다. 그 이후 커피를 마시는 문화는 유럽과 그 식민지였던 미국으로 점점 퍼져나가게 되었다. 특히 미국에서는 영국과의 대립에서 1773년

'보스톤 차사건'으로 홍차를 바다로 던지고 난 이후, 홍차 대신 커피가 한층 더 보급되어 세계 제1의 커피 소비국이 되었다.[9]

어쨌든 오늘날 커피는 15세기 말경 포르투갈 선원들을 통해 최초로 유럽으로 전래된 것으로 알려지고 있으며, 현재는 전 세계인의 애호를 받는 기호품 중 하나가 되었다. 예멘 커피의 특성은 뭐니 뭐니 해도 그들 특유의 '향기'에 있다. 하지만 예멘의 커피는 고산지대에서 경작이 되며, 까트 재배 면적의 증대와 세계 수요의 감퇴에 기인하여 매우 한정된 양의 생산이 이루어지고 있다. 이러한 예멘의 커피는 유럽에서는 매우 인기 있는 커피로 알려지고 있다. 최상품인 예멘의 커피원두는 대부분 이웃 나라인 사우디 아라비아로 수출되고 있으며, 그 결과 최근까지 유럽 쪽에서 '모카 마타리'의 좋은 원두는 그다지 많이 유통되고 있지 않다. 그러나 사우디 아라비아의 경기 침체와 세계커피연맹의 붕괴로 국가별 수입할당이 철폐되었기 때문에 최근 싸나의 커피 상인과 일본 커피상사와의 거래가 궤도에 올라 최고급의 '바니 마타리' 원두를 일본에서도 수입하고 있다.

커피는 주로 사우디, 유럽, 일본 그리고 미국, 러시아로 수출되며, 초콜릿이나 빙과류의 맛을 내는데 쓰인다. 특히 바니 마타르 지역에서 생산되는 '마타리(Matari)'와 '알 하이미' 지역에서 생산되는 '하이미(Haimi)'는 대표적인 아랍산 커피(coffee arabica)로 명성이 높다. 이처럼 예멘의 커피가 선호되는 이유는 특유의 향기 때문이다. 그러나 예멘의 생산 방식이 아프리카나 남미에서 시행되고 있는 대단위 영농에 의한 생산을 능가하기란 거의 불가능해 보인다. 재래식 재배 방식에 의한 낮은 노동생산성과 상대적으로 높은 가격으로 경쟁하기란 쉽지 않기 때문이다. 예멘이 내세울 수 있는 것은 독특

---

9) 사또히로시 칸, 위의 글.

한 향과 품질의 우수성뿐이다.

3. 까트(Qat)의 한가로움과 잠비아의 자존심

커피의 본 고장으로 알려진 예멘에서는 사실 모카커피를 마실 수 있는 기회가 거의 없다. 그들은 대부분 전통적인 아라비아 커피를 마시는데, 한국의 소주 잔만한 사기로 된 작은 잔에 진한 커피를 넣어서 독하게 마신다. 그러나 대부분 커피 대신 홍차나 일명 '커피 차'라 불리는 '기시루'라고 하는 커피원두 외측의 과육(果肉)을 건조시킨 것을 끓여서 마신다. 예멘인들이 모카커피를 마시지 않는 이유에 대해서는 일부에서는 생산량이 적어서, 수출을 해야 하기 때문에, 워낙 값이 비싸기 때문이라는 이유도 있겠지만, 근본적인 이유는 그들이 다른 기호품에서 즐거움을 찾는 데 있다. 그것이 바로 세계에서 유일한 '까트(Qat)'라는 것이다.

까트는 세계에서 유일하게 예멘인들만이 즐기는 독특한 기호품이며, 까트를 빼놓고 예멘인을 이해하기는 어렵다.

까트는 세계에서 유일하게 예멘인들만이 즐기는 독특한 기호품이다. 하지만 환각성 문제 때문에 세계적으로 마약성 식물로 분류되어 교역이 금지된 품목이다. 그러나 예멘인을 이해하는데 까트를 빼놓고는 그 정수를 이해하기란 매우 어렵다. 예멘에서는 대부분 근무시간이 끝나는 오후 2시경부터 오후 5~6시경까지 까트를 씹으며 담소를 나눈다. 이 같은 까트파티는 마치 벤자민의 잎사귀와 비슷한 까트의 잎을 씹으며 중앙에 '쉬샤(아라비아 물담대)'를 두고 서로 피워 가면서 세상 살아가는 이야기로 한담을 나누는 형태의 공동체 모임이다. 그 결과 예멘인들의 정치의식은 매우 높은 것 같으며 공동체 의식은 까트파티를 통해서 돈독해진다고 볼 수 있다. 현재 정부에서 고소득 작물인 까트의 재배면적 증가 때문에 골치를 앓고 있지만, 까트의 전통은 너무나도 그들의 삶 속에 깊이 자리 잡고 있기에 해결이 매우 어려운 것으로 알려지고 있다. 통일 이전 남예멘에서는 까트가 금지되어 있었기에, 과거 남예멘 지역에서는 통일 직후 까트의 전통을 찾아보기가 힘들었다. 하지만 최근 남예멘 지역에서도 까트의 인기는 폭발적으로 치솟고 있다.

까트는 이디오피아에서 13세기 말엽부터 예멘으로 수입되었다. 까트의 어린잎은 신선할 때 수확한다. 까트는 아가네과의 식물의 잎으로 이 잎을 생잎의 상태로 씹는 것이다. 잎을 달여 마시는 것이 아니라 잎에서 베어 나온 엑기스만을 마시는 것으로 이 엑기스에는 흥분작용이 있다고 한다. 하지만 까트는 마약은 아니다. 이슬람에서는 술이 금지되고 있기 때문에 까트를 씹으면서 일과 후 동료들과 담소를 나누는 것은 예멘인의 최대의 오락인 것이다.

아무튼 까트는 예멘 사람들이 즐기는 독특한 기호품이다. 까트는 나뭇가지에 붙은 부드럽고 연한 잎을 마치 껌처럼 씹음으로써 그 맛을 느낄 수 있다. 커피의 고향 예멘에 까트로 인해 하나의 또 다른 문화가 형성되어 있으며 그것이 바로 까트 문화이다. 오후 기도가 끝나면 예멘 사람들은 정해진 장소에 모여 까트를 씹으며 대화를 즐긴다. 왼쪽 뺨에 이파리를 하나 가득 집어넣어 공처럼 둥글게 만들고는 씹어 그 즙을 음미한다. 이때 초심자들은 이파리를 삼킬 수도 있다. 정신적인 집중력이 떨어지는 오후 까트는 사람들로 하여금 정신적으로 힘을 불어넣어 준다. 까트 타임이 끝나는 때 사람들은 이파리를 뱉어내고는 찬물로 입을 가셔 낸다. 그리고 사람들은 우유가 들어간 차를 마시면서 일몰 기도를 맞이한다.

까트는 예멘 사람들의 삶을 이해하는데 빼놓을 수 없는 요소이다. 그러나 까트에 들어 있는 환각 성분 때문에 까트의 허용 여부를 놓고 논의가 분분하다. 16세기 이슬람 학자인 이븐 하두샤르 알-하이스아미도, 코란에서 까트를 금하고 있지 않지만 거리를 가질 것을 권하고 있다. 1982년에 나온《예멘의 까트와 그것이 생활에 끼친 영향》이라는 책에서 까트는 부정적으로 평가되고 있다.

1990년 예멘이 통일되기 전까지 북예멘은 까트를 허용했으나, 남예멘은 까트를 금지하고 있었다. 통일이 북예멘 주도로 이루어진 지금 까트가 허용되고 있으며, 문화적인 측면이 아닌 과학적인 측면에서의 연구가 계속되고 있다. WHO의 연구에 의하면 까트에는 카틴과 카티논 성분이 있어 자극제 역할을 한다는 것이다. 카틴과 카티논이 아드레날린의 분비를 촉진하고, 그 결과 체온과 혈압, 맥박 수가 높아지며 감정이나 정서적으로 흥분을 하게 된다. 그리고 시차를 두고 나타나는 효과로는 식욕 감퇴, 졸음, 신경과민, 무력감 등이 있다. 더욱이 이러한 반응은 까트의 종류에 따라 다르게 나타나는데, 값이 비싸고 질이 좋은 까트에서 마취나 무력감 같은 반응이 적게 나타나는 것으로 알려졌다.

예멘 사람들은 까트를 과학이나 의학의 입장에서 부정적으로 보는 것에 반대한다. 까트를 씹으며 대화하는 것은 하나의 관습으로, 공동체 내의 모든 사람들을 이해하게 하고 결속시켜 준다는 생각을 가지고 있다. 그러나 경제적인 측면에서도 까트가 농업 부문의 생산에서 차지하는 비중이 지나치게 높고, 많은 사람들이 월수입의 30% 정도를 까트를 구입하는데 쓰고 있다. 그러므로 까트는 경제적으로도 부정적으로 여겨진다.

까트가 가장 애호되는 지역이 예멘인데, 그렇다면 그 까트의 고향은 어디일까? 까트의 고향은 이디오피아로 알려지고 있다. 약 700년 전에 처음 도입되었으며, 일종의 약용 식물로 사용되었다. 종교적인 측면에서 신성을 보여주기 위해 사용되기도 했고, 부유층의 사람들이 권태를 달래기 위해 사용되기도 했다. 그러다가 최근 30여 년 동안 까트의 재배 면적이 급속도로 증가하였고 까트 문화가 일반화되었다. 까트 재배가 이렇게 증가한 이유는 까트로부터 얻는 소득이 일반 농산품을 통해 얻는 소득의 5배가 넘기 때문이다. 까트는 머지않아 커피를 대신해서 예멘을 상징하는 식물이 될 것이다.

예멘의 매우 특유한 전통중 하나는 그들 전통의 칼, 즉 '잠비아' 의 착용이다. 잠비아 착용의 전통은 오늘날 오만과 예멘에서 유일하게 목격할 수 있는 아랍의 전통이다. 예멘인들이 칼을 차고 다니기에 언뜻 보면 두려움을 느낄수 있지만, 그들의 전통은 칼에 손을 대는 것을 금기시하기 때문에 잠비아로인한 사고는 거의 없는 편이다. 예멘인들은 함부로 칼을 뽑지 않는다. 잠비아에 손을 댈 경우 이는 살인 의도로 간주된다. 바꾸어 말하면 사소한 흥분이나 싸움에 손에 쥔 무기를 아무 때나 휘두르지 않는다는 일종의 '절제된 삶' 을 보여주는 하나의 단면이기도 하다. 그 대신 예멘인들은 춤과 음악을 즐긴다. 거리이건 집이건 흥이 날 때 그들은 자신들의 즉석 반주에 맞춰서 잠비아 춤을 추곤 한다. 낯선 이방인에겐 처음에는 두려움의 대상이 되기도 하지만 예멘인들에게 있어서 잠비아는 일종의 자존심인 것이다.

현대 산업사회 속에서도 예멘인들이 자존심으로 지켜 오고 있는 것이 예멘특유의 '잠비아' 이다. 예멘을 처음 방문한 사람들은 공항에 내리자마자 마치 우리의 버선 모양으로 생긴 잠비아를 찬 예멘인을 만나는 순간부터, 예멘이 다른 아랍 국가와는 다르다는 일면을 발견하게 된다. 아무튼 잠비아는 조상 대대로 내려온 예멘의 전통으로써 과거에는 가문이나 부(富)의 상징으로 애장품이 되었다. 이러한 잠비아의 전통은 오늘날 오만과 예멘에서 유일하게 목격할 수 있는 아랍의 전통이다. 잠비아의 진가는 그것을 만든 재료, 특히 손잡이에 의해서 신분이나 부의 정도를 달리한다. 따라서 나무로 만든 손잡이에서부터 짐승의 뿔이나 금, 은 보화로 만들어진 다양한 종류의 잠비아가 있으며, 코뿔소의 뿔로 만든 손잡이는 으뜸으로 꼽히고 있다.

잠비아를 차고 있는 가게주인. 예멘의 매우 특유한 전통 중 하나는 그들 전통의 칼, 즉 '잠비아'의 착용이다.

예멘을 처음 방문했을 때 신기한 잠비아를 보면서, "이 무더운 날씨에 왜? 그리 무거운 칼을 차고 다니느냐"고 물었다가, 정말 우문현답(愚問賢答)을 들었다. "당신은 왜? 넥타이를 차고 다니죠?"라는 반문을 들었다. 어안이 벙벙해진 나는 문득 떠오르는 임기응변으로, "액서사리로 아름답게 하기 위해서죠"라고 답했더니, 거침없이 "우리도 마찬가지요"라고 기다렸다는 듯 응수를 해왔다. 이것이 그들의 문화요, 전통임을 즉석에서 깨달았다. 한번은 자료 조사차 예멘에 갔다가 아덴항의 개발에 대해 설명을 듣던 중, 현재 수상으로 있는 바자말 당시 자유무역지대 위원장이 내게 잠비아에 대해 말을 건넸다. "우리가 경제개발을 해야 하는 데, 저 잠비아 때문에 생산성이 잘 나질 않습니다. 어떻게 좋은 방법이 없을까요?"하고 내게 물었다. 그때는 나도 이미 예멘 사람들의 편이 다 되어 있었기에 답은 간단했다. "무조건 잠비아 착용을 금지하는 것은 커다란 혼란을 가져올 것입니다. 그러니 그 방법을 피하고, 저 사람들에게 자본주의 정신을 불어넣어 주세요. 저 사람들이 '부(富)의 맛'을 보면, 잠비아를 벗어 던지고 돈을 벌기 위해 열심히 일할 것입니다. 다시 말하면, 예멘의 길거리에서 잠비아가 사라지는 날! 예멘은 발전한 나라로 갈 것입니다"라고 한 수 거들었다. 바자말(Abdul K. Bajamal) 위원장은 고개를 끄덕이며 내게 좋은 생각이라고 칭찬해주던 기억이 난다. 그 후 10여 년 이상의 세월이 흐른 후, 예멘에서 잠비아는 차츰 사라지는 경향이 있고 손님 대접의 경우에 많이 착용하는 예멘의 전통으로 자리 잡는 모습으로 변해가고 있음을 본다. 그리고 과거 내가 했던 말을 기억하면서 확실히 예멘이 변하고 있으며, 발전할 수 있음을 확인할 수 있는 '보이는 경제지표'가 돼 가고 있음을 볼 때, 마음 한 구석에 은근히 자부심을 느끼기도 한다.

　그 후 예멘의 잠비아는 내게 새로운 호기심을 자극하였다. 과거 〈중세 한-중동간 교역〉[10]의 연구논문 가운데 은장도의 아랍 수출 가능성을 시사한 바 있는 나로서는 '한국의 은장도＝예멘의 잠비아'의 관계를 연결하기 시작했다. 아랍-이슬람 세계로의 신라(新羅) 수출품의 일종인 검(劍 ; firind)은 오늘날 울산지방의 특산품으로 옛날부터 울산의 은장도는 "천하일품군자보도 울산병영공예명품(天下一品君子寶刀 蔚山兵營工藝名品)이라 하여 유명

---

10) Seong Min Hong, 1989, 〈The Middle East and its Trade with Far Eastern Countries in Medieval Ages : With Special Reference to Muslim Trade between Korea and China〉 The Korean Journal of the Middle East Studies. No.10. The Korean Association of the Middle East Studies. 참조.

하다. 울산에서는 무기와 함께 은장도(銀粧刀)를 만들어 이 고장 여인들에게 호신용으로 나누어주었다고 한다. 검(劍)을 전쟁의 주무기로 사용하고 보검을 존엄과 호신의 필수품으로 여기고 있는 아랍-무슬림 상인들에게 있어서 질 좋은 신라의 검은 호기심을 불러일으키지 않을 수 없었을 것이며, 당연히 교역의 대상품으로 선정되었을 것이다. 특히 이 분, 쿠르다지바(Ibn Khur-dazibah)의 기록을 제시하며 이슬람 세계의 교역 가능성을 주장하는 무함마드 깐수의 견해를 인정한다면.

والذي يجيء في هذا البحر الشرقي من الصين الحرير والقرند والمسك والعود والألروج والخضار والدارصيني والخولنجان .

우리의 인삼, 검(劍), 견포(絹布), 도자기 등이 이슬람세계에 전해졌다는 사실은 거의 확실하다.[11] 오만과 예멘에서 특이하게 전해져 내려오는 장신용 칼인 잠비아를 볼 때마다, 나는 그 칼에서 한국인의 숨결을 느낀다. 물론 아직 밝혀지지 않은 하나의 가설(假說)에 불과하지만, 이후의 연구에서 하드라마우트(Hadhramut)에서 한국과 예멘의 교역품이 만났다는 사실이 밝혀지면, 예멘의 잠비아도 한낮 낯선 이방인의 장신구가 아니라 한국의 손재주가 중동에서 전해져 내려오고 있는 산 물증이 될 것이며, 그렇게 되기 위해 보다 많은 물증을 찾아야 할 것이다. 이러한 호기심은 그 후 내가 잠비아를 수집하고, 또 잠비아로 된 기념품을 사 모으게 하는 또 다른 취미를 가져다주었다. 예멘의 잠비아를 이해해준 인연인지는 몰라도, 2005년 한국을 국빈 자격으로 방문한 알리 압둘라 쌀레 예멘 대통령은 값진 은장도를 직접 가져와서 내게 선물로 주었다. 그때의 감격은 이루 표현할 수 없을 정도로 내 가슴을 흥분의 도가

---

11) 홍성민, 1991, '이슬람 상인과 한국인의 교역', 《중동경제론》(서울 : 명지출판사), 473-475 쪽.

니 속으로 몰아넣었다. 이러한 잠비아가 1988년 한국의 올림픽 입장식 때 선수단의 잠비아 착용문제로 어려움에 봉착하기도 했다. 예멘인들은 잠비아 착용을 허락하지 않으면, 입장식에 불참하겠다는 으름장을 놓았다. 결국 양국은 기지(奇智)를 발휘하여 칼은 빼고 칼집만 차고 입장하는 수준에서 참가가 허락된 적이 있다. 한국인들이 '지금은 잃어버린 상투' 를 생각할 때 연민의 정(情)이 가는 것이 잠비아이기도 하다.

2005년 4월 한국 방문 시 쌀레 대통령은 은(銀)으로 만든 값진 잠비아를 필자에게 선물로 주었다.

4. 독특한 예멘식 건축양식과 세계의 문화유산

1) 전통적인 예멘의 건축양식

예멘의 문화와 예술은 매우 독특한 양상을 띠고 있다. 예멘인들이 입고 있는 의상이 그 단면을 입증해준다고 볼 수 있다. 예멘 사람들의 직물에 대한 언급은 시바 여왕 시대를 다룬 역사서에도 나온다. 당시 예멘은 유럽과 아시아를 잇는 중요 교통로로 수많은 물품들이 교환되었다. 그리고 선지자 무하마드의 언행록(言行錄)인 '하디쓰(Hadith)'에 의하면 무함마드의 부인들이 예멘의 의복에 대해 물어 보는 내용이 있다. 6세기경 메카의 카바(Kaba)에는 예멘 의복을 파는 곳이 있었다고 전해진다. 이후에도 예멘은 육상과 해상 교통의 중심지였고, 지속적으로 각종 제품의 교역 장소로 중요했다. 그 결과 외국으로부터의 직물 수입이 쉬웠고, 다양한 색깔의 정교하고 세련된 의복이 발달했다. 물론 서민들은 무명에 여러 가지 물감을 들여 만든 옷을 입었다. 특히 남색 물감을 들인 옷이 가장 선호되었으며, 그것은 혁명을 통해 왕조가 무너질 때까지 계속되었다. 그 후 전통적인 요소들이 상당히 사라졌으며, 의복에서도 상당히 서구화되는 경향이 나타났다.

거대한 바위 위에 세워진 돌로 이루어진 성(城), '까스룰 하자르'를 보면 예멘의 종교 지도자 이맘의 권위를 짐작할 수 있다. 쉬밤(Shibam)의 고층건물을 보면 하중을 정확히 계산한 예멘 사람들의 건축 기술을 생각하게 된다.

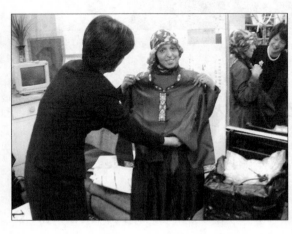

예멘의 문화개발프로그램재단 (CDPF) 회장인 하싼(Raufah Hassan) 박사는 전통의상을 수집하고 연구하는 예멘의 복신전문가이다. 전통한복을 펼쳐 보이며 아름다움을 칭찬하고 있다.

큰 도시나 과거 영화를 누렸던 도시들에 있는 사원들 역시 예멘 건축의 백미들이다. 그리고 마립(Marib) 등에 남아 있는 대형 댐과 곳곳의 저수조, 곡물창고 겸 요새로 쓰였던 누바(Nuba) 등이 대표적인 건축물이다. 물론 보통 사람들이 거주하는 생활공간 역시 예멘 사람들의 건축을 아는데 중요하다. 이러한 건축술은 물론 하루아침에 이루어지지 않았다. 예멘의 역사는 과거 이슬람 이전의 고대, 이슬람 시대, 현대로 3분된다. 이중 댐과 저수조 같은 토목기술은 고대의 유산으로 지금까지도 이용되고 있다. 고대에도 훌륭한 건축물들이 많이 있었다. 사서(史書)에 의하면 그러한 건물들이 이슬람 문화의 도래와 함께 대부분 파괴되었다고 한다.

지금 현재 남아 있는 사원들은 대부분 6세기 이후에 지어진 것이며 무함마드 시대, 자이드 이맘 시대, 오스만 터키의 지배 시대에 따라 양식의 차이를 보이고 있다. 현대의 건축이라면 기본 틀은 콘크리트로 지어지는 빌딩이다. 그러나 외부의 장식에서 자연석을 이용하고 아름다운 색깔의 창문을 내고 석고를 이용하여 장식하는 것은 전통적인 예멘의 건축양식이다. 예멘의 건축에서 우리는 과거와 현재가 잘 조화를 이루고 있는 모습을 볼 수 있다.

시바왕국의 수도였던 마립에 있는 댐은 돌과 흙을 이용한 사력댐이다. 지금은 남쪽과 북쪽에 두 개의 댐이 남아 있는데, 그것은 돌과 모래 그리고 흙을 적절하게 잘 이용했기 때문이다. 길이가 600m, 바닥의 폭이 60m, 높이가 18m인 마립댐은 기원전 8세기경 축조된 것으로 생각되는데, 그 축조 기법이나 저수용량 등에서 고대 문화의 경이 중 하나이다. 그 외에도 고대에 축조된 댐이 여러 개 있다. 알 함다니의 기록에 의하면 현재의 예멘 지역에 80개 이상의 댐이 있었다고 한다. 그 중에는 라다 근처의 아드라흐댐, 사다 근처의 알카니크댐, 함단 근처의 라이안댐 등이 유명하다.

독특한 건축양식으로 유명
한 예멘의 옛날 건축물들을
석고 모형으로 복원하여 팔
고 있는 기념품 가게

댐과는 다른 중요한 유적이 저수조이다. 저수조라 하면 물을 모아 두는 곳
으로 물이 귀한 예멘 지역에서 반드시 있어야 할 시설이다. 그리고 댐의 건설
이 물을 모아 농사에 사용하는 관개 목적이었다면, 저수조는 식수로 사용하
기 위한 생존 목적으로 만들어졌다. 작은 저수조들은 물의 양이 적고 이용하
는 사람들이 적어 지붕을 덮거나 돌로 경계를 만들어 비교적 잘 보존되었다.
그러나 큰 저수조들은 이용하는 사람들이 많고 수위가 변하므로 접근할 수 있
는 길을 수위에 따라 계단식으로 만들어 놓았다. 이러한 저수조들은 최근에
와서 도시가 발달하면서 점점 그 의미를 잃어 갔다. 대도시를 중심으로 물탱
크가 설치되고 수도가 보급되면서 효용가치가 떨어진 것이다.

누바 역시 이슬람 이전부터 있었던 유산으로 사다 근처의 북부 지방에서
많이 발견된다. 누바는 아래층에 곡물이나 식량을 보관하고 위층에는 사람들
이 거주하면서 그 물건들을 지켰다. 누바는 또한 부족이나 국가를 지키는 방
어진지로도 쓰였다. 그러므로 북쪽의 국경 지방이나 부족과 부족간의 경계
지역에 위치하고 있다.

이슬람 시대의 사원은 알라(Allah)의 처소로 지어졌다. 사원이 자리한 곳

은 대개 도시의 중심부이며, 양식은 메카에 있는 대사원에 따랐다. 대표적인 사원으로는 싸나의 대사원, 타이즈 근교의 자나드 사원, 자비드의 아샤이르 사원, 쉬밤/코카반의 대사원이 있다. 이들은 모두 가운데 사각형의 광장이 있고, 네 변에 해당하는 부분에 지붕이 있는 회랑이 있다. 회랑 중에는 메카쪽으로 나 있는 북쪽의 것이 가장 크다. 싸나와 쉬밤의 대사원 같은 경우는 사원의 외벽 돌에 문양을 새겨 더욱 아름답다. 그리고 사원을 처음 건축할 당시에는 탑을 만들지 않았으나 후에 사람들이 탑을 만들어 지금은 광장과 회랑, 탑의 구조를 가지고 있다.

오스만 터키의 양식으로 지어진 사원으로는 싸나의 바키리야 사원이 가장 유명하다. 바블 예멘과 바브 샤우브 사이에 위치하고 있는 이 사원은 16세기에 세워졌다. 사각형의 광장이 있고, 하나의 돔에 여러 개 천장이 연결되며 탑이 하나 세워져 있다. 이 사원의 특징은 안으로 들어가기 전 몸을 씻는 장소를 반드시 거쳐야 한다는 것이다. 이러한 양식의 사원으로는 쿠바트 아트 무타와킬, 쿠바트 알 마디, 앗 줌르 사원 등이 있다.

이슬람 시대의 유산으로는 숙박 시설인 삼사라(Samsara)가 있다. 삼사라의 주 고객은 상인들이었다. 상인들은 이곳에 며칠씩 묵으면서 상담을 벌였다. 삼사라 역시 사원처럼 가운데 광장이 있고 그 주위에 건물이 감싼 형태이다. 건물은 2층으로, 1층은 창고로 쓰였고 2층은 사람들의 거주 공간으로 쓰였다. 이러한 삼사라는 현재 싸나에 30개 이상이 존재한다. 가장 번성했던 삼사라는 무함마드 빈 핫산으로 현재도 싸나의 시장에서 가장 큰 건물로 남아 있다. 그리고 커피 삼사라였던 삼사라트 알 분도 유명하다. 이들 삼사라는 지금은 과거와 같은 용도로 쓰이지 않고 다만 창고의 역할만을 한다.[12]

---

12) 한국예멘교류센타, 1996, 〈예멘〉, 중동지역연구 96-1, 60-61쪽.

2) 유네스코가 지정한 문화유산

(1) 싸나(Sana'a)

싸나는 예멘의 수도이다. 비행기를 타고 싸나 상공에 도착하면 두 가지 두드러진 모습이 눈에 들어온다. '아라비아의 지붕'이라 불리는 싸나의 고원 지대와 그 가운데 자리 잡고 있는 고도 싸나이다. 비행기에서 내려 택시로 시내에 접근하면 싸나 도심을 관통하는 건천 '와디 앗 싸일라(Wadi As-Saila)'와, 사원 가운데 정원을 가진 사각형의 대사원(일명 : 금요 모스크)이 나타난다. 싸나는 길이가 80km, 폭이 16km인 분지 속에 자리 잡고 있다. 싸나는 해발 2,300m의 고지대에 위치한다. 싸나는 또 남쪽 방향으로부터 북쪽을 향해 내리막 형태이며, 삼 면이 높은 산으로 둘러싸여 있다. 동쪽에 2,892m의 '누쿰산(Jabal Nuqum)'이 있고, 서쪽에 3,194m의 '아이반산(Jabal Ayban)'이 있다. 남쪽으로는 '하다산(Haddah)'이 있는데 싸나쪽의 남사면에 샘들이 있어 지하 수로를 통해 시내로 연결된다. 북쪽에만 높은 산이 없어 공항 역시 시내에서 북쪽으로 10km 지점에 위치하고 있다.

올드 싸나의 성벽 이외에 싸나의 유명한 사원은 가장 오래되고 가장 큰 사원인 대사원과 가장 커다란 돔을 가진 바키리아 사원이 있다. 대사원은 선지자 무함마드가 살아 있던 시절에 건축되었으며, 705년 대대적으로 확장되었다. 9~10세기에 자연재해와 외적의 침입으로 파괴되기도 했으나 12세기 대대적인 보수를 거쳐 현재까지도 그 모습을 유지하고 있다. 바키리아 사원은 1579년 터키가 예멘을 지배할 때 건설되었다. 그리고 바블 예멘의 안쪽에서 열리고 있는 시장인 '쑤끄 알 밀히'는 '소금 시장'이라는 어원을 가지고 있으며, 이슬람 시대 이전부터 지금까지 지속되고 있다. 현대에 와서는 상인들도 조합 형태를 취해 40여 개의 다른 조합이 각각의 품목을 균

점, 관리한다. 또 특이한 시장으로 과거 우(牛)시장이었던 '쑤끄 알 바까르'가 있다.

싸나라는 말은 고대 사바왕국 시대에 뿌리를 두고 있는데 요새 지대라는 뜻이다. 2,000년의 역사를 가진 도시답게 이름 역시 2,000년 전의 왕국에서 유래하고 있다. 고대로부터 내려오는 전설에 의하면 싸나는 노아(Noah)의 장자인 셈(Sem)에 의해 건설되었다. 이것을 기록한 사람은 10세기의 역사학자 무함마드 알-함다니(Muhammad al-Hamdani)이다. 그의 《알 이크릴》에 의하면 "싸나에 우물을 파고 궁전을 지은 것은 셈이다. 셈은 아라비아 반도의 북쪽 지중해변의 집을 떠나 남쪽으로 발을 옮긴다. 지금의 예멘 땅을 순례한다. 지금의 싸나가 그의 마음을 사로잡았다. 그는 싸나 협곡의 서쪽 지역에 자리를 잡고 건물을 짓기 시작했다. 그때 새가 한 마리 날아 와서는 먹줄을 물고는 동쪽으로 날아가는 것이었다. 셈은 그 새를 따라가 그 먹줄을 내려 놓은 누쿰산 자락에 건물을 짓게 되었다. 그것이 바로 역사 속에 언급되고 있는 굼단의 궁전이라는 것이다."

굼단의 궁전은 3세기 초 명문에 마립의 살힌 궁전과 함께 언급되는 유명한 궁전이다. 굼단의 궁전은 지금 현재 존재하지 않는다. 후세의 작가나 사가들에 의해 언급되는 글을 통해 그 모습을 짐작할 수 있을 뿐이다. 그에 의하면 굼단의 궁전은 20층으로 되어 있고, 그 지붕은 석고로 되어 있다. 4면의 성벽은 돌로 만들어 졌으며, 각기 다른 색깔로 되어 있다. 벽과 벽이 만나는 지점에는 청동으로 만든 4마리의 사자가 궁전을 지키고 있다. 이러한 모습의 굼단 궁전이 파괴되기 시작한 것은 이슬람교의 도래와 함께이며, 10세기까지만 해도 궁전의 일부는 남아 있었던 것으로 전해진다. 굼단 궁전이 있었던 자리는 지금의 대사원의 동쪽 언덕이다.

싸나 주변에도 볼거리가 많은데 북쪽으로 8km쯤 떨어진 곳에 로드하가 있다. 이곳은 왕인 자이드 이맘이 늦여름 포도를 딸 때 머물던 별장으로 유명하다. 로다의 한 가운데는 17세기 후반 예멘 왕 '아메드 이븐 알 까심'에 의해 지어진 사원이 있다. 남쪽으로 8km쯤 떨어진 곳에는 하따라고 불리는 작은 마을이 있는데, 이곳은 호두, 아몬드, 살구, 복숭아 등을 재배하는 전형적인 농촌을 볼 수 있다. 더욱이 이곳은 다른 지역에 비해 물이 풍부하여 과거 물레방아까지 돌린 적이 있다. 또 싸나의 북동쪽으로 12km지점에 와디 다흐르가 있는데, 이곳 역시 포도, 레몬 등 과일 재배 지역으로 유명하다. 그리고 이곳에서 멀지 않은 곳에 이맘 야히야의 여름 별장 '다르 알 하자르(돌집이라는 의미)'가 있다. 이것은 암벽 위에 세워진 궁전으로 유명한데, 현재는 사람

다르 알-하자르는 '돌의 집'이라는 의미로 예멘을 대표하는 건축물 중 하나이다. 이맘의 여름 별장으로 사용되었던 이 건물은 주말이면 싸나 시민들이 즐겨 찾는 매우 유명한 관광지이다.

이 살지 않는 관광 명소의 하나이다.

싸나 시내는 성벽으로 둘러싸여 있다. 이 성벽이 처음 만들어진 것은 10세기경이다. 그 후 붕괴와 확장을 거듭하면서 차츰 그 두께와 연륜을 더하였고 현재까지 그 모습을 보여주고 있다. 동서남북 네 방향의 성벽 중 서쪽의 것은 거의 파괴되었고, 동남북 세 방향의 성벽은 지금도 그 모습이 남아 있다. 남쪽의 성벽은 주바이리 거리를 따라 '예멘의 문'이라는 의미의 '바블 예멘(Babul-Yaman)'까지 이어진다. 동쪽의 성벽은 누쿰산을 따라 나 있는데, 일명 '싸나의 성'이라 불리는 '까스르 앗 실라'의 성벽으로부터 시작한다. 북쪽의 성벽은 현재는 존재하지 않는 '바브 샤우브'로부터 타하리르 광장까지 도로를 따라 이어진다. 성벽은 여섯 개의 문을 통해 출입이 가능했으며, 그중 가장 중요했던 것이 서쪽에 있는 '바브 앗 사바'와 북쪽의 '바브 샤우브' 그리고 남쪽의 '바블 예멘'이다. 북쪽의 '바브 샤우브'는 싸다를 거쳐 메카로 향하는

'아라비아의 지붕'이라 불리는 싸나의 대표적 유물인 '예멘의 문'이라는 의미의 '바블 예멘' 가는 길. 최근 복원된 이 흙담은 유네스코가 정한 문화유산이다.

북로의 관문이고, 남쪽의 바블 예멘은 타이즈와 아덴으로 가는 남로의 관문이었다.

이중에서 '바블 예멘'이 가장 완전한 형태로 남아 있는데, 돌로 만들어진 서양의 성문과는 달리 육중한 나무로 만들어졌다. 이 문은 이맘이 통치하던 시절 저녁 8시만 되면 닫혀 통행이 금지되었다. 싸나의 구도심은 걸어서 일주할 수 있으며, 타하리르 광장으로부터 동쪽의 '싸일라'를 거쳐 남쪽의 바블 예멘으로 이어진다. 이곳에서 지금은 없어진 '바브 앗 쌀람'을 거쳐 서쪽 까스르의 성벽을 따라 북쪽을 향한다. 싸나가 북쪽으로 경사가 낮아지기 때문에 이곳에서 내려다보는 '올드 싸나(Old Sana' a)'의 조망은 정말 아름답다.

올드 싸나의 돌담 집은 예멘의 가장 전형적인 주거 형태이다. 싸나는 고산지대이기 때문에 석재를 구하기가 어렵지 않다. 그러므로 돌을 쌓아 튼튼한 형태의 집을 짓는다. 현무암을 이용, 지하 50cm 지상 1m 정도의 기초를 하고 그 위에 다층의 건물을 세운다. 보통 회색의 응회암이 건물의 주된 재료이고 여러 가지 색깔의 석회암은 건축물을 아름답게 하기 위한 장식재로 쓰인다. 내벽은 진흙이나 얇은 석판을 이용, 장식을 한다. 건물의 2층까지는 축사와 창고이며, 3층부터 주거지로 이용된다. 3층부터는 구운 벽돌이 건축 재료로 이용되며 3층과 5층이 거실, 4층이 부엌, 6층이 가사실과 주부실로 쓰인다. 7층은 가족이나 이웃 사람들이 모이는 회의실로 마프라드쉬가 된다. 매층에는 창문이 나 있고, 대개 흰색의 석고로 장식되어 있다. 맨 위층 마프라드쉬에는 둘 내지 세 개의 창문이 나 있어 과수원이나 도시의 경관을 아주 잘 살필 수가 있다.

창문은 네모나 아치형으로 되어 있는데, 아치형의 창문 주위를 흰색의 석고로 치장하기도 하며, 창문을 스테인드글라스로 만들어 장식하기도 한다. 더욱 더 화려한 창문은 알라배스터식 창문으로 창 자체를 석고로 화려하게 문양화하기도 한다. 창문의 높이는 높지 않아서 앉아서도 밖을 내다볼 수 있다. 그리고 싸나의 건축에서는 마쉬라비아라는, 가사실 밖으로 돌출된 조그만 공간이 특징적인데, 이곳은 땅으로부터 퍼 올린 식수를 보관하는 곳이다. 이곳의 식수는 아래로부터 위로 공기 순환이 잘 되기 때문인지 항상 시원함을 유지한다. 가사실 또는 내실로 쓰이는 디완은 남쪽으로 나 있으며, 부엌은 북쪽으로 향하고 있다. 그것은 햇볕과 관련이 있는 바, 내실은 좀더 많은 빛을 받아야 하고 부엌은 빛을 거의 필요로 하지 않기 때문이다. 매 층에는 계단과 로비가 있으며, 화장실이 마련되어 있다.

집안의 가구나 살림으로는 2층 창고에 맷돌이나 절구 같은 형태의 기구가 있고, 사람이 사는 3층 이상에는 카페트나 매트 위에 평상과 책, 장식용 물품 등이 놓여 있다. 팔을 받치는 마드카라는 것이 특징적이며, 방 가운데에 향로와 물을 차게 유지하는 물병 등이 마련되어 있다.

예멘의 북쪽 싸다 지방의 집은 싸나와는 조금 다르다. 싸나와 달리 자연석은 기초에만 사용되고, 그 위층은 짚을 넣어 만든 흙담으로 만들어진다. 그리고 위쪽으로 올라가면서 면적이 조금씩 좁아지는 형태를 취한다. 층의 구조는 싸나의 집과 거의 같으며, 창문 역시 위로 가면서 점점 작아진다. 그러므로 싸다의 집은 싸나의 것에 비해 내구성에서 떨어진다.

(2) 쉬밤(Shibam)

쉬밤은 옛날 하드라마우트(Hadhramaut) 왕조의 중심도시 중 하나이다. 하드라마우트는 잘 알려진 알-카에다의 오사마 빈 라덴(Osama bin Laden) 부친의 고향으로 유명하다. 하드라마우트는 예멘의 18개 주(州) 가운데 한 주이며, 아덴만(灣)을 따라 오만의 도파(Dhofar) 지역까지 연결되는 남아라비아 반도의 넓은 역사적인 지역이다. 하드라마우트 주의 수도는 항구도시 무칼라(Al Mukalla)이며, 인구는 약 200만 명 정도이다.

하드라마우트라는 이름은 성경에서는 창세기 10:26-28의 욕탄(Joktan) 의 아들, 하자르마베쓰(Hazarmaveth)로 알려져 있지만, 실제로 하드라마 우트라는 이름은 그리스어 '하이드르마타(hydreumata)'에서 유래되었거나 아니면 '애워 쌓여진' 종종 요새화 된 와디(wadi)의 관수소(灌水所)이다. '하이드르마타'는 사람을 배치한 혹은 요새화 된 배수구 혹은 카라반 루트를 따라 있는 근거지라는 의미이다.

하드라마우트 사람들은 '하드라미(Hadhramis)'라 불린다. 하드라마우트 에는 예멘의 전통적인 학문 중심지들이 있으며, 그 중에서 타림이 가장 유명 하다. 수산물, 꿀, 라임, 담배를 수출하며, 경제적 어려움 때문에 주민 상당 수가 보다 나은 생활을 위해 동아프리카, 인도네시아, 사우디 아라비아 등지 로 이주했다. 무칼라 이외에 500년이 넘은 고층 건물들이 늘어서 있는 쉬밤, 타림 등이 유명하다.[13]

하드라마우트왕조가 번성할 때 동서의 교역품이 인도양의 무깔라를 통해 샤브와, 쉬밤 또는 타림(Tarim)으로 운송되어졌다. 기원 전후 하드라마우트 왕조의 수도는 샤브와(Shabwa)였다. 그러나 기원 후 3세기경 힘야르 왕조 (Himyarite)의 침임으로 샤브와가 파괴되면서 그 동쪽에 있는 쉬밤이 좀더 번성하게 되었다. 9세기경의 이슬람 사원이 남아 있으며, 10세기경에 살았던 예멘의 역사가 무함마드 알 하산 알 함다니는 그의 저서 《알 이크릴》에서 쉬 밤을 다음과 같이 언급하고 있다. "쉬밤에서 사람들은 이슬람 이전 시대의 공 회당 건물 기둥을 발견할 수 있다. 그곳에는 그림이나 글씨가 존재하는데, 그

---

13) 한국예멘교류센타, 2005, 〈也門消息〉, 제20호. 3쪽.

112 행운의 아라비아 예멘

것의 역사성이나 상징성에서 타의 추종을 불허한다." 그러나 쉬밤은 19세기 중반 하드라마우트 지역의 중심 도시 역할을 싸이윤에게 넘겨주게 된다. 전기와 수도의 공급을 통해 발전하는 현대 사회에서 벽돌로 만들어진 고층건물은 그 실용성에서 문제가 많았다. 대리석이나 돌로 만들어진 새로운 도시 싸이윤에 사원, 시장 등 생활 터전이 생기면서 쉬밤은 역사 속의 도시로 전락하고 만 것이다. 쉬밤의 현재 인구는 4,000명 정도로 그 숫자가 점점 줄어들고 있다.

지금 쉬밤의 건축 역시 과거 하드라마우트 왕조의 것은 아니다. 갈색과 흰색이 어우러진 8층 이상의 고층건물은 16세기에 만들어졌다. 이 도시를 설계한 사람은 다음 두 가지를 우선 고려했을 것이다. 홍수와 햇볕. 이 도시가 위치하고 있는 곳이 와디 지역이므로 흔하지 않은 홍수에 대비를 해야만 했다. 다른 하나는 뜨거운 태양을 막아내는 것이 중요했다. 건물이 높을수록 그늘이 많이 생길 뿐 아니라 지열을 막아낼 수 있는 장점이 있다. 그리고 통풍의 측면에서도 고층건물은 유리하다. 건축학적인 측면에서 쉬밤은 '모래 위의 맨하탄' 또는 '세계 최초의 마천루'라는 이름으로 불리고 있다. 그것은 모래 위에 흰색의 고층건물이 빽빽이 들어서 하나의 도시를 이루고 있기 때문이다. 대지 면적에 비해 건축 면적이 크기 때문에 건물이 높고 고층을 이룰 수밖에 없다. 도시가 옆으로 확장되어지지 않고 위로 올라간 형태이다. 개개의 건물은 그 자체 독자성을 띄고 있다. 그리고 개개의 건물 사이에는 담이 존재하지 않는다. 집에 정원은 생각할 수 없으며, 건물 사이로 좁은 골목길이 나 있어 서로의 왕래가 가능한 구조다.

쉬밤 지역에 대표적인 고층의 주거 형태는 예멘 사람들의 주거 생활을 가장 특징적으로 보여준다. 보통 8내지 9층으로 된 이 고층 아파트는 현대의 고층 아파트와는 달리 폭이 좁고 높이가 높은 형태를 취하고 있다. 그것은 대부분 하나의 고층 아파트에 한 가구가 살기 때문이다. 그러니까 한 층에 방이 하나씩 해서 전체 8개나 9개의 방이 있고, 그 용도가 각각 다르다고 생각하면 쉽게 이해할 수 있을 것이다. 집의 재료는 자연석이 될 수도 있고, 흙벽돌이 될 수도 있고, 이들 둘의 혼합이 될 수도 있다. 혼합의 경우는 하중을 많이 받는 아래쪽에 자연석이, 위쪽은 흙벽돌이 사용된다. 그러면서도 전체를 흰색의 석고로 치장하여 하나의 재료로 건축한 것처럼 보인다.

'모래 위의 맨하탄' 또는 '세계 최초의 마천루'라 불리는 밤의 회벽돌 집. 예멘인들은 백악관이 가운데 흰색 건축물에서 유래됐다고 한다.

고층의 주거 형태는 아래층으로부터 그 고유한 기능을 지니고 있다. 땅 위의 1층은 우선 가축이 사는 축사로 이용된다. 그 위의 2층은 창고로 기능한다. 3층은 창고나 하인들의 방으로 쓰이게 되는데 이것은 부유한 사람들에게만 해당되는 얘기다. 그러니까 3층까지가 농업 또는 목축과 관계가 된다. 그리고 4층부터가 한 가정의 주거 장소로 쓰인다. 4층이 바로 가족 공동의 거실이며, 외부에서 손님이 올 때에는 주인의 응접실이 되기도 한다. 5층 이상은 좀더 사적인 주거 공간으로 사용되는 바, 5층은 디완(diwan)이라고 해서 내실 또는 별실이 된다. 6층은 5층과 함께 대부분 가족들의 침실로 쓰인다. 그 위층은 부엌이며, 그 위의 7, 8층은 가사실이 된다. 가사실이란 빨래 등 집안일을 하는 장소로 벽 밖으로 테라스가 나 있다. 그리고 최상층인 8, 9층은 사람들과 모여 대화를 나누는 일종의 회의실 겸 응접실이 된다. 그러므로 최상층에는 까트 모임을 위한 마프라드쉬로 쓰인다. 이곳은 이웃의 주민들이 자주 드나들기 때문에 가장 화려하게 치장되는 경향이 있다.

개개의 층에는 화장실이 마련되어 있고, 개개의 방은 용도에 따라 침상이나 필요한 가구들이 비치되어 있다. 전체적으로 벽은 두껍고 창은 적다. 그것은 두꺼운 벽이 보온과 단열의 기능을 수행하기 때문이다. 예멘은 특히 낮과 밤의 일교차가 큰데, 두꺼운 벽이 낮의 더위를 막아 주고 밤의 냉기를 차단하는 역할을 한다. 좁은 창문 역시 기후와 관련이 있으며, 여름에는 햇볕을 차단하고 겨울에는 햇볕을 들어오게 하는 역할을 한다.

오늘날에는 싸나 근교 코카반 산자락 분지에도 같은 이름의 쉬밤이 있다. 아라비아 반도에서 가장 높은 지역이라는 코카반 산에서 내려다보는 쉬밤의 조망은 일품이며, 주변에 넓게 펼쳐진 분지의 모습은 예멘의 전형적인 풍경이다. 예멘의 도시 구조가 그렇듯이 쉬밤 역시 하나의 문을 통해서만 들어갈 수 있다. 도시의 문으로 불리는 문을 통과하면, 왼쪽으로 두 개의 조그만 가게가 나타난다. 이곳에서는 과거 그들이 사용하던 물건을 파는데, 현재의 입장에서 보면 골동품에 가까운 것이다. 도시의 한 가운데에는 '하룬 알 라시드 사원'이 있으며, 그곳에 유일하게 기도나 모임을 가질 수 있는 공간이 있다. 유네스코는 1984년 쉬밤을 문화유산으로 지정 보호하고 있다.

(3) 자비드(Zabid)

자비드에 가는 길은 호데이다에서 출발하는 것이 좋다. 호데이다(Hodei-dah)에서 싸나로 나 있는 길을 15km쯤 가다 보면 오른쪽으로 타이즈(Taiz)로 가는 길이 갈라진다. 그곳에서 약 40km쯤에 '바이트 알 파키히' 라는 도시가 나타난다. 아랍어로 '현자의 집' 을 뜻하는 '알 파키히' 는 와디 자비드의 유명한 부족 '아메드 빈 무사 빈 우자일' 이 살던 집이다. '아메드 빈 우자일' 은 13세기 중엽 아라비아 반도 전역을 여행하여 지식과 경험을 쌓은 후 이곳 '알 파키히' 에 거주하면서 주민들에게 정신적인 지주 역할을 했던 것이다. '알 파키히' 에서 남쪽으로 약 50km를 더 내려가면 유네스코에 의해 문화유산으로 지정된 자비드(Zabid)가 나온다.

자비드는 819년 압바스 왕조의 총독 '무함마드 이븐 지야드' 에 의해 건설되었다. 2세기에 걸친 통치 기간동안 지야드 일가는 자비드를 중심으로 예멘의 특성과 문화를 보존하고 장려하는 정책을 폈다. 자비드는 이슬람 신비주의 '수피즘(Sufism)' 의 중심지로 대학이 세워졌으며, 자비드 일가의 몰락 이후에도 꾸준히 그 영향력을 행사했다. 14세기 라술리드(Rasulid) 왕조에서도 자비드는 싸나보다도 더 중요한 지역으로 남아 있었다. 그러나 1538년 터키의 장군인 '술레이만 파샤' 가 모카 항에 진주하면서 자비드는 그 역할을 모카(Mocha)에 넘겨주게 된다.

사방에 성벽으로 둘러싸인 자비드에는 건축학상으로도 뛰어난 건물들이 많다. 성벽의 역사는 아주 오래 되었지만 현재 성벽은 19세기에 축성된 것이다. 성벽을 통과하여 첫 번째 눈에 띄는 것이 '낫세르성(城)' 이다. 이 건물은 라술리드 왕조의 통치자 '낫세르 아메드' 에 의해 15세기 초 건축되었으며, 현재 시청사로 사용되고 있다. 다음으로 16세기 중반 터키의 점령자 이스칸더에 의해 만들어진 이스칸더 사원이 있는데, 이곳은 육중한 나무 문을 통해

예멘 건축물의 특징은 벽돌집에 채색유리
로 된 화려한 장식을 한다는 점이다.

들어갈 수 있다. 사원의 첨탑은 올라갈 수 있도록 되어 있으며, 이곳에서의 전망은 일품이다. 그 외에도 이슬람교로의 개종에 기여한 족장 '아부 무사 빈 아사리'의 이름을 따 9세기에 세워진 '대사원(일명 : 알 아사리 모스크)'과, '소 아사리 사원'이 유명하다. 시내를 조금 벗어난 곳에 위치하고 있는 '무스타파 파샤 사원' 역시 유명한데 터키 지배 시대에 만들어졌다. 그리고 종교적인 건축과는 별도로 다양한 상품이 나오는 자비드의 시장 역시 이방인들의 흥미를 유발하기에 충분하다. 그 때문인지 1974년에는 이탈리아의 유명한 영화감독 '삐에르 파솔리니'가 〈천일야화에 나오는 에로틱한 이야기〉라는 영화를 자비드에서 찍은 바 있다.

이처럼 자비드에는 사원이 많음은 물론이고 80개에 이르는 코란 학교가 있다. 이것은 자비드가 이슬람교의 사상적 고향임을 보여주는 증거다. 이들 코란 학교에서 수업한 성직자들은 위로 이맘에게 가르침을 주는 것은 물론이고, 아래로 일반 주민들에게 이슬람 교리를 전파하는 역할을 했다. 하루에 다섯 번이나 반복되는 기도 그리고 사원에서 이루어지는 설교와 가르침, 그것은 이슬람교 전파의 가장 근본적인 무기였던 것이다. 물론 이슬람교도가 아닌 사람들에게 사원과 종교적인 학교에 들어가는 것이 금지되어 있다. 그러나 그로 인해 이슬람교가 폐쇄적이라고 생각해서는 안 된다. 우리는 통상 종교를 문화적인 측면에서 이해한다. 그러나 이슬람인에게 종교적인 시설물은 문화적인 감상의 대상이 아니다. 이슬람교는 다른 어떤 종교보다도 정치성이 강한 종교이기 때문이다. 이슬람의 문화에 좀더 직접 접근하기 위해서는 박물관을 찾아가야 한다. 자비드에 있는 박물관으로는 로얄 온타리오 박물관이 있으며, 자비드의 역사와 삶이 그 속에 담겨져 있다.

마립지역에 있는 고대 세계 '행운의 아라비아'를 형성했던, 시바왕국 시절의 유적지

(4) 마립(Marib), 시바왕국의 수도

마립(Marib)은 수도 싸나 동쪽 178km 지점에 있다. 비행기를 타고 갈 수도 있고 육로를 이용할 수도 있다. 과거 대상들이 보석이나 향료를 운반하던 모습을 상상하려면 육로를 따라 이동하는 것이 좋다. 싸나의 바브 샤우브에서 북쪽으로 나 있는 길을 따라 가다 동쪽으로 마립 방향을 향한다. 20km 정도를 가면 바니 후샤이시 계곡을 지나게 된다. 거기에서 3km 정도의 거리에 마르마르산이 있으며, 산의 정상부가 고원을 형성한다. 그곳에는 1,000년 정도 되는 오래된 도시의 흔적이 남아 있다. 성과 사원, 주택과 저수조 등. 이 도

시에는 과거 술탄 바니 하팀이 살았던 것으로 전해진다. 89km쯤 가면 와디 파르다를 지나게 되며, 178km 지점에서 우리는 와디 아드하나의 중심부에 있는 시바의 유적지를 만나게 된다.

5. 낙관도 비관도 않는 예멘인

예멘의 신비는 침묵에서 찾을 수 있다. 대부분 아랍인들이 서두르지 않는 미덕을 가지고 있지만 예멘의 경우는 더욱 돋보이는 경향이 있다. 필자가 통일 이후 처음 예멘을 방문했을 때 크게 놀란 점이 바로 이 부분이다. 공식 환율이 1달러당 18리얄이었고, 외화 부족으로 암시장에서는 100리얄을 상회하고 하루, 하루 5~10리얄 정도의 인플레가 진행되고 있었다. 하지만 시장에서는 사재기도 볼 수 없었고 그저 체념하는 듯 시장은 활기를 띠며 회전목마처럼 돌아가고 있었다. 정말 그 속셈을 파악하기 힘들었다. 한쪽 구석에선 일자리 달라는 소요가 벌어지기도 했지만, 별다른 충돌 없이 마치 민주주의가 성숙한 나라처럼 하나의 파노라마로 스쳐지나갔다. 더욱이 통일 이후 남북간에 재산권 문제와 화폐 통합을 위한 현안이 대두되고 있었지만, 커다란 무리 없이 소화를 하고 있었고 지금은 이 문제에 관한 한 평정을 찾고 있다. 일부 소비재의 급격한 인상이나 단 하루만의 단수조치가 이루어져도 사재기로 혼란을 빚는 우리 현실을 보면서 그들에게 일종의 매력을 느끼기도 하였다.

아무튼 통일 이후 예멘정부는 "그들의 장래는 두 가지, 즉 '시간'과 '석유'가 해결해 줄 것이라"고 믿고 있다. 시간개념은 이웃 아랍 국가와 기타 비우호적인 서방 선진국과의 문제를 의미하며, 결국 시간이 흐르면 이들과의 관계가 호전될 것으로 믿고 있다. 그리고 경제적 재원을 마련하기 위해서는 자본이 필요한데 이는 유전개발, 특히 정유 시설과 연관된 아덴 자유무역 지대의 개발을 통해서 가능하리라 믿고 있다. 따라서 예멘정부는 아덴항 개발을 위해 혼신의 노력을 하고 있으며, 특히 자본 조달을 위해 유전의 광구 분양과 관광산업 육성에 정책의 커다란 주안점을 두고 있다. 이라크의 안정은 아덴항에 있는 정유 시설의 가동을 가속화시킬 것이며, 더 나아가 사우디와 쿠웨이트 원유도 파이프라인을 통하여 이곳에서 정제 및 수출이 이루어질 것이다. 이러한 동기는 예멘 자체의 유전개발에도 긍정적 요인으로 작용하면서 그들 경제의 활로는 새로운 지평을 열게 될 것이다.

하지만 이 지역에 대한 이해와 정보의 부족은 아직도 예멘이 우리에게는 미지의 땅으로 남고 있다. 예멘인에게 있어서 빼놓을 수 없는 것은 특이한 상술(商術)이다. 아랍인 가운데서도 예멘인은 오랜 교역의 전통을 가지고 있고, 이러한 전통은 아직도 면면히 유지되고 있다. 그 한 예로 한국의 중동시장 진출 교두보가 '두바이'인데 이곳에서 활약하는 상인들 가운데 유능한 상인이 바로 예멘인이라는 점이다. 우리 중소기업들이 중동 진출에 실패하는 요인도 그 근원을 살펴보면 가장 큰 문제점은 '이해부족과 서두름'이다.

우리 속담에 "털도 안 뽑고 먹는다"라는 말이 있다. 물론 한국인의 진취적인 기상이 커다란 장점을 발휘하기는 하지만, 아랍인의 경우에는 잘 통하지 않는다. 다시 말하면 예멘에 대한 정확한 이해와 연구도 없이 그저 이익만을 추구한다는 의미이다. 이러한 방법으로는 절대로 예멘에 진출할 수 없으며, 예멘에서의 성공이 없이 중동에서 비즈니스를 성공한다는 것은 무리일 것이다. 예멘인이 '아라비아 상인의 후예'라는 점을 인정한다면 더욱 그렇다. 비록 현재는 시장이 협소하여 우리에겐 가치가 없는 나라 정도로 여겨질지 모르지만 그들의 잠재력을 인정한다면 우리에게 매우 좋은 파트너가 되리라 생각된다. 현재 그들이 바라는 것은 단순한 상품의 교역이 아니고 장기적인 경제협력을 원하고 있다. 이러한 시장에 단지 상품이나 팔아 보겠다는 근시 안적인 접근은 성과가 없을 것이다. 상품교역에 관한 한, 이미 선진국들이 교두보를 확보하고 있다. 따라서 면밀한 시장분석과 진출을 위한 다각적인 전략이 마련되지 않는 한 쉽게 진출할 수 없는 지역이다. 하지만 희망은 밝다. 이곳에서 한국인과 상품의 이미지는 좋은 평가를 받고 있고, 비록 그들이 경제적 어려움으로 현재는 낙후되어 있지만, 결코 서두르지 않는 점을 유념하면서 이곳에 진출하면 '행운의 아라비아' 에서 행운을 잡을 수 있을 것이다.

예멘의 신비는 침묵에서 찾을 수 있다. 까트를 입에 물고 잠비아를 차고 바블 예멘을 거니는 예멘인들

6. 아덴자유지대(Aden Free Zone)와 유전개발이 밑거름

걸프전(The Gulf War)과 1990년 이라크의 쿠웨이트 점령의 영향으로 현재의 예멘은 심각한 경제적 타격을 받았다. 예멘의 경제는 외국 원조, 특히 이라크의 원조와 교역에 크게 의존하고 있었으며, 사우디와 쿠웨이트 원조에도 커다란 영향을 받고 있다. 더욱이 걸프전 당시 예멘이 공식적으로 다국적군의 파견에 반대하고 이라크를 지원함으로써 사우디는 100만 명에 달하는 예멘인 노동자들이 추방함으로써 예멘 경제에 실업문제를 포함한 외화 부족 문제를 야기시켰다. 쿠웨이트와의 무역과 쿠웨이트 개발기금으로부터의 원조 또한 매우 중요하다.

1990년 10월 기준으로 예멘정부는 이라크의 경제제재조치에 따른 해외부문의 손실이 16억 8,400만 달러에 달하였다. 이러한 계산은 아덴 정유공장에 대한 이라크의 원유공급 30,000 b/d와 쿠웨이트 원유공급 20,000b/d의 손실, 이라크의 재정원조 감소, 해외근로자의 송금 및 쿠웨이트 개발기금으로부터의 원조 감소 등이 고려된 것이다.

경제발전에서 인간자원(human resources)의 역할이 지대함을 고려할 때, 예멘의 경제성장은 매우 긍정적 요인을 갖고 있다고 볼 수 있다. 비록 기술수준은 낮다손치더라도 최근 일기 시작한 교육열과 손재주를 겸비한 예멘인 특유의 장인정신을 감안하면, 아라비아 반도에서 커다란 인구 잠재력을 갖는 예멘의 성장 잠재력은 매우 높은 것으로 평가되고 있다. 통일 이후 예멘정부의 주된 경제 목적은 인프라부문의 개발을 통한 공업기반을 확대하는 것이다. 따라서 경제계획의 주안점도 신규투자를 유인하기에 충분한 아덴항의 '자유무역지대(free trade zone)'의 창설에 두고 있다. 예멘은 경제활동의 자유와 민간부분의 활성화를 적극적으로 추진하고 있으나, 외화의 부족이 심각한 상태이다. 따라서 관광산업에 적극적인 투자를 하고 있으며, 아덴의 자유무역지대와 관광을 연계한 투자가 1995년 현재 활발히 추진되고 있다. 광물자원, 특히 하드라마우트(Hadhramaut)의 금과 남예멘의 석유자원의 개발에도 커다란 기대를 하고 있다.

이와 관련하여, 예멘은 '아덴자유지대'를 개발하는데 커다란 우선순위를 두고 있다. 1991년 라마단 기간동안 YFZPA가 대통령령으로 설치되었다. 특히 YFZPA는 공업, 관광, 보관 및 분배 분야에 개발 목표를 두고 있다. 예멘정부와 YFZPA는 교육과 기술훈련의 중요성을 강조하고 자유지대의 수요를 충족할 수 있는 프로그램을 공동으로 개발하고 있다. 예멘정부는 한국, 일본 및 대만 등이 노동력의 기술개발을 위해 집중투자를 하였던 '아시아 모델'의 국가 개발을 바라고 있다. 정부는 투자에 대한 수익은 노동력의 생산성 증대뿐만 아니라 선진화된 기술적인 생산과 관련된 고임금의 형태로 나타날 것이라는 점을 믿고 있다. 예멘정부가 가장 관심을 기울이는 분야 중 하나가 '아덴자유무역지대'의 건설이기는 하지만, 현재로서는 자본부족으로 커다란 애로에 부딪치고 있다.

예멘이 통일 이후 가장 관심을 갖고 있는 분야 중 하나는 유전개발이다. 예멘의 석유산업은 중동의 여타 산유국들의 석유개발이 1910년대에서 1950년대의 기간에 집중적으로 개발되었던 사실과는 다르게 비교적 늦게 개발되기 시작한 것이 특징이라고 볼 수 있다. 대부분 1970년대의 조사를 통하여 1980년대 중반 이후 상업적 규모의 유전이 개발되기 시작한 예멘의 석유산업은 통일 이전 정치, 경제, 사회적인 어려움 등으로 개발이 지연되다가 1990년 통일 이후 본격적으로 개발되었다. 석유부문은 예멘 경제의 성장에 있어서 여전히 커다란 의미를 갖고 있다. 정부는 소규모 유전에 보다 많은 투자 계획을 고려하면서 완만한 투자선을 찾고 있다. 지난 1994년 말 원유의 탐사가 재개되었고, 영국개스(British Gas)와 그의 샤르자(Sharjaa) 파트너인 Crescent Petroleum에 의해 샤브와 제9광구의 알·하자르(Al-Hajjar) 채굴권 지역에서 개스가 발견되었다고 밝혀짐으로써 첫 번째의 새로운 발견이 이루어졌다. British Gas는 1994년 후드(Hood) 채굴권지역 라스모(Lasmo) 지분에서 조업을 하면서 예멘의 최대 파트너로 등장하였으며, 소코트라(Socotra) 채굴권도 확보해 놓고 있다. 따라서 통일 이후 예멘 경제의 사활은 '자유무역지대' 건설과 '유전개발'이 그 관건임을 알 수 있고, 전망 또한 밝은 것으로 평가되어 선진국들은 이미 많은 참여를 하고 있다.

제3장
예멘 분단의 아픔과
통일의 환희

제3장
□·□·□
예멘 분단의 아픔과 통일의 환희[1]

1. 예멘의 분단과 통일

사막의 베일에 가려져 있던 예멘이 한국에 알려지게 된 원인도 탈냉전의 해빙 무드에 편승한 북방외교가 활기를 띠던 지난 1990년대 초로 거슬러 올라간다. 이 시기에 한반도에서는 통일에 관한 논의가 활발히 진행되었고, 그 과정에 갑자기 1990년 5월 22일 남예멘의 수도 아덴에서 통합이 전격적으로 선포되고 남북 예멘이 하나의 통일국가를 형성함으로써, 한국인의 관심은 중동의 낯선 아랍국가 예멘으로 관심이 쏠렸다. 더욱이 강대국의 지배와 분단의 아픔을 공유한 예멘에 일종의 연민의 정을 느끼기도 하였다. 기나긴 예멘의 역사에서 볼 때 예멘의 분단은 매우 짧은 기간이라 할 수 있다. 예멘의 분

---

1) 이 내용은 필자가 통일부 산하 '분사모' 월례발표회에서 2000년 12월 12일 발표한 〈예멘의 사회, 경제적 통합과 한반도〉의 내용을 토대로 한국예멘교류센타, 1998, 〈예멘 통일과 민주화의 기수 ; 알리 압둘라 쌀레〉와 동 센타 1996, 〈예멘〉, 중동지역연구의 내용을 보완 정리한 것이다.

단 상황을 요약하면 〈표 3-1〉과 같다.

[표 3-1] 예멘의 분단

남예멘	북예멘	비고
B.C. 950~115 : 고대 시바 왕국(Kingdom of Sheba) A.D. 6세기 : 남아라비아 왕국 융성, 힘야르 왕조 통치 525 : 이디오피아는 힘야르 왕국을 정복 575 : 페르시아의 침략에 의해 정복 628 : 이슬람을 받아들임 9세기 : 야흐야 알·하디가 라시드(Rassid) 왕조 성립		고대 단일국가
1517~1918 : 오스만 터키(Othman Turkey)의 지배		식민지
1857년 영국의 아덴(Aden) 점령으로 남·북예멘의 영토분단 시작	1918년 오스만 터키 제1차 세계대전에서 의 패배로 북예멘 지역에서 이맘(Imam) 왕정 성립	외세에 의한 분단의 시작
1967년 영국으로부터 독립, 남예멘 인민 공화국(People's Republic of South Yemen ; PRSY) 성립	1962년 북예멘 쌀랄(As-Salal) 대령 쿠데 타 성공, 예멘아랍공화국(Yemen Arab Republic; YAR) 성립	남북 예멘의 분단 고착

1990년 5월 22일 남, 북이 통일된 예멘은 고원지대와 홍해를 따라 발달한 해안지대로 이루어져 있으며, 아라비아반도의 서남부에 위치하고 있다. 예멘은 사우디 아라비아 및 오만과 국경을 접하고 있어 원유 매장지대를 둘러싸고 국경 충돌의 위험성이 고조되고 있는 지역이다. 예멘의 정식 국명은 '예멘공화국(Republic of Yemen)'이며, 국토의 총면적은 약 555,000km²로서 한반도의 약 2.5배에 달하는 크기이다. 언어는 아랍어가 공용어이며, 공공기관이나 상업적 거래에서는 영어가 통용되지만 여타 아랍 국가들에 비하여 영어의 사용이 광범위하지 못한 국가이다. 종교는 이슬람이 국교이며, 아직도 부족 제도가 잔존하고 있어 정치에 커다란 변수로 작용하고 있다.

사실 1989년까지만 하더라도 대부분의 학자나 전문가들은 20여 년에 걸친 정치, 군사적 대결로 인한 이데올로기의 변화와 상호 불신, 적대감, 두려움 등으로 예멘의 통일은 금세기에는 이루어질 수 없는 사실로 믿고 있었다. 예멘이 통일을 추진할 수 있었던 배경에는 ① 동구 및 소련의 개방화, ② 주변아랍국들의 중재와 압력, ③ 아랍민족주의, ④ 종족, 언어, 종교를 포함한 민족적 동질성, ⑤ 상호 경제협력의 필요성 증대, ⑥ 정부차원의 지속적인 통일대화 추진 등이 중요한 동인(動因)으로 작용하였다. 무엇보다도 중요한 것은 남예멘이 사회주의 통제경제의 실패를 자인하고, 북예멘과의 협력을 모색하였다는 점이다. 주요 지하자원이 주로 남예멘에 편중되어 있고 북예멘도 농업 이외에는 확실한 소득원이 없었기에 양국 모두가 경제협력의 필요성을 깊이 인식하고 있었다. 1980년대 후반에 들어오면서 양국 국경선 주변, 즉 북예멘의 마리브와 남예멘의 샤브와 유전 등 부존자원의 공동개발 필요성이 고조되고 있었다. 통일 이후 그들은 남예멘의 석유와 아덴항의 개발에 큰 기대를 걸고 있으나, 자본 부족과 기술수준의 낙후 등으로 커다란 어려움을 겪고 있다. 1972년과 1979년 소규모 전쟁을 치르기도 한 남,북예멘은 한반도의 경우와는 다르게, 양국의 충돌이 협상과 대화의 창구를 마련하여 1990년 통일을 이루게 하는 초석이 되었다는 점이 매우 아이러니컬하다. 예멘의 통일은 독일의 '흡수통일'과는 다르게 거의 대등한 관계에서 '선통합-후조정'이라는 통일방식을 취하고 있다.

1990년 5월 남북 예멘의 무장이 통일에 앞서 기술적으로 해제되었고, 1990년 5월 22일 '예멘공화국(The Republic of Yemen)'이 전격적으로 선포되었다. 북예멘의 지도자 쌀레 대통령은 대통령의 직책을 맡았고, 부통령은 남예멘의 지도자 바이드가 맡게 되었다. 또한 북예멘의 수도 싸나(Sana'a)는 모든 각료와 정부위원회를 불러들여 새 정부의 '행정수도'로 명명되었다. 지리적으로는 훨씬 크지만 상대적으로 인구가 적은 남예멘의 수도 아덴

(Aden)은 보상을 위하여 '자유무역지대(free trade zone)'의 약속과 함께 '경제수도'로 명명되었다. 1993년 4월 27일 실시된 총선거로 현 정부의 합법성이 인정되긴 하였으나, 바이드가 선거에서 패배한 후, 쌀레와 바이드 관계는 악화되었다. 바이드는 같은 해 9월 싸나를 떠나 아덴으로 되돌아갔다. 오만과 요르단의 중재 노력을 포함한 수많은 화해 시도에도 불구하고 양 지도자는 장래 공화국의 정치기구에 합의를 이루지 못했다. 해결의 열쇠인 제도 통합에 대한 실패는 남·북예멘간의 긴장을 고조시켰으며, 1994년 초 산발적인 무력 충돌을 가져왔다. 결국 남예멘이 통일된 공화국에서 탈퇴를 선언함으로써 1994년 5월 5일 전면적인 내전(civil war)이 발발하였다. 남측 공군력의 우세에도 불구하고 남측 군대는 아덴으로 후퇴하였고 드디어 동년 7월 7일 항복하였다. 북예멘은 남예멘 분리주의자들에 대해 '군의 통일'을 위한 승리를 선언하였고, 남예멘 지도자들은 인접 국가로 피신하였다. 그 후 바이드는 오만에서 정치로부터 은퇴를 하였고 북예멘의 '재통일' 형식으로 예멘은 통일을 이룩하여 오늘에 이르고 있다. 물론 북예멘의 승리로 내전이 종식되긴 하였지만 극심한 인플레와 실업문제로 예멘은 한때 커다란 경제적 어려움에 봉착하기도 했다. 예멘의 경우, 합의통일 형태로 이루어진 통일은 또다

선거일 투표소에서 투표하는
쌀레 대통령

시 구조조정, 즉 '후조정'을 거친다는 사실은 한반도의 통일과 관련하여 시사하는 점이 크다고 볼 수 있다.

2. 예멘 통합의 배경과 특성

1) 통합의 배경

(1) 대내적 요인

예멘 통합의 대내적 요인은 첫째로 통합을 이루겠다는 양국 지도자들의 자세, 둘째로 (종족, 언어, 종교를 포함한) 민족적 동질성 유지와 아랍 민족주의(Arab Nationalism)에 기반을 둔 강력한 통합의지, 셋째로 1980년대 중반 이후 개발된 석유부문에 대한 남북 예멘간 상호 경제협력의 필요성 증대 등 세 가지로 요약할 수 있다. 이 과정에서 특히 남예멘의 해외원조 중단으로 인한 경제난 악화와 정부 차원의 지속적인 통일대화 추진 등은 통합을 앞당기는 역할을 하였다. 하지만 이 모든 과정이 민간이 배제된 상황에서 양국 지도자들 간에 이루어졌다는 점은 민주적인 합의통일에 하나의 문제점으로 대두되고 있다.

(2) 대외적 요인

대외적 요인으로는 첫째로 동구 및 소련의 개방화에 따른 국제질서의 변화, 둘째로 미소(美蘇)의 데탕트로 강대국 영향력 감소, 셋째로 아랍연맹(Arab League)과 리비아를 비롯한 주변 아랍국들의 중재와 역할 등을 들 수 있다.

2) 통합의 특성

예멘 통합은 30개월간의 잠정적인 과도기를 둔 '선통합 후조정' 형태로 외세(外勢), 특히 강대국에의 의존이 비교적 적은 상태에서 이루어진 '합의통일'이라는 점이 그 특성이다. 따라서 예멘인들은 통일(unification)이라는 용어보다는 '와히드', 즉 하나(one)라는 용어를 사용함으로써 통일을 '민족 동질성의 회복'이라는 당면문제로 받아들이고 있다.

3. 지속적인 남북 예멘의 통합 노력

통합을 위한 노력으로는 첫째로 민간교류의 활성화, 둘째로 지속적인 경제협력의 추진 및 사회, 문화적 협력 강화 등을 들 수 있다.

1) 민간 교류의 활성화

1979년 '쿠웨이트 정상회담' 이후, 문화, 예술단체들의 상호 방문을 시작으로, 1980년 '주민 왕래에 관한 협정'에 합의하여 1983년 말부터 주민왕래가 이루어졌으며, 1988년 '통행자유화협정'으로 자유로운 민간인 왕래가 이루어졌다.

2) 지속적인 경제협력의 추진

1980년 '아덴합의서' 채택과 동년 '예멘관광주식회사의 공동 설립에 관한 협정'에 합의하였고, 1983년 교역 활성화를 위한 '특별공동위원회'를 설치하였다. 1988년에는 '남북 예멘간 전력체계통합'이 이루어졌고, 1989년 '예멘 석유·광물개발주식회사'를 설립하여 경제협력이 지속적으로 이루어졌다.

3) 사회, 문화적 협력 강화

1980년 '공보, 문화, 교육 분야 업무조정에 관한 합의서'에 서명함으로써 언론 자료의 개방, 문화, 예술인들의 상호 방문 및 공동작업이 이루어졌고, 공보 출판물의 교환, 공동 전시관의 설립, 공동 문예주간의 설정 등이 이루어졌다. 1983년 '단일 역사교과서 제작 사용'에 합의함으로써 1984/85학년도부터 모든 학교에서 남북 단일 역사교과서를 공동 사용하기 시작하였다.

이상과 같은 예멘 통일의 배경과 특성을 요약하면 〈표 3-2〉와 같다.

[표 3-2] 예멘 통일의 배경과 특성

통합의 배경	· 동구 및 소련의 개방화에 따른 국제 질서의 변화 · 주변아랍국들의 중재와 압력	대외적 요인
	· 통합을 이루겠다는 양국 지도자들의 자세 · 종족, 언어, 종교를 포함한 민족적 동질성 유지와 아랍 민족주의에 기반을 둔 아랍 통합을 위한 강력한 통합의지 · 남북 예멘간 상호 경제협력의 필요성 증대 · 정부 차원의 지속적인 통일대화 추진	대내적 요인
특성	· 30개월간의 잠정적인 과도기를 둔 '선통합·후조정' 형태 · 외세, 특히 강대국에의 의존이 비교적 적은 상태에서 이루어진 통합 · 예멘인들은 '통일(unification)'이라는 용어 보다는 '와히드', 즉 하나(one)라는 용어를 사용함으로써 통일을 당연한 '동질성의 회복'으로 받아들임	합의적 통합
통합 노력	· 1979년 '쿠웨이트정상회담'이후 문화, 예술단체들의 상호 방문 · 1980년 '주민 왕래에 관한 협정'(1983년 말부터 시행) · 1988년 '통행자유화협정'	

| 통합
노력 | · 1980년 '아덴합의서' 채택
  1980년 '예멘관광주식회사의 공동 설립에 관한 협정'
· 1983년 교역 활성화를 위한 '특별공동위원회' 설치
· 1988년 '남북 예멘간 전력체계통합'
· 1989년 '예멘 석유·광물개발주식회사' 설립 |
| | · 1980년 '공보, 문화, 교육 분야 업무 조정에 관한 합의서'
 − 언론자료의 개방, 문화, 예술인들의 상호 방문 및 공동 작업
 − 공보 출판물의 교환, 공동 전시관의 설립, 공동 문예주간의 설정
· 1983년 '단일 역사교과서 제작 사용'
 − 1984/85학년도부터 모든 학교에서 남북 단일 역사교과서 사용 |

4. 남북 예멘의 통합[2] 과정과 통일

1) 남북 예멘의 통합배경

예멘의 통합 과정에서 중요한 역할을 한 것은, ① 민족간 동질성의 유지, ② 지속적인 경제협력의 추진, ③ 사회, 문화적 협력의 강화 등 세 분야에서의 협력이 통합의 주된 내부 요인으로 작용하였다. 특히 이러한 노력은 1979년 3월 '쿠웨이트 정상회담' 이후 본격화되기 시작하여 1980년대에 접어들면서 가속화하기 시작하였다. 이 가운데에서도 가장 중요한 요인은 '통일을 이루겠다는 예멘인의 의지', 즉 '동질성을 유지하려는 예멘인들간의 노력'이 커다란 변수로 작용한 점이다.

예멘은 한국의 분단과는 다르게 남북 예멘인들간에 동질성 유지를 위한

---

2) 1991년 예멘 통일 조사단의 일원으로 예멘 현지를 방문하고 나서도 필자는 '예멘의 통일'이 현실로 받아들여지지 않았음이 사실이다. 그래서 3년 동안의 잠정적인 통일기간에 다수의 논문과 글에서 '통일'이 아닌 '통합'이라는 용어를 사용하였다. 그 후 1994년 내전을 치른 후 현 쌀레 대통령의 주도권이 확립된 이후 시점부터는 '통일'이라는 용어를 사용하고 있다.

'아랍인 특유의 공동체'를 유지하고 있었다. 1962년 분단이 고착화되던 시점에도 남북 예멘간 주민 왕래는 비교적 자유로웠다. 이는 아랍인의 공동체 혹은 동질성 내지 국경 개념에서 그 기원을 찾아야 할 것이다. 1970년대에 들어와서도 정부를 통한 통제는 이루어졌으나, 산악이나 항구를 통한 주민간 왕래는 커다란 어려움 없이 이루어지고 있었다. 1972년 통합 논의가 진행되고 난 이후, 특히 1979년 '쿠웨이트 정상회담' 이후 통합에 관한 논의는 활성화되었다. 이와 관련하여 문화, 예술 단체들의 상호 방문이 이루어졌다. 1986년 남예멘 정변 시에는 약 1만 명에 달하는 군 장교, 당원 및 공무원 등 남예멘인들이 북예멘으로 귀환하여 한때 통합 분위기가 어두워지기도 했지만, 1987년 이 중 절반 정도는 남예멘으로 귀환하였다. 1980년 6월 10일 '남북 예멘간 주민 왕래에 관한 협정'이 이루어지면서, 1983년 말부터 남예멘에서 북예멘으로 가는 사람은 신분증만으로 통과가 가능하였고, 남예멘에서 북예멘으로 가는 사람은 허가증을 소지하면 자유로운 방문이 가능해졌다. 1988년 5월 4일 '남북 예멘간 통행자유화협정'의 체결로 국경 검문소를 '공동검문소'로 통합하여 설치하였다고, 동년 7월 1일부터는 신분증만으로 자유로운 왕래가 가능해졌다.

이와 같이 예멘인들은 이미 1960~70년대를 통하여 국경이나 항구에의 왕래가 자유롭게 이루어진 편이어서, 남북 예멘간의 교역도 비공식적인 루트를 통하여 이미 진행이 되고 있었다. 경제협력 분야에서의 교류협력도 '쿠웨이트 정상회담' 이후 정부 차원에서 본격적으로 추진되었다고 볼 수 있다. 1980년 5월 6일 '아덴합의서' 채택 이후, 산업, 광물, 교통, 금융 및 관광 등의 분야에서 합작 및 공동투자원칙이 이루어졌고, 동년 6월 공보, 문화, 교통, 산업상(相)들 간의 연쇄 회담으로 '예멘관광주식회사의 공동 설립에 관한 협정'이 체결되었다. 1983년 8월 18일에는 교역 활성화를 위한 조세 및 관세면제원칙에 합의하여 '특별공동위원회'를 설치하였다. 1988년에는 '아랍경제사회개발기금'에서 6천3백만 달러의 지원을 얻어 전력 체계의 통합을 위한 '남북 예멘간 전력체계통합'이 이루어졌다. 1989년 1월에는 남북 예멘이 동일하게 출자하여 1천만 달러의 자본금으로 마립과 샤브와 유전을 공동 개발하기 위하여 '예멘 석유·광물개발주식회사'를 설립하는데 합의를 보았다.

사회, 문화적인 측면에서의 교류도 비슷한 양상을 띠고 있지만, 특히 주목을 끄는 것은 '단일 역사교과서'의 사용이다. 사회통합을 위한 움직임도 마찬가지로 '쿠웨이트 정상회담'이 중요한 시점이 되고 있다. 그 후 1980년 6월 13일 '공보, 문화, 교육 분야 업무조정에 관한 합의서'가 채택됨으로써 언론 자료의 개방, 문화, 예술인의 상호 방문 및 공동 작업이 가능해졌으며, 공보 출판물의 교환, 공동 전시관의 설립이 이루어졌고 공동문예주간이 설정되는 등 괄목할 만한 성과를 이룩하였다. 더욱이 1983년 8월 18일 최고평의회의 결정에 따라 1984~85학년도부터 모든 학교에서 '단일 역사교과서'를 제작하여 사용함으로써 '동질성'의 회복에 큰 도움을 주었고, 통합 이후의 혼란도 감축시키는 요인이 되었다. 남북 예멘의 통합과정을 요약하면 〈표 3-3〉과 같다.

2) 예멘의 통합과정

1962년 북예멘에서 '예멘아랍공화국(Yemen Arab Republic ; YAR)'이 성립됨으로써 남·북 예멘간의 실질적 분단이 고착화 된 이후, 예멘의 통일은 1972년 9월의 국경분쟁 이후 통일 논의가 시작되어 1990년 5월 22일 극적인 통합이 이루어지게 된다. 예멘의 통합은 특이하게도 1972년 및 1979년

[표 3-3] 예멘의 통합과정

과정	통일여건	협상과정
협상기 (1972~ 1978)	· 1972년 9월 남·북 예멘간 국경분쟁 이후 리비아의 까다피 대통령 등 아랍국가들의 적극적인 중재로 통일에 관한 논의 시작. · 1977년 7월 북예멘의 알·하미드(AlHamid) 대통령 암살로 양국간 긴장고조	1972. 10 '카이로정상회담' 1972. 11 '트리폴리정상회담' 1973. 9 '알제리정상회담' 1973. 11 '타이즈·호데이다정상회담' 1977. 2 '카타바정상회담'
합의기 (1979~ 1988)	· 1979년 2월 남·북 예멘간 제2차 국경충돌 이후, 3월 '아랍연맹평의회'의 중재안에 따라 쿠웨이트에서 양국 정상회담이 재개된 이후 · 1986년 1월 남예멘의 정변으로 통합작업이 소강상태에 들어감	1979. 3 '쿠웨이트정상회담' 1979~80. 특사 교환 및 각료급 회담 1981. 12 '아덴정상회담' 1981. 12 통일헌법 초안 작성 1982~85. 지속적인 실무 협상 계속 1988. 4 '타이즈정상회담'
실천기 (1989~ 1990)	· 1986년 1월 남예멘 정변 이후 집권한 알·아타스(Al-Attas) 정권의 광범위한 개혁, 개방정책의 추진으로 통합작업이 급속히 진행되어 · 1990년 5월 22일 통합이 전격적으로 선포됨	1989. 11 '아덴정상회담' 1989. 12 '통일헌법초안' 발표 1990. 1~3 '공동각료회담' 1990. 4 '싸나정상회담' 1990. 5 '남북 예멘 통합'

두 나라간의 국경분쟁이 통합을 앞당기는 역할을 하였고, 1989년 남예멘정부의 극심한 경제난 등이 동기가 되어 통합의 분수령을 기록하고 있다. 따라서 예멘의 통일 과정은 '협상기', '합의기' 및 '실천기' 등 세 기간으로 나누어 살펴볼 수 있다.

1972년 9월 남·북 예멘간 국경분쟁 이후 리비아의 까다피 대통령 등 아랍국가의 적극적인 중재로 통일에 관한 논의가 시작된 1972년부터 1977년 7월 북예멘의 알·하미드(Al-Hamid) 대통령 암살로 양국간 긴장이 고조된 시기까지의 기간은 통일을 위한 협상이 조심스럽게 진행되었기에 통일을 위한 일종의 '협상기'라 볼 수 있다. 1972년 10월 28일 개최된 '카이로 정상회담'에서는 단일국가로의 통일에 합의하였고, 공동전문위원회 및 8개 분과위원회를 설치하였다. 동년 1972년 11월 26 '트리폴리 정상회담'에서는 국호,

국기, 국교, 수도, 국어 등 합의를 도출하였고, 8개의 분과위원회 위원을 임명하였다. 동 협정에 따라, 국명을 '예멘공화국(Republic of Yemen)', 국기를 적, 백, 흑색의 '3색기', 수도를 '싸나', 국교를 '이슬람' 및 국어를 '아랍어'로 통일하는데 합의를 하였다. 1973년 9월 4일 '알제리 정상회담'은 분과위원회의 업무를 감독하기 위한 특사(特使)위원 구성에 합의하였다. 동년 11월 10일 '타이즈·호데이다 정상회담'에서는 남예멘 대통령의 역사적인 북예멘 첫 방문이 이루어짐으로써 통일 실무 작업의 가속화에 대한 합의가 도출되었다. 1977년 2월 15일 '카타바 정상회담'에서는 외무, 경제, 통상 및 기획상(相)으로 구성되는 '공동위원회'의 설치가 이루어졌다.

　1979년 '아랍연맹'은 국경분쟁시 '남북 예멘간 전쟁종식을 위한 평화안'을 가결하여 남북 예멘 양국이 이를 따를 것을 종용하였다. 이를 계기로 1979~80년 남북 예멘간 특사의 상호 방문으로 통합 논의가 활기를 띠면서 1981년 북예멘 대통령의 남예멘 방문이 이루어지는 등 통일에 관한 합의가 구체화되는 시기이다. 1979년 2월 남·북 예멘간 제2차 국경충돌 이후, 3월 '아랍연맹평의회'의 중재안에 따라 쿠웨이트에서 양국 정상회담이 재개된 이후 1986년 1월 남예멘의 정변으로 통합 작업이 소강상태에 들어가는 1979년 2월부터 1986년 1월까지의 기간은 일종의 '합의기'로 볼 수 있다. 1979년 3월 '쿠웨이트 정상회담(3. 28~3. 30)'에서는 카이로협정, 트리폴리 성명에 기초한 통일국가 수립을 재확인하였으며, 4개월 이내에 통일국가의 헌법안을 마련하자는 데 합의를 보았다. 또한 동년 10월 남예멘 특사의 북예멘 방문이 이루어져 '싸나공동성명'이 발표되었다. 1980년 5월에는 북예멘 특사의 남예멘 방문이 이루어져 '아덴합의서'가 채택되었고, 동년 6월에는 공보, 문호, 교통, 산업상(相)들간의 지속적인 회담이 이루어지는 등 특사 교환 및 각료급 회담이 활기를 띠었다.

1981년 11월 '아덴정상회담(11. 30~12. 2)'에서는 북예멘 대통령의 남예멘 첫 방문을 통해 '남북 예멘간 조정 및 상호 협력에 관한 합의서'가 채택되었다. 동 회담에서는 예멘 최고평의회 및 사무국 설치 및 공동각료위원회 구성이 이루어져 공식적인 통일 협의 기구가 설치되었다. 동년 12월 30일에는 통일헌법 초안이 작성되었다. 더욱이 1982년 9월부터 1985년 12월의 기간에는 4차례에 걸친 최고평의회, 3차례에 걸친 공동각료회의 및 12차례에 걸친 최고평의회 사무국회의 개최가 개최되는 등 실무적인 협상이 본격적으로 이루어진 시기이다.

1989년 7월 남예멘정부는 극심한 경제난을 극복하고자 과감한 정치, 경제 및 사회개혁을 실시하여 변화를 모색하고 있었다. 동년 11월 '아덴 정상회담'에서는 '통일헌법' 초안에 대한 정상간의 조인이 이루어지고, 12월에는 통일헌법의 초안이 발표됨으로써 예멘 통합은 구체적인 실천기로 속도를 가속화하고 있었다. 1986년 1월 남예멘 정변 이후 집권한 알·아타스(AlAttas) 정권의 광범위한 개혁과 개방정책을 추진함으로써 통합 작업이 급속히 진행되었고, 1990년 5월 22일 남북 예멘간에 전격적으로 통합이 선포된 기간은 구체적인 통일의 '실천기'로 볼 수 있다. 1988년 4월의 '타이즈 정상회담(4. 16~17)'에서는 1986년 1월 남예멘 정변 이전에 남북 예멘이 합의한 사항을 이행할 것과 통일을 위한 지속적인 대화를 가질 것을 합의하였다. 또한 동 회담에서는 국경 지역에서 남북 예멘 각 군의 감군(減軍) 및 천연자원에 대한 공동개발에 관한 합의가 이루어졌다.

1989년 11월 30일 '아덴 정상회담'에서는 '통일헌법' 초안에 대한 양국 정상들간의 조인이 이루어졌으며. 헌법 초안의 6개월 이내 양국 국회의 비준 및 비준 후 6개월 이내에 국민투표로 이의 확정 등에 관한 합의가 이루어졌다. 1990년 1월부터 3월까지 두 차례에 걸친 '공동각료회담'이 이루어졌으

각료회의를 주재하고 있는 쌀레 대통령

며, 동 회담에서는 33개 정부 부처의 설치, 정부 및 공공기관 조직 법안 등 46개 법안이 제정되었다. 동년 4월 22일 '싸나 정상회담'에서는 통일 선포 후 30개월간의 잠정적인 '과도기'를 두기로 한 '과도 정부기구에 관한 합의서'에 대한 서명이 이루어졌다. 그 후 만 한달 만인 1990년 5월 22일 남예멘의 수도 아덴(Aden)에서 '남북 예멘 통합'이 전격적으로 발표됨으로써 '독일 통일'에 이은 또 다른 '통일'을 이루어 냄으로써 전 세계의 주목을 끌게 되었다.

3) 예멘의 통합과 통일

남북 예멘은 1990년 4월 19일~22일 싸나에서 개최된 회의에서 10개 항으로 이루어진 '예멘공화국 선포 및 과도기에 관한 합의서'에 서명함으로써 실질적인 통일의 길로 접어들게 되었다. 예멘공화국 헌법안 및 과도기 조직

승인에 관한 최고인민회의 비상회의에서는 1989년 11월 30일 양국의 정치 지도부에 의해 인준된 예멘공화국 헌법에 동의하며, 최고인민회의는 결의안 공포 이후 24시간 동안 예멘공화국 수립조치에 관한 집행을 위임받는다는 합의 하에 ① 1990년 5월 26일자로 남북 예멘은 '예멘공화국'이라는 이름으로 하나의 국제적 주체로서 남북 예멘의 각각의 주체는 용해되어 완전한 합병, 통일이 이루어진다(제1조), ② 합의서가 효력을 발생하면 과도기 예멘공화국 대통령평의회가 5명의 위원으로 구성되며, 이들 의원 중에서 제1차 회의

[표 3-4] 통합 이후 통일과정

통합 이후 통일과정	비고
1990. 5/22 예멘공화국(Republic of Yemen) 통합 국가 선포 (북예멘 출신 쌀레가 대통령, 남예멘 출신 바이드는 부통령이 됨)	통합

1990. 5/22 남북 예멘을 통합 5인의 최고의사결정기관인 대통령위원회(Presidential Council)를 구성하여 집단지도체제 유지
1991. 5/15 신 헌법안에 대한 국민투표를 실시하여 통일헌법 확정 공포, 아덴에 자유지역 선포
1992. 11. 대통령위원회 총선을 93년 4월로 연기, 알-바이드 부통령 수개월간 예멘공화국의 연정참여를 보이코트함으로써 과도기 후 하반기부터 분열상을 드러냄
1993. 4/27 통일헌법 복수정당제에 의한 총선 실시로 현 쌀레 대통령 당선, 국민회의당 40%, 사회당과 이슬람당은 각각 20%, 나머지는 무소속이 차지
  5. GPC와 YSP 합병 합의
  10/11 의회에서 5인의 대통령위원 재선출
	과도기

1994. 5/4 남북 예멘간 내전 발발
  5/21 바이드(Al-Baidh) 부통령 분리 독립선언
  7/7 북예멘의 승리로 인한 내전의 종결 및 완전한 통일국가 수립
	남북전쟁

1994. 9. 국회 헌법안 승인
  10. 쌀레 대통령에 재선출, 하디(Hadi) 부통령에 임명됨
  10/6 신내각 구성
1995. 6/13 내각 개편
1997. 4/27 통일 이후 최초의 총선 국민의회당 압승(국민의회당 187석, 예멘개혁당 53석, 나세르당 3석, 바스당 3석, 무소속 54석), 총 28명의 각료 중 무소속 4명을 제외한 전원을 국민회의당 인물로 기용
	완전통일

를 거쳐 대통령평의회 의장 및 부의장이 선출된다(제2조), ③ 과도기는 이 합의서의 효력발생일로부터 2년 6개월로 한다(제3조), ④ 대통령평의회에게 1990년 11월 30일 이전에 헌법에 대한 국민투표의 실시를 위임하여야 하며(제7조), ⑤ 쑤라의회와 최고인민회의에서 이 합의서와 공화국 헌법에 대한 동의가 이루어지면 남북 예멘 양국의 기존헌법은 폐지되는 것으로 간주한다(제10조)는 등의 내용으로 된 합의가 이루어졌다. 신 헌법이 일정을 앞당겨 1990년 5월 22일 남북 예멘 양국 의회에서 인준됨에 따라, 예멘공화국(Republic of Yemen)이 선포되었고 정부와 의회가 하나로 통합되었다. 통합 이후 통일과정에 관해서는 〈표 3-4〉 참조.

5. 예멘의 사회, 경제적 통합

1) 사회적 통합

(1) 사회적 통합의 배경

북예멘의 정치체제는 이슬람(Islam) 원리를 국가이념으로 하는 입헌공화국 정치체제를 택하고 있었지만, 남예멘은 마르크스-레닌주의를 국가이념으로 하는 사회주의 정치체제를 유지하고 있었다. 하지만 남예멘의 경우 정치이념과 정치체제가 다름에도 불구하고, 실질적인 국가운영은 소수의 집권층에 권력이 편중되었고 부족제도에 기반을 두고 있었다.

경제체제에 있어서도 북예멘은 자유 시장경제를 남예멘은 사회주의 계획경제를 추구하였지만, 양국 모두 재정자립도가 낮아 해외 원조에 의존하고 있었다. 남북 예멘 모두 아랍권의 원조(援助)와 해외근로자들의 송금(送金)

이 그들 경제의 중요한 원천이었다. 북예멘의 경우 약 100만 명에 달하는 해외근로자들로부터 GNP의 약 40%에 달하는 약 17억 달러의 송금이 있었으며, 남예멘의 경우도 약 8만 5천명의 해외근로자들로부터 GNP의 약 70%에 달하는 송금이 이루어지고 있었다.

사회, 문화적 측면에서 남북 예멘간에 이질감이 존재하였지만, 기본적으로는 공통의 아랍어를 사용하며, 아랍의 전통과 문화를 계승함으로써 양 국민 간에 커다란 문제를 노출시키지는 않았다.

국력 면에서도 북예멘은 인구(남예멘의 4배 정도)와 군사적 측면에서 남예멘보다 우세하였지만, 경제적인 면에서 양국의 격차(1인당 GNP 1988년 기준, 북 682달러, 남 420 달러)는 그리 크지 않았다.

전체적으로 볼 때 남북 예멘의 사회적 통합에는 인구(1986년 기준, 북예멘 927만 명, 남예멘 235만 명)와 군사적 측면(1989년 6월 기준, 북예멘 총병력 36,500명, 남예멘 27,500명)에서는 북예멘이 유리하였지만, 실질적인 측면에서 양국 모두 경제적으로 후진국의 상황 하에서 별로 큰 차이 없는 경제적 기반(1988년 기준 GNP ; 북 42.2억 달러, 남 13.9억 달러)과 아랍-이슬람의 문화와 전통을 공유한 민족의 동질성 유지는 사회적 통합에 큰 장애가 되지는 않았다.

(2) 사회, 문화적 이질감

북예멘은 1970년대 이후 근대적 교육과 자본주의의 확산으로 봉건적 사회가 해체되고는 있었지만, 부족제도에 의한 전통적 신분제도는 계속 유지되고 있었다. 결혼, 직업 등은 아직도 많은 영향을 받고 있다. 70% 정도의 높은 문맹률을 유지하고 있었고, 전통적 아랍-이슬람 관습이 상존하여 가부장적 전통이 유지되고 있었다. 여성이 공무원, 은행원, 판매원, 교사 등의 직업에 종사할 수 있었기에 다른 이슬람 국가들과는 다른 특성도 가지고 있었다. 하지만 잠비아의 착용과 까트(Qat)의 상용은 사회, 경제적 발전에 커다란 장애요인이 되고 있었다.

남예멘은 영국 통치의 영향으로 도시 지역은 근대화가 이루어진 반면, 내륙지역은 전통적인 부족제도가 유지되고 있었다. 산업시설의 국유화와 토지개혁을 실시하는 과정에 전통적 지배계층의 경제적 기반을 박탈하기도 하였지만, 보수성이 강한 주민들의 반발 때문에 이슬람을 국교로 다시 인정하였다. 종교단체의 재산은 국유화하고 승려들의 생활비는 국고에서 보조하였다. 이러한 이유로 막시즘은 남예멘 사회에 깊이 침투되지 못하였다. 까트는 법으로 금지되었고, 일부지역에서 술과 유흥장은 허가되었다. 1974년 일부다처제를 금지한 가족법에 따라 여성의 사회적 지위가 향상되었다. 최고인민회의 의원직 6석, 지방인민위원회 위원직 10%를 여성으로 임명하도록 의무화하였으며, 교육에 대한 강조로 문맹률이 1967년 97%에서 1985년 59%로 감소하게 되었다.

도서 전시장을 둘러보고 있는 쌀레 대통령

(3) 사회적 통합과정

남북 예멘은 1972년 10월 '카이로 회담' 부터 아랍공동체를 강조하고 있으며, 협정 서문에 "── 양국 정부는 예멘국민이라는 하나의 이름으로 존재한다. ── 양국 정부는 아랍중재위원회가 기울인 진정한 노력과 남북 예멘간의 이견을 해소하기 위한 1972년 9월 13일자 아랍연맹 의회 결의안 2,961호 결정에 따르며, 이 노력은 예멘 국민의 현실과 그 미래에 대한 아랍공동체의 관심을 나타내는 것이라는데 동의한다"고 함으로써 회담 초부터 예멘국민은 하나이며, 또한 아랍공동체의 일원임을 강조하고 있다.

예멘의 사회통합은 남북간 주민 왕래를 출발점으로 하여 1979년 11월 19일 '남북 예멘 내무장관 합의서' 에서 "남북 예멘 국민들의 이익에 기여하고 남북예멘 관계당국이 정하는 규칙 내에서 국민들의 남북간 왕래를 용이하게 한다"는 합의를 보았다. 1980년 6월 12일 '남북 예멘 국민의 상호 자유왕래에 관한 남북 예멘 내무장관 합의서' 에서 자유로운 통행에 합의(북예멘 신분증 제시, 남예멘 허가증 제시만으로 자유 왕래보장)하였으며, 같은 날 '공보, 문화, 교육 분야 업무조정에 관한 합의서' 에서는 "쌍방은 예멘 국민들이 조국의 발전상과 생활상을 서로 알 수 있도록 허용함과 동시에 라디오 및 텔레비전의 자료와 프로그램의 교환을 장려하고 이를 용이하게 하기 위하여 노력한다"는 내용을 포함하는 13개 사항의 내용에 합의하였다.

1981년 11월 30일~12월 2일 북예멘 쌀레 대통령의 역사적인 남예멘 방문으로 양국간 협상에는 획기적인 진전이 이루어졌으며, '남북 예멘간 조정 및 상호협력에 관한 합의서' 가 조인되었다. 그 가운데 교육, 문화, 공보분야의 합의 내용은 다음과 같다.

1. 접경지대에 공동학교 건설에 관하여 동의한다.
2. 남북 예멘 양국 출신 학생들에게 북예멘이나 남예멘 어느 쪽이든지 거

주지역에서 더 가까운 학교에 입학할 수 있도록 허용한다.

3. 교과과정 단일화 및 사회과목 명칭 결정을 위한 조정임무를 문화, 교육, 공보위원회가 남북 예멘 양국 교육장관에게 제시한다.

4. 고등교육 및 기술교육 개발 분야를 상호조정하고 그 전문성을 강구하기 위한 실질적인 조치를 취하고, 이와 관련된 특별 절차를 수립, 이 분야의 경험교환 및 깊이 있는 회의를 한다.

5. 남북 예멘의 공보기구가 싸나와 아덴으로부터 동일한 시간에 방송되는 라디오, 텔레비전 공동프로그램 업무를 맡는다. 이 프로그램은 예멘 통일의 역사적 기초, 통일협정, 공동사업 등을 다루며, 또한 이맘통치와 식민통치에 대항한 예멘 국민의 영웅적, 역사적, 투쟁적 입장을 소개하고, 또한 예멘 전통과 대중예술을 소개하고 설명하며 국민들에게 조국 예멘을 소개한다.

또한 1982년 11월 29일~12월 1일까지 아덴에서 개최된 '공동각료회의 제1차 회의'에서는 "공동위원회는 교육, 문화, 공보위원회가 1981년 11월 9일부터 11일까지 싸나 회의에서 결정한 바에 따라 교육행정, 역사, 문학, 지리분야의 각 분과위원회를 감독하도록 지시한다. 동 위원회는 1983년 상반기 중에 업무달성에 관한 보고서를 공동각료위원회에 제출하여야 한다"는 내용에 합의를 보았다. 이와 관련하여 1983년 '예멘최고평의회가 구성한 특별 공동위원회 제1차 회의'에서는 "모든 학과 과목에 대한 초등, 중등과정의 단일 교과서안의 작성안을 개시하여야 하며, 양국 장관은 6개월 이내에 교과과정 단일화안을 제출하여야 한다. 또한 남북 예멘 교육장관은 1984/1985학년도부터 이미 남북 예멘 학교의 하나의 교육과정으로서 승인되어 확정된 역사교과서를 출판하여야 한다"는 합의를 보았다.

1985년 12월 10~12일 싸나에서 개최된 '공동각료위원회 제3차 회의'에서는 "공동각료위원회는 남북 예멘 양국 교육장관에게 모든 교과과목과 각 과정의 교과서 및 교육과정의 단일화 작업이 계속해서 추진될 수 있도록 노력을 촉구하며, 남북 예멘 현행 법률과 제도에 의거 남북 예멘간 서적, 신문, 예멘 문화회보 등의 운송에 장애가 되는 모든 난관을 극복하는데 모든 조치를 취할 것을 양국 문화장관에게 지시할 것을 촉구한다"는 점에 합의를 보았다.

사회통합은 1972년 첫 정상회담에서 남북 예멘공동위원회(YAR-PDRY Joint Committee for a Unified Political Organization)를 설치하기로 합의한 이후 17년만인, 1989년 10월말 처음으로 위원회가 소집되어 상호방문이 이루어지고 빈번한 회의 개최로 통일이 임박했다는 징후를 보여주고 있었다. 1989년 11월 30일 '아덴정상회담 합의서'에 조인이 이루어지고 1990년 4월 22일 '예멘공화국 선포 및 과도기 조직에 관한 합의서'에 서명함으로써 예멘 통일은 완성의 길로 접어들게 된다.

(4) 사회통합

예멘의 사회통합에 관한 내용은 1991년 헌법에서는 제18조~제21조에 명시되어 있었으나, 1994년 개정 헌법에서는 제3장 사회, 문화 기조(제28조~34조)의 내용에 언급되어 있다. 그 주요 내용은 모든 봉사행위는 신성한 일로서 사회적 통합과 규율의 원칙 하에서 수행되어야 한다(제28조). 국가는 사회적 공동협력을 토대로 자연재해 및 공동의 적으로부터 보호해야 한다(제33조). 국가와 사회 구성원은 고대 유산을 보호해야 한다(제34조)는 것 등이다.

또한 국민의 기본권과 의무는 제40조~59조에 명시되고 있으며, 모든 국민은 정치, 경제, 사회, 문화영역에서의 참정권을 가진다. 정부는 법이 정하는 바에 따라 언론의 자유를 보장하여야 하며(제41조), 특히 예배장소나 과학연구장소는 신성시되어야 하며, 그 신성함은 법률에 의해 저촉되지 않는

한 모독되어서는 안 되며(제51조), 첫째로 모든 국민은 헌법에 위배되지 않는 한, 정치적, 직업상 또는 노동조합에서의 협력 권리를 지니며, 헌법 이념을 구현하기 위한 과학, 문화, 사회 분야에서의 단체를 결성할 권리도 지니며, 둘째로 정부는 이러한 권리를 보호하고 국민들이 권리를 행사할 수 있도록 가능한 모든 조치를 취해야 하고 각종 연구소 및 정치, 과학, 문화 사회기관 등에 대해서도 전적인 자유를 부여하여야 한다(제57조) 데에 합의하였다.

정치적 일괄타결방식으로 성립된 사회, 문화 분야의 통합은 근본적으로 동질성을 유지해온 단일민족과 단일 언어인 아랍어라는 변수 때문에 커다란 혼란을 초래하지 않았지만, 세부적인 분야에서는 서로 다른 체제에서 살아온 이질적인 생활방식 때문에 통일 후유증은 가지고 있다.

통일 이후 북예멘 지역에서 성행하는 까트(Qat)의 이용은 계속 정치, 사회적인 해악요인(가계수입의 30~40%를 지출)이 되고 있다. 까트가 고소득 작물인 점을 감안하여 까트의 경작면적이 점차 증가하여 농업분야의 발전을 저해하고 있다. 예멘정부는 이러한 해악을 줄이기 위해 금년 공무원들의 까트 이용을 전면 금지하였다.

통일 이후 수도 싸나 지역으로 모여든 정부기관과 해외 취업자, 특히 100만 명에 달하는 사우디 근로자들의 귀국 등으로 인구가 급증하여 전력, 식수 및 주택문제가 심각한 사회 문제로 대두되고 있다. 부족제도는 여전히 존재하고 있으며, 사법권을 갖고 사병(私兵)을 거느리고 있는 부족장들은 권력안배에도 커다란 영향력을 행사하고 있다. 예멘 통일이 이슬람을 기조로 이루어졌기에, 남예멘의 지식인과 높은 교육수준의 여성들은 노동조합의 결성과 부의 합리적 분배를 요구하고 있다.

2) 경제적 통합

(1) 경제적 통합의 배경

예멘 통일에서 무엇보다도 중요한 점은 '경제적 요인'이 통일을 앞당기는 견인차 역할을 하였다는 것이다. 통일 이전에 이미 남북 예멘간에는 경제협력의 필요성이 고조되고 있었다. 지하자원이 주로 남예멘 지역에 편중되어 있었고, 북예멘도 농업 이외에 확실한 소득원이 없었기에 남북 모두 경제협력의 필요성을 기대하고 있었다. 예멘 경제통합의 가장 큰 요인 중 하나는 석유를 포함한 광물자원의 공동개발과 아덴(Aden)항의 개발이었다. 1980년대 후반부터 개발되기 시작한 양국 국경선 부근(북 마립, 남 샤브와) 유전의 공동개발에 대한 필요성은 자본과 기술이 부족한 남북 예멘 양국 모두의 현안 문제였다.

남예멘의 사회주의 경제제도 실패 또한 양국 통일을 앞당기는 인화제 역할을 하였다. 남예멘은 소련경제에 의존하고 있었다. 소련으로부터의 군사 및 경제 분야에 대한 원조가 거의 중단되자, 남예멘은 자구책으로서 유전개발과 아덴항의 공동개발을 목표로 통일에 기대를 걸게 되었다.

소련경제의 붕괴 또한 예멘 통일을 앞당기는데 촉진제 역할을 하였다. 소련은 고르바초프의 개방, 개혁정책으로 서구사회와 화해함으로써 남예멘에 대한 간섭이 배제되었고, 이 지역의 이권경쟁에 나설 수 있는 여력을 잃었다. 북예멘은 이 기회를 충분히 활용하였다.

(2) 경제적 통합의 과정

1979년 11월 17~19일 싸나에서 이루어진 '남북 예멘 내무장관 합의서'에서는 "남북 예멘 주민 왕래에 편의를 제공하고, 남북간 교역증대를 위하여 승객과 상품의 운송수단에 대하여 최종 목적지까지 모든 편의시설을 제공한다."는 내용에 합의를 보았다. 또한 1980년 5월 6일 아덴합의서는, "…남북 예멘 국민에게 희망을 주기 위하여, 경제 분야 활성화를 비롯한 모든 분야에 있어서 남북 예멘간의 접촉을 강화하고 조정하는데 그 목적이 있다"고 되어 있다. 이를 위하여 다음과 같은 합의가 이루어졌다.

① 산업분야 : 남북 예멘에 부탄가스를 조달할 공장건설, 아덴정유소 석유 생산품 중 북예멘 수요분 계속 생산, 석유화학 및 정제분야의 공동사업 추진

② 광물자원 : 남북 예멘의 광물자원 탐사, 탐사지도 작성, 경제적 효용가 치가 있는 광물 채굴을 위한 조사준비 관련 업무조정

③ 교통분야 : 예멘공동육상운송회사 및 예멘공동해상운송회사 설립

④ 금융분야 : 남북 예멘간 교역 및 서비스 업무를 위한 금융기관 역할증대 및 중앙은행들의 업무감독, 통화단위 기초자료, 금융제도 및 관련 집행 기구 조사를 위한 위원회 구성

⑤ 통계 및 발전계획 분야 : 각종 통계자료 및 기초 산출자료의 단일화를 위하여 남북 예멘 담당기구 및 발전계획의 상호 업무조정

⑥ 관광분야 : 예멘관광사업을 담당하는 예멘공동회사 구성, 관광분야 활 성화를 위한 아랍 및 해외 관광회사의 활용, 예멘공동호텔사업 추진 및 사업자금 조성을 위한 제3자의 공동참여

⑦ 전시장 : 예멘원산지의 생산품을 전시하는 공동전시장을 남북 예멘에 정기적으로 설치하기 위한 노력

⑧ 통일의 길을 집행하기 위한 리비아의 감독, 남북 예멘 법률에 의거한 활 발한 경제사업을 위한 민족자본, 아랍자본, 아랍기금 등의 참여를 장려 하기 위한 노력 등이다.

1980년 6월 12일 지분 50 : 50의 예멘관광주식회사 및 예멘해상운송회사 설립 협정 그리고 천연자원 공동사업에 관한 양국 정부간 협정도 함께 이루어졌다. 이러한 진전으로 1982년 1월 23일 천연자원 공동사업계획은 실행단계에 돌입하여 첫 업무를 시작하게 되었다. 1981년 11월 30일~12월 2일 '남북 예멘간 조정 및 상호협력에 관한 합의서'의 내용 중 경제분야 합의 내용은 다음과 같다.

① 남북 예멘의 경제, 사회 개발계획의 상호조정

② 지질 및 수자원 분야의 공동지도 작성, 접경지역의 모든 광물, 수자원에 관한 연구 및 탐사작업 수행, 남북 예멘 공동기관의 광물 및 수자원 이용

③ 남북 예멘간 공동 공업 및 농업사업의 경제적 이익을 연구하는 공동기구 창설

④ 수자원 연구 및 공동 농경지의 이용에 관한 경제 연구 보고서 작성

⑤ 남북 예멘 전문 농업기관의 연구, 검토 및 계획 단일화

⑥ 남북 예멘 농업 계몽방법 및 기구의 단일화

⑦ 남북 예멘 양국 상호간의 농산물 판매를 위한 공동기구 설립에 관한 검토

⑧ 이브–까으따바–다킴 통일로 건설사업의 지속적인 집행

⑨ 남북 예멘을 결속시키는 기타 방법들의 집행에 관한 검토

⑩ 접경지대에 공동 진료소 설치 및 남북 예멘 담당 위원회가 진료소 부지(敷地) 결정

⑪ 전염병 및 풍토병 퇴치를 위한 공동계획 수립, 기본적인 보건 후생문제에 관하여 계속 노력하고 상호 경험을 교환한다는 것 등이다.

또한 1982년 11월 29일~12월 1일까지 아덴에서 개최된 '공동각료회의

제1차 회의'에서는 1981년 12월 2일 조인된 '조정과 상호협력 협정'에 의거한, ① 주민의 왕래 ② 예멘주식회사 ③ 교역 ④ 통일로 사업 ⑤ 농업분야 등에 관한 경제분야의 합의가 이루어졌다.

그 후 연이은 협상을 통해 조정과 합의가 이루어졌으며, 1988년 5월 4일 '남북 예멘 공동합의서'에 따라 "남북 예멘 경제통합(經濟統合)의 중요성을 고려하고, …천연자원 공동개발사업에 관한 조치들을 마무리 지은 뒤…" 다음과 같은 사항에 대하여 합의가 이루어졌다.

첫째, 2,200km²로 추산되는 마립과 샤으바 양주(兩州)간 공동개발 사업을 추진한다.

둘째, 공동 지지(地誌)위원회는 공동 투자 사업지역을 선정하고 이의 홍보를 담당한다.

셋째, 공동개발지역은 남북 예멘의 군사지역에서 제외되며, 1985년 1월 19일 양국 참모총장 회의 의사록 규정의 적용대상이 되지 않는다.

넷째, 남북 예멘 석유장관은 개발, 기술, 재정, 운영절차와 그 밖의 경제적 투자에 필요한 모든 조치를 비롯하여 이 사업 진행에 관련된 모든 조치를 취한다.

다섯째, …이 합의서는 어떤 상황에서도 남북간 경계선의 설정이나 남북간 국경선을 의미하는 것으로 해석되지 않는다는 것 등이다.

경제통합에 관한 합의는 1988년 11월 19일 '남북 예멘간 공동지역개발에 관한 합의'를 거쳐, 1989년 11월 30일 '아덴정상회담 합의' 및 1990년 4월 22일 '예멘공화국 선포 및 과도기 조직에 관한 합의서'를 통해서 통일에 이르게 된다.

산업현장을 직접 시찰하는 쌀레 대통령

(3) 경제적 통합

경제통합에 관한 내용은 1990년 5월 1일~4일 싸나에서 개최된 '남북 예멘 양국 각료회의 의장 공동회의' 합의문에 언급되어 있다.

- 통화

통화는 국가의 민족적 주권(主權)을 나타내는 것으로 예멘공화국의 국민경제를 보호하고, 폭넓은 민족적 기초원리에 입각하여 통일국 통화체계에 대한 완전한 합의가 이루어졌다. 이를 바탕으로 리알(북)과 디나르(남)는 통일된 날로부터 남북 예멘 양국에서 통용되는 하나의 예멘 통화로 간주하기로 합의하였다. 이에 따라 이 두 통화는 1디나르 당 26리알에 해당하는 환율로 모든 예멘에서 공식 지불 수단이 된다.

– 예산

남북 예멘 재무장관은 통일국 수립 선포 이후 연말까지의 통일국 예산에 관하여 논의하고 준비하여야 한다. 이는 금년(1990년) 5월 20일까지 완료하여야 한다.

– 운송과 통신

양국 항공회사와 통신기구에 관하여 양국 교통, 운송, 노동장관 사이에 조인된 두 건의 회의 의사록을 승인한다. 이 두건의 의사록은 양국 항공회사와 통신기구 합병의 근거 규정이 된다.

– 민원과 노동

민원 및 노동 장관은 1990년 5월 15일까지 조직체계와 규정에 의거 직원 관계 법률적 적용에 관한 논의와 그에 따른 직제 구성을 완료한다(기존 기구의 모든 근로자들을 수용함을 원칙으로 한다). 양국 민원 및 재무장관은 1990년 5월 15일 이내에 월급여 및 보수체계의 세부적 내용을 완성하여야 한다. 통일국 수도로 옮겨질 본부의 모든 업무 분야의 비밀문서 및 일반 서류는 붉은 양초로 봉인되어 보관된다. 그 후 필요에 따라 통일국 각료회의 결의안에 의해서만 개봉이 가능하다.

경제통합에 관한 내용은 통일헌법 제2장(제6조~17조)에 보다 상세하게 언급하고 있으며, 중요한 내용은 다음과 같다.
- 국가경제는 이슬람의 사회정의 원칙에 따르며, 공공의 이익과 법률에 따른 공정한 보상을 제외하고는 침해받지 않는 사유권(私有權)을 보호한다(제6조).

- 지하 또는 지상, 영해, 대륙붕 혹은 모든 관(官)경제지역의 파생물을 포함하는 자연자원 및 동력자원은 모두 국가에 귀속되며, 국가는 국민의 이익을 위해 이들의 개발을 보장한다(제7조).
- 국가의 경제정책은 공공의 이익과 국가경제 발전을 위한 정부 개발계획의 테두리 내에서 일반 및 자연자원의 개발과 투자 그리고 모든 경제 및 사회분야의 공공, 민간 및 혼합부문에서 능력과 기회의 확대와 개발에 임하는 일반법인의 설립을 장려하는 방향에서 과학적인 기획에 의거한다(제8조).
- 의회의 승인 없이 행정당국은 차관(借款) 계약을 체결하거나 차관을 보증하거나 공공자금으로부터 지불을 요하는 사업에 임할 수 없다(제15조).
- 자연자원 및 공공 사업개발권의 부여는 법률에 의해서만 이루어진다(제17조)는 등의 내용이다.

한편 1994년 개정헌법은 구 헌법의 기본 틀을 유지하면서 경제에 관한 내용을 2장(제7조~27조)에 포함하고 있다. 보다 세부적으로 광범위하게 명시된 경제기조에 관한 내용을 요약하면 아래와 같다.
- 법에 따라 독점행위는 금지되며, 모든 경제 및 공공 개발 분야에 대한 개인자본의 투자는 장려된다(제10조).
- 행정당국은 계약을 체결하거나 이를 지원해서는 안 된다(제16조).
- 천연자원 및 공공사업 개발에 관한 사항은 법률로 정한다(제18조).
- 상속은 이슬람 교리에 의거, 보호되어야 하며, 이에 관한 사항은 법률로 정한다(제23조)는 등의 내용이 추가되어 있다.

제4장
통일을 향한 지도자의 노력과
쌀레의 업적

제4장
□·□·□
통일을 향한 지도자의 노력과 쌀레의 업적

1. 위대한 지도자의 노력과 예멘 통일

1) 통일을 위한 쌀레 대통령의 노력

알리 압둘라 쌀레 대통령은 정치적인 기반을 구축한 1989년 남예멘과 통일을 위한 정치협상을 벌인다. 그때까지 남예멘은 사회주의 체제 속에서 어려운 경제상황을 맞이하고 있었다. 남예멘의 지도부인 민족전선은 최고인민회의를 구성하여 민의를 대변할 수는 있었지만, 계획경제로 인해 주민들의 삶의 질은 별로 나아지지 못했다. 1989년 남·북 예멘의 지도자는 아덴에서 만나 통일은 위한 합의안을 만들어내기에 이른다. 이것은 남·북 양측이 정치·경제적으로 어려운 상황을 맞이하고 있었고, 이것을 극복하는 방법은 통일뿐이라는 생각을 가지고 있었기 때문에 가능했다. 11월30일 통일국가 헌법안이 마련되고, 그것이 1990년 5월 22일 통일 '예멘공화국' 헌법으로 채택된다. 1990년에는 쑤라의회와 국민회의를 통합한 새로운 의회가 탄생한다. 수도 싸나에 위치한 의회는 아직 과도기적인 체제를 유지할 수밖에 없었다. 국민들의 직선을 통해 구성되는 진정한 의미의 의회는 1993년 4월 27일의 선거를 통해 가능하게 된다. 이것은 통일예멘 최초의 진정한 의회로 1997년 4월 27일 제2기 의회가 출범할 때까지 예멘의 민주화를 위해 크게 기여했다.

승마를 즐기는 쌀레 대통령, 예멘의 말은 아랍의 상징이다.

1993년 4월에 출범한 1기 의회는 역사적으로 많은 시련을 이겨낸 바 있다. 1994년 발발한 남북 간의 내전은 예멘 역사에서 최대의 시련이었다. 정치적인 불안, 경제적인 침체, 사회적인 갈등이라는 깊은 골이 하나 생겨나고 말았다. 그 후유증을 극복하는데 의회는 많은 역할을 했다. 먼저 국민회의당과 이슬람당이 연정을 구성, 야당인 사회주의자당과 서로 견제하며 정책을 수행했다. 그리고 국민회의가 이끄는 행정부를 지원하면서 예멘 정정(政情)의 안정에 크게 기여한 바 있다. 또 국민의 직선으로 뽑혔기 때문에 주민의 대표성을 가지고 주민의 이해를 대변하기 위해 노력했다. 이들 의회가 이룩한 업적들은 다음과 같다.

① 의회 본연의 임무를 수행하기 위해 총회와 분과위원회, 특별위원회를 구성하였다. 이들은 특히 내전 발발로 인해 불안해진 정정을 수습하는데 중심적인 역할을 수행했다.

② 의회는 예멘 통일의 가치를 수호하고 주권재민의 가치를 확고히 하는데 기여했다. 민주주의의 보루인 의회는 정치적인 위기와 내전 시에도 분명하게 그 역할을 수행했으며, 대·내외적으로 예멘의 정치·외교적 입지를 공고히 하도록 했다. 또한 아랍 및 이슬람지역 의회와의 연대를 통해 이슬람국가의 분열을 막는데 기여한 바 있다.

③ 경제개발과 현대화를 명문화한 헌법개정안을 승인, 경제의 실용주의 노선을 지지하였다. 또한 이슬람 국가에서 통용되는 샤리아 법을 인정, 사상적·법적 통일을 이룩해냈다. 사법권의 독립 보장을 통해 인권의 개선에도 기여했다. 그리고 민주주의의 토대가 되는 지방자치를 발전시켜 집단통치에서 오는 부정적인 요소들을 제거하려고 노력했다.

④ 국민의 기본권과 생존권을 보호하기 위한 법률안을 통과시켰다. 이들에는 언론과 출판, 민생안정에 관련된 것들로 의회의 무게 중심이 정치법안에서 민생법안으로 옮겨가는데 크게 기여를 했다. 또 대외적인 조약이나 협상안을 비준·동의하여 외교, 경제, 기술협력, 교역 등에서 정부의 정책을 지지해 왔다.

⑤ 국민들의 의견이나 여론을 수렴, 국정에 반영했다. 의회는 상임위원회 위원들로 하여금 자치단체나 이익단체를 방문케 하여 경제문제, 교육문제, 사회문제, 문화의 보존과 전파 등 제반문제를 파악하도록 한 바 있다. 그리고 그러한 의견은 업무수행시 고려하고 정책의 입안시 반영하였다.

의회는 그 존립목적이 민주주의의 정착과 사회안정에 있으므로 그 목적을 수행하는데 나름대로 최선을 다해왔다. 예멘의 의회는 지난 4년의 시행착오를 바탕으로 새로운 의회상을 정립해 나갈 것으로 기대된다.

2) 강력한 지도자와 예멘의 전격적 통일

알리 압둘라 쌀레 대통령은 1978년 7월 17일 대통령 직에 취임한 이래 지도력과 경험 그리고 탁월한 안목으로 나라를 이끌었다. 그는 원래 군사 지도자였으나 정치적인 지도자로 발전해 갔다. 앞으로 예멘이 안고 있는 경제문제만 해결한다면 20세기를 마감하는 위대한 대통령으로 기록될 것이다.

쌀레 대통령은 취임 이후 10년 동안 정국을 안정시켰고 그러한 토대 위에서 1990년, 통일이라는 예멘 민족의 염원을 성취시켰다. 자본주의와 사회주의를 추구했던 남·북 예멘의 통일은 1980년대까지만 해도 일견 불가능해 보였다. 사회의 체제나 조직, 인적구성 등에서 이 둘은 물과 기름의 관계처럼 보였기 때문이다. 그러나 쌀레 대통령은 이러한 난관을 극복하고 통일을 성취해냈다. 이것은 쌀레 개인의 애국심과 추진력이 만들어 낸 작품이라고 말할 수 있다.

통일 예멘, 즉 '예멘공화국'이 갖는 역사적인 의미는 다음과 같다.

① 예멘은 영국에 의해 식민통치되기 전까지 하나의 나라였다. 영토도 하나, 인종도 하나였던 예멘은 약 130여 년의 분단 후에 다시 하나가 되었다. 통일은 과거 찬란했던 역사의 모습을 다시 한번 보여줄 수 있는 기회를 마련한 것이다. 통일을 통해 예멘은 다시 가능성의 나라로 부상하게 되었다.

② 분단으로 인해 예멘 사람들이 지니고 다녔던 패배감과 좌절감이 통일로 인해 말끔히 사라질 수 있게 되었다. 강대국의 식민 통치로 인해 미래에 대한 허무의식을 가졌던 예멘 사람들은 미래에 대한 희망을 가지게 되었다. 자신들의 공동이익을 위해 온 국민은 하나가 될 수 있을 것이다.

아랍 지도자들과 폭 넓은 대화를 통해 선린관계를 구축하는 쌀레 대통령

③ 이웃 국가들과의 관계에서 예멘은 그동안 제 목소리를 내지 못했으나 이제는 국민들의 합의를 바탕으로 뚜렷한 주장을 펼 수 있게 되었다. 이웃 사우디 아라비아나 오만 그리고 에리트리아 등과의 국경분쟁도 분명하게 해결할 수 있을 것으로 기대된다. 또 이웃 아랍 국가들과의 경제협력에서도 주도적으로 참여하게 될 것이다.

이러한 이유에서 통일 예멘공화국의 건설은 아라비아 반도뿐 아니라 중동, 더 나가서는 세계적으로 큰 관심의 대상이었다. 예멘의 정치발전은 후진국 정치발전의 사례로 연구대상이 되었다. 앞으로 쌀레 대통령이 추구해야 할 경제발전 역시 어떻게 진행될지 세계 각국은 주목하고 있다. 또 통일을 추구하는 우리나라의 입장에서는 합의통일과 흡수통일 두 가지 과정을 겪은 예멘의 사례가 통일을 이루는데 시금석이 될 수도 있다.

1990년 5월 22일, 통일 예멘공화국은 수립되었고 이후 쌀레 대통령이 지도력을 발휘, 예멘공화국은 이제 안정된 국가로 발전하고 있다. 통일된 국가의 기틀은 완전히 마련되어서, 헌법과 법령, 사상과 종교, 경제와 사회 등 전 분야에서 고른 발전이 기대된다. 이러한 과정은 시련의 연속이었으며 그 결과도 아직 만족스러울 정도는 아니다. 지금도 예멘정부는 경제성장과 사회발전이라는 기본목표를 설정하고 공공부문과 민간부문에 대한 투자를 계속하고 있다. 이를 위해 사회간접자본인 도로와 항만을 확충하고, 자유무역지대 등을 건설하고 있다. 이러한 제반조치가 경제발전의 초석이 될 것으로 기대된다. 예멘은 공공기관의 지출을 삭감하고 수출규모를 늘리며, 농수산업, 제조업, 서비스업의 생산성 향상을 위해 노력하고 있다. 더욱이 최근 생산되기 시작한 원유의 생산은 경제기반을 강화하고 경제를 활성화하는데 크게 기여할 것으로 생각된다. 쌀레라는 지도자의 역할이 예멘의 역사가 새로운 시대로 진입할 수 있는 길을 열어주고 있다고 하겠다.[1]

2. 예멘 통일과정의 연대기별 주요 사건들[2]

- 1972 남북 예멘 간의 군사 충돌 발생. 이를 중지하기 위해 아랍 연맹 개입
- 1972/10/13 아랍 연맹의 중재 노력으로 카이로에서 남북정상 회담 개최. 내정을 종식시키기 위한 위원회 구성.
- 1972/10/28 남북 총리 회동. 최초로 양측간 통일 기반을 마련하게 될 협정 체결

1) 김재희, 1998, '통일을 향한 노력과 경제개혁', 〈예멘 통일과 민주화의 기수 : 알리 압둘라 쌀레〉, '중동인물연구' 98-1, 한국예멘교류센타, 34~36쪽.
2) 한국예멘교류센타, 2005, '예멘 통일의 실현과정', (서울 : 동 센타), 20~24쪽.

- 1972/11/28 리비아 국가 원수 중재 하에 양측 정상간 트리폴리 협정 체결. 양측 간의 단일 정치 체제 수립 선언
- 1973/09/04 남예멘 쌀림 라비이와 북예멘 압둘 라흐만간 알제리 정상회담 개최. 통일을 위한 실천 방안 협의
- 1973/11/12 타이즈 정상회담 개최. 남북통일을 위한 노력을 지속하기로 재확인
- 1977/02/15 (카타바) 정상회담 개최. 남북 정상과 국방, 경제, 무역 실무자들이 참여하는 대통령 조정기구 구성이라는 중요한 발전을 이룸. 또한 매 6개월 마다 회의 개최 합의
- 1977/08/15 싸나 정상회담 개최
- 1977/11/11 북예멘 알함디 대통령 암살
- 1978/06/24 남예멘 알가쉬미 대통령 암살
- 1978/07/17 알리 압둘라 쌀레 공화국 대통령 선출
- 1979/28~30 알리 압둘라 쌀레 대통령과 압둘 파타하 이쓰마일 사회주의당 중앙위원회 사무총장간 회동. 통일 국가 헌법 마련을 위한 헌법 위원회 구성 합의
- 1979/10/2~4 알리 압둘라 쌀레 대통령과 알리 나씨르 무함마드 간 싸나 정상회담 개최. 이전에 합의된 모든 사항들을 준수할 것을 발표
- 1980/06/05 남북 총리 회동. 산업, 무역, 석유 및 개스 정유 관련 공동 기업 설립 및 공동 프로젝트개발 협정 체결
- 1980/06/13 알리 압둘라 쌀레 대통령과 알리 나씨르 무함마드 간 정상회담이 싸나에서 개최. 남북간 협력 증진과 상대방에 대한 정치 활동지원 중지 및 예멘 군인 주둔지 제한
- 1980/09/1~2 타이즈 정상회담. 카이로, 트리폴리, 쿠웨이트 협정에

의거하여 실천 사항을 추진하기 위한 위원회 구성 촉구

- 1980/09/26~27 알리 압둘라 쌀레 대통령과 알리 나씨르 무함마드 간 회동이 싸나에서 개최. 통일을 위한 노력을 지속적으로 기울일 것을 확인
- 1981/09/14~15 두 정상 간에 타이즈 회동. 공동 기업의 실질적인 활동 시작 등과 같은 공동 협력 프로젝트 실행 성과를 높이 평가
- 1981/11/23 알리 압둘라 쌀레 대통령과 알리 나씨르 무함마드 간 두 번 째 정상회담이 쿠웨이트에서 개최
- 1981/11/30~12/02 아덴 정상회담. 양측 대통령 산하 예멘 최고회의 구성 및 싸나와 아덴에 사무국 설치 합의. 업무는 위원회 활동을 감독하고 부분별 업무에 대해 지침을 내림
- 1981/12/30 헌법 위원회에서 단일 국가 헌법 안 마련. 이 헌법안은 한 쪽은 공산주의이고 다른 한 쪽은 자본주의를 따르는 서로 다른 체제 간에 일치할 수 있는 형태이자 민주적이고 자유로운 원칙 다수 포함. 개인 재산 보호 및 강력한 공공기반 확립. 경제적인 분야와 사회 보호를 위해 국가가 적절히 개입할 수 있는 권리 부여. 또한 단일 정당 정치를 폐지하고 다당제 정치등과 같은 국민들의 권리 및 자유를 보장하며 노조 등의 설립 장려
- 1982/05/06 알리 압둘라 쌀레 대통령과 알리 나씨르 무함마드 간 타이즈 정상회담 개최. 무력 충돌 중지와 이전 합의 사항들을 준수할 것을 합의
- 1982/08/22~24 국민 헌장 통과 및 국민회의 구성 합의
- 1983/08/15~20 양측 고위 인사들의 참여 속에 예멘 최고 회의 제1차 회의 개최

- 1984/02/15~17 아덴에서 제2차 예멘 최고회의 개최
- 1984/12/4~6 제3차 예멘 최고회의 개최
- 1985/09/12 제3차 예멘 최고회의 결의안에 의거해 아덴 정상회담 개
  최. 실질적인 성과 거둠
- 1986/07/02 알리 압둘라 쌀레 대통령과 하이다르 아부 바크르 알아
  따스 남예멘 국민회의 의장 간 트리폴리 정상회담 개최. 통일 작업 방안
  논의
- 1987/07/21 알리 압둘라 쌀레(이전 북예멘) 대통령과 알리 쌀림 알바
  이드(이전 남예멘) 간 싸나 정상회담 개최. 통일 작업이 보다 실질적인
  단계로 전환됨
- 1988/04/17 알리 압둘라 쌀레 대통령과 알리 쌀림 알바이드 간 타이
  즈 정상회담 개최. 통일 작업을 지속하기로 합의. 또한 예멘 최고회의 사
  무국에 향후 국민 투표를 실시한 후 해체하여 통일 국가 방안과 관련한
  시간표를 마련하도록 지시
- 1988/05/04 싸나 정상회담 개최. 헌법 의결과 관련한 조치들을 신속
  히 추진할 것을 당부. 단일 정치 체제도입 및 일련의 소요사태를 수습하
  기 위한 위원회 업무 정상화. 또한 남북 예멘 국민들의 국경을 이용한 주
  민 왕래 합의
- 1989/11/02 단일 정치 체제 도입 위원회 회담 개최. 북예멘의 국민회
  의와 남예멘의 사회주의당 통합과 각각의 독립성을 유치하기 위한 다양
  한 제안 제시
- 1989/11/30 단일 국가 헌법 안 마련과 6개월 이내 국민 투표를 통해
  통과시키기로 결정하는 역사적인 아덴 정상회담 개최
- 1989/12/24~26 알리 압둘라 쌀레 대통령과 알리 쌀림 알바이드 정상

간의 싸나 회담 개최. 양측 각료회의에서 양측 부처 통합에 관한 정기적인 공동 회의 개최. 양측 각료회의에서 양측 부처 통합에 관한 정기적인 공동 회의 개최 및 청사진을 제시하기로 합의

- 1990/01/8~10 제2차 단일정치 체제 위원회 회의 개최. 사회주의 정당과 국민회의 각각의 독립성을 유지하기로 합의. 다른 정치 세력의 정당 정치 허용. 그럼으로써 최초로 다당제 의회 정치를 인정하는 실질적인 결의안 채택

- 1990/02/18 실천 방법을 평가하기 위한 마키라으쓰 정상회담 개최

- 1990/03/8~10 타이즈-아덴 정상회담 개최. 보다 발전된 방향으로 통일 협의

- 1990/03/22 정상회담에서 예멘공화국 수립 선포 및 과도기 통치 합의. 양측을 하나의 체제로 단일화하고 5인으로 구성된 대통령 직속 회의 구성을 내용으로 하는 흡수통일 합의

- 1990/05/01 아덴 정상회담

- 1990/05/3~5 단일 정치 체제 위원회 마지막 회의 개최. 정당들간의 실무안과 국민회의와 사회주의 당 간의 공동 업무 지침 논의

- 1990/05/10~12 두 정상간에 타이즈 회담 개최. 싸나와 아덴에서 군대 철수키로 합의

- 1990/05/21 흡수통일 선언을 승인하는 양측 국민회의 선언 발표

- 1990/05/22 예멘공화국 수립 선포

3. 위대한 조국 건설과 쌀레의 업적

1) 위대한 예멘 건설과 개혁

통일 후 1년 반 후인 1991년 12월 15일 하원은 당시 수상인 하이디르 아부 바크르 아따스가 제출한 이행기간 중 남아 있는 조항들의 실현 계획안을 결정하였다. 그 계획은 정당들과 하원의 협의에 따른 것이었다. 계획의 목적은 예멘의 보안, 문화, 사회, 정치, 경제생활에 있어 혼란을 다루기 위한 것이며, 그 계획은 4개 부분으로 되어 있으며 6개의 주요한 일을 규정하고 있다.

① 국가의 건설(건설의 연속성) : 국가 건설은 국가권력 기구가 다룰 많은 일을 포함하고 있다.

국가권력의 재건설을 통해서 권력 기구 사이의 분리와 통합의 토대를 마련할 수 있다. 조국의 전통을 훨씬 확고하고도 단단하게 뿌리내리게 하기 위한 원칙은 다양한 정당과 정치인들의 참여, 광범위한 국민들의 참여 그리고 권력의 안전한 운영 등에 달려 있다. 그리고 정당이나 노동조합의 개입을 멀리하면서 과감하게 기구를 개혁하고 지방 권력을 재정비하며 지방자치제의 건설과 행정의 탈 중앙화 체제와 양분화 된 법들의 부분적인 자취를 제거하여 통일된 법과 제도를 완성한다. 그리고 사법의 강화, 사회 문제의 해결, 정치적 차이점의 동질성, 일상생활에서 여성의 참여를 지지한다.

② 경제와 재정의 개혁과 건설 : 그것은 모든 분야에 있어 국가 개발의 전략적인 실현과 관련되는 일로써 자원 기지의 확장과 분배와 그것들간의 상호 연계에 관계된다. 그리고 임금과 생산, 증진, 수입과 사회 공평의 실현, 기득권의 사유재산의 보호, 국가 직책의 한정, 경제활동, 국가 예산, 건전한 소비, 무역, 관광, 산업과 광물 분야에서의 다양한 자원의 개발 그리고 석유와 광물

의 조사와 개발이다.

③ 사회, 문화면에서 개혁과 건설 : 일반적, 전문화, 고급의 교육과 관련되어 있으며, 국가의 문화와 의료보장, 환경, 보건, 문화 정보, 청년, 운동, 자선 등과 관련되어 있다.

④ 이주자들 : 조국으로 돌아온 이주자들을 위한 편의 제공과 도움의 제공과 관련 있다. 그들에게 일할 기회를 준비하고 그들의 조국에서의 상황과 환경을 나아지게 하며 그들을 보호하고 돌보는 일이다.

⑤ 방위와 안보 : 군대와 안보의 일이 개혁의 일과 관련된다. 군대는 역사적 책임 수준에 있어 예멘 역사에서 늘 중요한 순간에 있었으며 조국의 국토를 방어하고 국민의 자유를 수호했다. 군대 개혁의 완성은 1992년 3월까지의 가장 단기간에 필요하며, 군대의 상황의 검토와 전투 정신의 개발과 군인 각 개인의 애국심을 고취시켜야 한다.

⑥ 외부 정책 : 이 계획은 통일 선포 이후 국제적, 이슬람적, 민족적, 지역적으로 예멘의 외교 정책에 있어 강대국과 약소국에 설치되었던 대표부의 필요성을 연구 검토하는 중요성이 있다. 다음 기준에 따라 외교 대표부의 감축이 필요하다.

교육, 보건, 노약자 및 빈민구제에 큰 관심을 갖고 있는 쌀레 대통령

첫째로 조국의 이익 기지와 둘째로 가능한 대표단의 상호 무역 기지 등이다. 예멘의 외교정책 가운데 국경 문제가 최우선이 되며 예멘 외교정책을 주요한 부처로 한정시킨다. 국경 문제의 해결은 국가의 정책적 도움이 필요한 국가적 일이다. 국경에 관련하여 예멘공화국의 정책은 어떠한 해결도 공정하고 만족스러운 해결에 기초하여 이루어져야 만하며, 역사적 법적 권리에 기초하여야 하며, 아랍 결속의 강화와 경제적 이익의 실현으로 아랍 국가들과 광범위한 관계가 이루어지도록 해야 한다.

이 야심찬 계획은 거의 이루어지지 않았는데 그것은 국민회의와 사회당 사이의 정책의 차이 때문이었고, 특히 1993년 총선거의 결과로 사회당이 3당의 위치로 전락하고 예멘 계획 그룹이 2당으로 승리한 후에 정책의 차이는 더하게 되었다.

셋째로 예멘인의 역할이다. 체제가 민주주의와 다당제로 집중되리라는 것이 확실해진 후 노동조합과 국민 직업 동맹이 생기게 되어 노동자, 기술자, 문학가, 변호사, 농부들의 노동조합 등이 있게 되었다. 정당과 국민의 양 집권 체제에 대한 압력은 통일 수행에 큰 역할을 하였다. 그러나 양당은 국가의 모든 지역에 지부를 개설하는데 노력하였으며, 국민회의가 북쪽에만 제한되지 않고 남쪽에도 고려하였으며 그와 비교하여 사회당은 그의 지부들을 북쪽 전 지역에 개설하였다. 정당 발전의 자유를 보장한 헌법으로 많은 사람들이 그들의 이전 정당인(국민회의, 사회당)을 떠나 새로운 정당에 가입하게 되었다. 이러한 힘의 압력은 통일의 설립을 촉진시키는 역할을 하게 되었고, 이러한 노력은 다양한 민주체제 설립에 연결되었다. 즉 이러한 정당들은 야당이나, 예멘의 정치 스펙트럼에 존재하는 다른 당에 참여하였으며 특히, 이행기간 동안에 양당이 권력을 장악하려는 의도를 알았을 때 이 정당들의 양당으로의 참여는 더하였다. 이 정당들은 공개적으로 모든 영역에 있어 예멘 국가의 체제를 더욱 나쁘게 하는 행정, 재정적 타락에 대해 고발하는 공격을 하였다.

2) 알리 압둘라 쌀레 대통령의 업적

국민의 시련은 세월의 흐름에 비유될 수 있다. 사실 예멘 통일의 아버지인 쌀레 대통령의 업적은 현대사나 예멘의 역사를 연구하고자 하는 사람을 위하여 사료로서 문서화할 필요가 있는 것이다. 즉 국가건설과 삶의 발전을 위한 어떠한 시련도 국민이 원한다면 승리의 기쁨을 배가하고 악습을 극복하고 잘못된 방향을 바로잡기 위하여 구태의연한 것을 박멸하여야 한다. 민중에 대하여 책임을 깨닫고 역사의 흐름을 변화시키기 위하여 노력하는 국가는 개성적으로 노력하여야 하는 것이다.

이 책은 사랑하는 독자들을 위하여 만들어진 것이며 현대 예멘국가 건설과 예멘국민의 발전을 위하여, 정신적이고 물리적인 모든 장애물에 대하여, 혁명적 변화의 기수로 오늘의 예멘을 있게 한 역사적 지도자 알리 압둘라 쌀레 대통령의 면모를 다루는 가치 있는 연구가 될 것이다. 실제 그가 이룩한 가시적인 업적을 찾기 위하여 우리는 그것을 확인하여 문서화하고, 그것의 역사 과정에 있어서의 관계를 규명하여야 한다. 그것은 우리의 예멘 현대사 연구를 필요로 하는 사람들을 위하여 사료로써 또는 현대사의 중요한 일부분이 될 것이다. 그 보다는 이 작업은 우리가 예멘의 역사적 상징성과 예멘 역사의 검토와 인식에 있어서 다음 세대와 역사의 정당화를 위하여 필요한 것이다.

독자들은 그간 언론매체를 통하여 쌀레 대통령이 이룩한 업적들을 보고 느꼈을 것이다. 쌀레 대통령이 민주적이고 평화적으로 1990년 5월 22일 위대한 사건을 실현하기까지 이 사건은 이를 위하여 싸워온 건전한 예멘인들의 꿈이기도 하였다. 예멘이 통일에 이르도록 한 쌀레 대통령은, 위대한 영도로 예멘 집권층이 동의했던 방법은 분쟁과 무력으로 얼룩졌던 것에 반하는 것이었다. 이러한 독단적인 예멘의 결정은 세계를 놀라게 했고 예멘의 지도자들을 예멘인들의 세계적 경험을 배가하였으며 통일을 실현하는데 있어서 현명한 방법과 스타일로 올바른 그들의 정책을 배가하였다. 모든 어려움과 이를 둘러싼 요인과 국제적인 변화에도 불구하고, 그리고 세계의 많은 국가들이 분열과 분쟁을 지속하고 있는 가운데서 오늘날의 세계는 예멘의 통일을 지켜보았던 것이다. 예멘인들은 지구상에서 예멘은 지혜의 땅이요 아랍문명의 요람임을 분명히 하였으며, 예멘의 통일은 살아있는 생명체로 그리고 구름으로 뒤덮인 아랍의 하늘에 빛나는 촛불로 남아있게 될 것이다. 그 보다는 아랍 움마(공동체)의 재구축을 위한 희망의 불씨로 남을 것이다.

우린 대외적인 정책과 삶의 여러 면에서 쌀레 대통령이 이룩한 성과를 찾아보기로 하자. 그의 눈부신 성과는 여유자적에서 온 것이 아니며 사회적 현실과 사회 내에서의 난해한 문제들에 대한 끊임없는 깊은 통찰과 인식에서 온 것이다.

국내차원의 원칙 면에서 국민을 위한 생산성과 실제의 원동력을 폭발시키기 위하여 경제적 정책이 이루어졌다. 그리고 시대의 상황을 이해하는 일과 사회적 발전의 규칙, 변혁과 발전의 운동이 부과한 새로운 비전 등은 사회 내에서만 있었을 뿐만 아니라 우리를 둘러싸고 있는 세계나 그것과 우리와의 관계에 있어서 경제적, 정치적 삶에 결부되어 있었던 것이다. 이러한 급변하고 복잡다단한 상황에서 쌀레는 정치적, 경제적, 물질적, 행정적 여러 측면에서 실책과 상황을 개선하기 위한 완벽한 변화를 이루어야 했으며, 무지와 빈곤과 질병과 시대의 낙후성을 극복함으로써 모든 분야에 있어서 예멘의 삶을 변화시키게 되었다. 가능성의 희박함, 조상들이 물려준 무거운 유산과 후진성에도 불구하고 쌀레는 그의 17년간의 통치기간을 통하여 국가와 국민의 삶에 있어서 정치적, 경제적, 역사적인 면에서 중요한 전환점을 이루었다. 앞으로 지난 그의 17년간의 통치는 생동적인 삶의 원천으로 유지해나갈 것이며 사회적 발전과 혁명의 노정에서 다음 세대를 위하여 중요하게 작용할 것이다. 올바른 정책은 현대국가의 지지기반을 확고히 하는 일과 국가의 경제적, 정치적 이정표를 세우고 국가 발전의 기본적인 틀을 짜는 일이다. 쌀레는 이 국가적인 과업에 예멘인들의 공통분모가 나타날 수 있도록 노력하였으며 아울러 공유하도록 하였다. 그의 지난 17년의 날들은 국가경제발전과 예멘 경제 프레임을 짜는 일, 교육수준을 개선하는 일, 농업경제를 일으켜 세우는 일, 주어진 가능성을 토대로 한 공업화, 수공업의 숙련과 상황의 개선, 국내원료에 의지한 전환산업의 개방화, 교육의 통합체제를 구축하는데 있어서 실제의 시작이 되었던 것이다.

이러한 기초 위에서 많은 업적을 목격할 수 있었으며, 모든 분야에서 삶의 특징들이 바뀌었다. 쌀레의 영도로 국가는 그 전에 리스트에 없었던 새로운 국가상을 이미지화하였고 도로, 항만, 공항, 통신, 철도, 발전소의 건설 그리고 상수도 같은 많은 기간산업시설들이 세워졌다. 일반교육과 대학교육을 수립하는데 있어서 이전에 존재하지 않았던 새로운 인식과 자각이 일어났고, 보건분야는 장족의 발전을 이룩하였으며 많은 병원과 진료소들이 예멘공화국 내의 여러 곳에 세워졌다. 문화와 공보분야는 문화공보단체들의 기술발전과 개선측면에서 가시적인 발전에서나 종사자들의 훈련과 질적인 수준에서나 괄목할 만한 성장을 하였다.

특히 공업, 농업, 무역, 건설, 보건 그리고 관광분야에 있어서 국가자본의 투자운동은 활발하였는데 쌀레 대통령 시절에 실현되었던 업적 가운데 가장 중요한 업적을 대표하는 것은 석유개발 같은 것이었다. 이것은 지속적인 발전을 위하여, 보다 광범위한 형태로 시행되었는데 국가의 재정수입원을 증대하고 또 몇몇 다른 사업들의 자금을 조달하는 것들이었다.

쌀레는 농업측면에서 농업에 대한 관심, 농촌발전과 농부들을 위한 충분한 대부 등에 관심을 두었다. 결과적으로 이로 인하여 농촌생활에 변화가 일어났고 현대식 관개수로체계와 댐건설과 운하건설, 경작지의 비옥화, 농업에 대한 연구의 활성화와 증가 등이 도입되었다. 그리고 마립 댐의 재건축이 이루어졌고 이로 인하여 곡식, 과일, 채소의 생산증가에 있어서 큰 수확이 이루어졌다.

수산업분야에 있어서 역시 괄목할만한 수준을 보였는데 어획고라든가, 유통, 국내시장 수요를 감당하게 되었으며, 또한 수산물 수출을 통하여 국내의 어려운 외환수지를 도왔다.

준공식에 참석하여 '위대한 알라의 이름으로' 라는 벽돌로 완공을 선포하는 쌀레 대통령

외교정책에 있어서도 예멘과 아랍-이슬람국가들 상호협력과 유대관계를

돈독히 하였으며 기타 여러 외국국가들과도 관계강화를 하였다. 능동적인 예멘의 역할은 아랍회의나 국제회의 등에서 두드러졌으며, 아랍-이슬람공동체를 원조하는데 있어서나 또 다른 국가들의 어려운 국민들을 돕는데 있어서 그랬다. 또 예멘의 외교정책은 국익에 큰 기여를 하였으며 이것은 재정이나 경제적 이익에 반영되었다. 이러한 정책은 광물이나 석유를 정제하는 몇몇 회사들을 유치하고, 사회적, 경제적 구조의 현대화를 돕는데 있어서 대부나 조력자로서 자금조달의 원천으로 발전의 출발을 차별화 하였던 것이다. 예멘의 외교정책은 국가들간에 있어서 다양하고 균형적이며 상호 동일시 대하는 것으로 특징 지워지는데, 아울러 국내문제의 불간섭과 국가들 사이에 평화적 공생의 원칙, 인권의 존중, 아랍조약이나 국제적인 조약의 준수 등으로 특징 지워진다. 예멘의 통일은 합의 하에 이루어져야 될 남북간 모든 지역에서 국가의 모든 권력들이 기치를 올렸던 슬로건이며 국가적 목표였다. 남북 양측의 상황과 양측의 정치적 체제 방향이 다름에도 불구하고 – 그것은 통일실현의 방법에 있어서 양 체제의 이해와 꿈을 반영한 것이었다. 그리고 양측이 통일실현을 어떻게 바라보고 있는가를 반영한 것이었다.

지난 세월동안 통일대화의 출발이 타락과 분쟁 지속적인 머뭇거림으로 얼룩졌음에도 불구하고 이를 통하여 양측 지도층간에 회담과 합의가 1972년 10월 통일국가를 위한 정치체제의 내용과 구성을 규정한 카이로협정의 서명을 시작으로 이루어졌고, 같은 해 트리폴리 성명서가 통일위원회 임무의 규정, 1979년 3월에 쿠웨이트 정상회담 개최에 이르도록 위원회 역할의 활성화 등이 논의되었다. 이를 통하여 헌법위원회 이전 통일국가의 헌법 초안의 신속한 준비, 통일실현을 위한 실행단계를 확신했던 정상회담, 전 통일합의의 준수를 확신한 회담 등이 이루어졌다.

1981년 1월 쌀레 대통령의 아덴 방문으로 통일 대화가 진지한 단계에 들어갔으며 여기서 많은 합의점을 도출해 내었다. 특히 여기서는 많은 회사의 설립과 공공계획, 예멘 고등위원회 설치 등이 이루어졌으며 공동내각위원회는 사회적, 경제적 면에서 양측 발전 계획의 검토 등이었다. 1986년 1월 13일 아덴에서 일어났던 정치적 변화와 피 흘리는 사건으로 인하여 쌀레 권력층의 많은 수가 희생양으로 사라졌음에도 불구하고 그의 지도력으로 정치권은 분별력 있는 시각으로 이 상황을 이용하지 않았으며 통일을 위하여 평화적 대화를 간절히 바랐었다. 이러한 노력들은 1989년 11월 30일 아덴에서 열렸던 남북 예멘정상회담으로 방향을 잡았고 이 역사적인 합의를 통하여 통일국가 헌법의 제정계획을 이루어내었던 것이다.

통일이란 명제와 역사적이고 민족적인 믿음으로 쌀레 대통령은 1990년 4월 위험을 무릅쓰고 아덴을 방문하였다. 아덴에서 통일선포에 대한 약속을 정치지도자들과 합의하기 위하여, 그리고 예멘공화국의 출범, 정치, 행정, 법률 단체들의 과도기간 제도화, 두 의회의 헌법에 대한 승인 후의 효력, 예멘공화국 출범 뒤에 헌법에 대한 자문을 연기하는데 대한 통일선포 합의에 대한 효력 문제 등을 해결하였다.

1990년 5월 22일 예멘공화국 출범에 대한 선포가 아덴에서 있었고 쌀레가 대통령위원회의 의장으로 선출되었다. 그리고 그는 최초의 예멘 통일정부의 내각을 구성하였고 이러한 역사의 흐름 속에서 분파와 분단되었던 과거에 대한 휘장이 거두어졌으며, 통일은 예멘 정치지도층이 이룩한 가장 위대한 역사적 과업이자 선이었다. 또한 이것은 가장 위대한 오랜 인내였으며 통일을 위하여 예멘의 아들, 딸들이 몰두하였던 신성한 전투였다.

예멘공화국 출범 선포 후, 양측의 구성요소들을 통합한 후에 예멘은 정치, 경제, 문화, 사회의 여러 분야에 있어서 새로운 시대를 열었으며 오랜 분파의 부정적인 영향과 지난날의 잔존물을 제거하기 위한 국가적 투쟁의 새로운 단계로써, 통일의 주체들을 각계각층에 심는 활동, 헌법에 바탕을 둔 강력한 예멘의 건설, 민주주의 연습, 조직, 법률, 다당제의 원칙, 권력의 평화적 순환교체가 대두되었다. 쌀레는 이러한 원칙들을 예멘인을 지탱하기 위하여 필요한 조건들과 과정의 보장들로 여겼다. 그는 아울러 예멘들의 사기진작, 모든 권력과 조직, 정당 사업가, 투자자들이 새로운 예멘건설을 하기 위한 닫혔던 창문을 부수는 것, 사회적 정의, 자유, 민주주의의 강화, 법의 지배, 분열요소의 용해, 완전한 경제발전을 실현하기 위한 모든 국민들이 고대하는 소원과 목표에 도달하기 위하여 가능성과 모든 노력을 경주하였다. 정당권력과 좌경의 영향, 베드윈적이고 정당적인 우정, 국지적인 이익으로부터 국가이익으로의 전환 등은 쌀레 대통령이 관심을 둔 역점사업이었다.

예멘 국민들은 깊이 한숨을 내쉬며 논쟁과 의견 차이가 대두되었을 때 좌경권력과 권력그룹, 분파주의의 악몽을 그 용해에서 제거하자마자, 기쁨과 놀람의 행진이 그들의 가슴속 깊이 파고들기 시작하였다. 목적이 분명해졌으며 책임회피, 중상모략, 음모를 꾸미는 일, 정치적 술수, 위험의 날조, 규칙과 법의 완화, 분위기의 궁색함, 선전전의 공격, 계획과 개혁의 장애물로 위조된 측면으로부터 사회주의 정당의 지도자상 앞에서 진실을 밝혀냈다. 이러한 지표들은 불행의 경고와 통일에 대한 음모자들과 분파주의로 돌아가려는 자들에게 아직 좌경의 물을 마시고 있는 자들과 그것의 불꽃을 여러 해 동안 불태운 자들에게 도도한 역사의 심판의 계획 실행을 알리는 것이었다. 또한 애국주의자들의 상태가 극단주의로 흐를까하는 두려움과 극단주의로부터 국가와 통일을 지키는 것이었다. 쌀레 대통령은 상황의 위험을 가장 먼저 인지한 사람이었고 통일과 국가에 대항하는 음모의 깊이를 알아차린 사람이었다. 쌀레 대통령이 인식한 역사적, 국가적, 책임에 대한 인식은 결정적인 결정을 채택하는데 있어서의 정확함, 정치의 정도를 취하는데 있어서 입장의 균형을 이루려고 하는 데서 오는 고통과 번민을 통하여 그의 세계적 경험을 통해 얻은 지혜를 발휘하였다. 그것은 국가를 지키고 보호하려는 고결함이 그에게는 역사적으로 위대한 수준에 있었던 것이다. 그는 상황이 악화되어 진전됨이 없이 분리와 위험에 대하여 진실과 신뢰로써 진지한 대화를 위해 노력하였다. 쌀레는 국가의 아들들 사이에 무기사용을 피하고 형제애의 대화 차원에서 분파와 의견대립의 문제를 풀기 위한 해결책을 강구하였다. 문제가 위험수위에 다다랐음에도 불구하고 대화를 연속적으로 예멘국민과 국가에게 봉사하지 않은 음모자들로부터 계략을 단념토록 하였다.

쌀레는 예멘인 가운데 통일을 가장 열망하였으며 정당의 지도자들이 내건 조건을 모두 수용하고, 피 흘리는 투쟁을 막았고, 예멘국민과 통일을 기다리는 사람들에게 기회를 이양하고, 반란과 전쟁의 심지를 제거하였다. 위험과 전쟁의 위험으로부터 예멘을 구하기 위한 그의 9개월 동안의 노력에도 불구하고, 그러나 정권의 분리주의자들의 완고함 때문에 그것에 대한 성공은 쓰이지 않았다. 그들은 전쟁을 준비하였고 음침한 전쟁과 분리선언을 선포하면서 음모자들의 음모를 수행하기 위한 제로시간을 정한 후 무기를 구매하기 위한 계약을 체결하였다. 반란의 첫 스파크는 1994년 4월 아므란에서 발발하였고, 1994년 5월 완벽한 형태로 통일 상태를 깨트리는 일이 일어났다. 분리를 선포하고 나서 사실이 밝혀진 후에 전쟁이 일어났고, 민중들은 깊은 낭떠러지에 떨어졌고, 예멘의 통일을 지키고 신성한 전쟁에 참가하기 위한 운동이 예멘의 모든 지역에서 군부를 돕기 위하여 다발적으로 일어났다. 정치권 주위에 있던 모든 사회의 계층들이 역사의 수레를 뒤로 돌리려는 자들의 음모를 분쇄하기 위하여 투쟁하였던 것이다. 그래서 국민의 바람은 군사 무기보다 강했으며 승리는 연합적으로 이루어졌다. 예멘에서 앞으로 통일은 폐지가 없는 유일한 최선의 선택으로 남을 것이다. 배반자들은 패배의 삶을 뼈저리게 경험하였다. 국가와 국민, 경제에 있어서는 피폐함과 친척을 사별한 사람, 고아와 과부와 홀아비들을 남긴 채 죄를 범한 것에 대하여 서둘러 부끄러움을 피부로 느꼈다. 국민들은 오랫동안 그것에 대한 대가를 치를 것이다.[3] 쌀레 대통령이 이룩한 주요 업적을 요약하면 아래와 같다.

- 근대 예멘 국가의 형성
- 예멘공화국의 안정화
- 예멘 통일의 수호 및 달성
- 예멘에서 실질적인 민주화의 성립
- 인간권리의 존중
- 정치 및 공공생활에서 여성 참여의 확립
- 통화, 재정 및 행정개혁을 통한 경제의 안정화
- 인플레이션의 억제
- 채소 및 과일의 자급화 달성
- 원유, 개스 및 지하자원의 생산 및 마케팅
- 예멘 전역을 통한 도로망의 확충
- 마립 댐(Marib Dam)의 재건
- 교육 및 보건부문의 개선
- 군대의 현대화 및 강화
- 아덴자유지대(Aden Free Zone)의 설립

---

3) 김종도, 1998, '예멘의 통일과정과 쌀레의 업적', 〈예멘 통일과 민주화의 기수 : 알리 압둘라 쌀레〉, 중동인물연구 98-1, 한국예멘교류센타, 26-32쪽.

제5장
쌀레 대통령의 대 국민 연설문과
한국 국민에게 주는 메시지

제5장
쌀레 대통령의 대 국민 연설문과
한국 국민에게 주는 메시지

1. 제16주년 예멘 통일 기념 호데이다 국경일 대 국민 연설문

1) 호데이다, 통일 16주년 기념행사

호데이다의 분위기는 하드라마우트와는 다소 색다른 이색적인 분위기였다. 그들 자체의 독특한 문화를 갖는 호데이다는 과거 '예멘의 티하마(Tehma)'라는 이름으로 알려져 왔고, 수로(水路)를 통하여 예멘으로 들어가는 관문 역할을 했다. 호데이다는 홍해바다와 50개의 섬으로 이루어진 아름다운 자연환경 덕분에 국제적인 선박도시로 성장하였다. 이 같이 수려한 자연환경 때문에 이민족의 침입도 용이하여 로마, 알-아흐바시, 알-아유비안, 알-마말리크, 오스만제국 등의 국가로부터 지배도 받아왔다. 수천 년 동안 해로(海路) 무역의 경험이 풍부한 호데이다는 아랍, 이슬람세계는 물론 인도양, 멀리는 중국 혹은 다른 국가들과 광범위한 교역을 해왔기에 오래된 고고학적 성채나 항구들이 즐비하다.

자비드(Zabid)는 긴 세월을 통하여 가장 중요한 이슬람 교육센터 중 하나였다. 이곳의 과학적 영향력은 아프리카나 남아시아와 같은 전 세계에 널리 펼쳐져 있다. 이런 이유로 호데이다에는 수많은 과학서의 필사본들이 존재하며, 기원전으로 거슬러 올라가는 고고학적 유물들이 많기로도 유명하다. 이러한 문화적 유산들이 이곳에서는 개인은 물론 공공도서관에서 잘 보존되고 있다. 또한 호데이다는 직조(織造), 은, 도자기 생산, 밀짚모자, 전통적인 선박주조 등 전통적인 수공예 산업이 발전해 있으며, 민속공예나 문화유산이 많은 곳으로도 유명하다.

이러한 호데이다의 역사가 말해주듯이 길거리에 다니는 사람들의 모습이나 행동 또한 싸나나 다른 도시에서 본 예멘의 모습과는 다소 다른 분위기이다. 길거리의 사람들은 무척 낙천적으로 보인다. 피부색도 싸나의 예멘 사람들과는 차이를 보였고, 체형이나 체구도 다양하다. 이디오피아나 소말리아 같은 아프리카에서 건너온 색다른 민족들이 많이 살고 있다. 마치 국제도시의 한복판에 앉아 있는 것 같은 착각이 든다. 길거리를 지나다가도 몇몇 사람들만 눈빛이 맞으면 거침없이 잠비아를 꺼내들고 춤을 추고 북을 두드리며 그들 나름대로의 자연적인 삶을 즐긴다.

이를 반영하듯 호데이다의 국경일 행사는 하드라마우트의 행사와는 시작부터 다른 느낌이 든다. 이른 아침 8시부터 시작된 행사는 바닷가에서 군용기들의 에어쇼로부터 시작됐다. 우리가 국군의 날 본 화려하고 또 기민한 특전사 용사들이 고공낙하를 하는 그런 화려한 쇼는 아니었다. 아주 단순한 전투기 행렬과 헬리콥터들의 에어쇼였다. 하지만 국민들에게 주는 영향은 매우 큰 것 같다. 잘 알려진 것처럼 중동에서 예멘의 군대는 매우 용맹스럽고 민첩하며 충성스럽다고 알려져 있고, 예멘인들은 그것을 자랑으로 여긴다. 예멘에는 아직도 사병(私兵)이 있다. 시골마을에 가면 어김없이 그 지역의 독특한 복장에 구식의 총을 메고 있는 모습은 지금도 흔히 볼 수 있다. 이 점은 주변 아랍 국가들이 가장 부러워하는 점 가운데 하나이다. 예멘인들은 거침없이 말한다. "사우디 아라비아나 아랍에미레이트는 돈이 많아서 좋을지 모르지만 군인이 없어서 걱정"이라고 마치 이웃집 사촌 걱정하듯 주변 국가들을 걱정한다.

길거리에서 만난 사람들끼리 즉흥적으로 잠비아 춤을 추고 있는 낙천적인 호데이다 시민들

예멘인들은 교과서에서 배우지는 않았지만, 자본주의 기본 개념을 몸소 실천하며 살고 있다. 자본주의 경제학의 시조로 일컫는 아담 스미스(Adam Smith)의 국가관 중 가장 핵심 대목을 실천하는 것 같다. 그의 국가관은 '야경국가(夜警國家)'요, 정부형태는 '값싼 정부(cheap government)'이다. 다시 말하면 국가의 역할은 국민들이 편하게 쉬고 잘 수 있도록 치안과 안보

를 유지해주며 가급적 간섭을 하지 말라는 아주 단순한 것이다. 그러면 국민들은 사사로운 경쟁을 통하여 최대의 이윤추구를 할 것이며, '보이지 않는 손(invisible hand)'에 의한 가격기구(價格機構)가 시장원리에 따라 자연스럽게 작동된다는 것이 자본주의 근본 원리이다. 지금 나는 예멘에서 자본주의의 심오한 뜻을 직접 눈으로 지켜보고 있다. 예멘은 역사적으로 상업에 매우 밝고 경험이 풍부한 사람들이 모여 사는 곳이다. 예멘 사회는 언뜻 보기에는 매우 낙후되어 무질서하게 굴러가는 것 같지만 결코 그렇지 않다. 아직도 뿌리 깊은 부족제도가 상존 하며 그들은 나름대로의 상권(商權)을 갖고 있다. 각 부족간 상권에 관한 불문율은 아직까지도 존속되며 가급적 다른 부족의 상권에 대해서는 권리를 존중해주는 것이 그들의 상관습(商慣習)이다. 어떻게 보면 현대사회에서 커다란 모순 같기도 하지만 질서유지의 측면에서는 장점도 있다. 통일 이후 대통령이 된 쌀레도 이 점을 잘 간파하고 각 부족들의 상권을 존중해주고 있으며 그들이 자유롭게 상거래를 할 수 있는 기본 틀을 유지시켜주고 있다. 이런 점이 예멘에서 쌀레 대통령에 대한 신뢰를 쌓아 주었는지도 모른다.

오늘날 이스라엘을 보라! 1948년 수천 년 만에 고향, 시온동산으로 돌아온 그들이 나라를 건국할 때 가장 주안점을 둔 것이 '자주국방과 식량자급화'였다. 쉽게 말하면, '나라 지키는 것과 먹고사는 문제는 결코 남이 도와주지 않는다'는 것이다. 물론 이 점을 모르는 나라가 있겠느냐만 그것을 실천하는 나라는 그리 많지 않다. 건국 후 반세기의 시간이 흐른 후, 이스라엘은 무기수출국, 그것도 최첨단 무기수출국으로 변신하고 있고 3억에 가까운 아랍민족들 앞에서도 절대 굴하지 않고 위세 당당하게 살아가고 있다. 미국에서는 어떤가! 아는 사람들은 모두 다 아는 이야기이지만, 그 큰 미국의 식료품 시장도 유대인들의 손아귀에 놀아나고 있지 않은가. 예멘인들이 자기들 보다 부유한 사우디 아라비아를 가엽게 보는 뜻도 바로 이점에 있다. 그래서 지금 호데이다에서 보여준 군사 퍼레이드는 아주 단순해 보였지만, 예멘 국민들에게 보내는 메시지는 매우 큰 것 같다.

잠시 후 안내된 곳은 호데이다를 알려주기 위해 마련된 전시장이었다. 그들의 역사와 전통이 그러하듯이 전시장은 화려하지도 또 규모가 그리 크지도 않았다. 그러나 아기자기하게 호데이다를 모두 살펴볼 수 있는 각종의 자료들이 전시돼 있었고, 그곳 문화원장의 친절한 설명은 단번에 호데이다를 이해하는 데 큰 도움이 되었다. 자세한 설명과 함께 전시장을 돌아 본 후 나의 생각은 다시 바뀌었다. 여태껏 내가 알아온 예멘은 아직도 '장님 코끼리 더듬는 수준' 이었음을 깨달았다. 나름대로는 싸나를 비롯해 아덴, 하드라마우트 등의 중요한 유적지를 꽤 열심히 살펴보며 보았는데도 이곳 호데이다의 전혀 다른 모습은 모르고 지나친 것이다. 호데이다는 그저 무덥고 작은 항구도시 정도로 내게 각인(刻印)되어 있었다.

광활한 농업자원은 기본이요, 경치와 다양한 어종(魚種)으로 유명한 홍해변의 항구도시 호데이다의 수산업과 관광산업은 또 다른 예멘산업의 잠재력이다. 더욱이 유서 깊은 도시들이 많이 산재한 이곳에 고대의 유적지들이 태고의 형태를 그대로 유지한 채 관광객의 발걸음을 기다리고 있다. 머지않은 훗날! 한국인들이 이 땅에 몰려왔을 때 나와 똑같은 생각을 하면서, 역시 예멘은 '행운의 아라비아' 라고 강조할 것이다. 이런 말을 두고 우리는 진정 '천혜(天惠)의 자원' 이라 부를만하다.

전시장을 돌아보며 이런 저런 생각에 잠겨 정신없이 안내원을 따라 가던 중, 2층의 작은 방의 문이 열렸다. 나는 다시 한번 놀라지 않을 수 없었다. 아주 낯익은 사람이 나를 반기고 있었고, 그는 다름 아닌 이 나라 최고 통수권자인 쌀레 대통령이 아닌가! 하도 당황하여 얼떨결에 "초대해주셔서, 고맙습니다"라는 간단한 인사를 하고 자리에 앉았다. 그 바쁜 행사 와중에도 잠시 짬을 내어 시간을 할애해 준 대통령과 이를 주선해 준 대통령 궁의 여러분들에게 이 자리를 빌어 다시 한번 고마운 인사를 드린다. 1998년 베이징의 만남으로부터 서울에서 그리고 하드라마우트를 거치는 동안 쌀레 대통령과의 인연으로 예고 없이 만나긴 했지만, 이제 긴장하지 않을 정도의 여유도 있었다. 그 자리에서 나는 한국문화를 알리기 위해 한국의 전통의상 전시회를 갖고 싶다고 했고, 대통령에 관한 책도 쓰고 싶다고 했다. 대통령은 그 자리에서 모두 도와주라는 말을 각료들에게 했고, 함께 배석했던 깁시(Al-Kibsi) 박사에게는 당신이 한국을 잘 아니 잘 도와주라고 했다. 이럴 때 쓰는 말이 "황송하다"는 말인 것 같다.

제16주년 예멘 국경일 행사에 참석한 필자가 하드라마우트에서 쌀레 대통령과 면담하고 있는 장면. 〈예멘 TV〉

함께 배석했던 가넴 대통령위원회 위원장은 한국의 통일문제에 깊은 관심을 갖고 있었고, '북핵문제'와 '6자회담'에 관해 매우 전문적인 질문을 해서 당황하기도 했다. 그러나 한국의 통일에 관해서 먼 나라의 그것도 통일을 달성한 '선배나라'의 학식 있는 인사의 큰 관심이었기에 너무나도 고마웠다. 한국이 통일되는 날! 이 고마움도 함께 갚으리라는 생각을 했다. 한 개인의 자격으로 먼 나라 아랍에까지 와서 한국과 예멘간에 민간교류를 성실히 수행하고 있다는 자부심으로 누가 시켜주지도 않은 '민간외교관'이라는 착각에 빠지기도 했다.

대통령 예방 후 안내된 곳은 하드라마우트 리조트(Hadhramut Resort)로 일종의 별장식 휴게소였다. 이번 행사에 맞춰 급히 준공했다는 이 시설들은 수영장까지 갖춘 고급 게스트 하우스였다. 여기서 잠시 쉬고 5시 이후에는 다시 바닷가에서 펼쳐지는 축하공연을 보러 가야 한다. 지난해 교육부 차관으로 만났던 갈랄이 이번에는 농업성 장관으로 승진하여 이곳에 왔다. 그렇지 않아도 어젯밤 TV에서 대통령을 수행하는 모습을 보고 꼭 한번 만나고 싶었는데 다시 만나니 정말 반가웠다. 우리는 지난 해 이야기로 꽃을 피웠고 시간 가는 줄도 몰랐다. 이상한 인연에 관한 이야기도 했다. "우리가 묵는 쉬바호텔 방번호가 433인데, 우리에게 배정된 차량 번호가 33번이니 묘한 인연이 아닙니까?" 한바탕 웃어가며 묵은 정을 나누는 시간은 너무도 빨리 흘러갔다. 선선해진 오후시간, 우리는 축하공연을 보기 위해 다시 시원한 바닷가로 나갔다.

호데이다 기념식에서 재회한 한-예멘간 만남의 주역들이 휴식시간을 이용하여 환담하는 모습(우측부터 싸나대 부총장 깁시 박사, 갈랄 농업성 장관, 필자)

행사 분위기는 지난해 하드라마우트와 아주 흡사했다. 바닷가에 위치한 공연장이며 무대의 꾸밈새까지 매우 비슷했다. 바뀐 점이 있다면 내 자리이다. 맨 첫 번째 줄, 그것도 대통령으로부터 아주 가까운 자리에 앉았다. 그래서 나는 예멘을 좋아하는지도 모른다. 아랍 풍습에 손님은 친절히 모신다고 돼 있으며, 나는 먼 나라에서 찾아 온 손님이기에 그랬을 것이다.

팡파르가 울리더니 제16주년 통일기념 행사의 화려한 막이 올랐다. 샤미안(Mohammed Saleh Shamian) 주지사의 짤막한 환영인사가 있은 후, 이 지역 유명 시인의 축시(祝詩) 낭송을 필두로 수많은 출연자들이 호데이다의 민속무용으로 예멘 통일 축하공연을 시작했다. 다양한 복장의 장엄한 퍼레이드도 이어진다. 지난해에는 보이지 않던 군인들의 퍼레이드도 있었다. 이런 상황들이 이번 행사의 핵심이 '국방과 관광'이라는 점도 한 눈에 알 수 있게 해준다. 예멘의 국경일 행사는 지역적 특색에 산업적 특색을 가미하고 있다. 한눈에 보기에도 대형 매스게임이 주는 이미지는 하드라마우트가 '문화와 건설'이었다면, 금년은 '국방과 관광'이다. 매스컴이나 언론에서 그런 점을 강조하진 않아도 시각적으로 금방 알 수 있다. 예를 들어 우리나라 국경일 행사가 "안동이나 전주에서 열리면 문화요, 부산에서 열리면 수출이요, 제주에서 열리면 관광이요"라고 특별히 강조하지 않아도 한눈에 알 수 있듯이 예멘의 행사는 그런 측면을 갖고 있었다.

대형 퍼레이드 그룹의 수를 세어보니 줄잡아 1만 명은 넘는 인원이 축하공연에 동원된 것 같다. "한국에서 이런 공연을 한다면 가능할까?"하는 생각을 해보았다. 출연진 비용, 의상, 무대비용까지 합치면 수십억 원은 족히 들 것이다. 여론의 반응도 찬반이 대단할 것이다. 이런 행사는 예멘이기에 가능할 것이다. 소득수준이 낮고 실업자가 많을지언정 예멘인들에게 있어서 '축제는 축제일 뿐'이다. 이런 것이 예멘의 문화이다. 예멘 사람들을 칭찬해서 하는 말이 아니다. 예멘인들은 소득수준이 낮기는 하지만 문화수준은 높은 편이다. 비록 베토벤의 5번 교향곡이 '운명'인지는 모르지만, 그들은 뿌리 깊은 역사와 전통을 잘 간직하고 고대의 찬란했던 문화를 기억하며 살고 있다. 자원이 풍부한 그들에게는 무한한 잠재력과 가능성이 있다. 그래서 그들은 서두르지 않는지도 모른다.

태권도 시범도 있었다. 어린 시절 웃통 벗고 모래바닥 운동장에서 배운 동작과 비슷하다. 갑자기 따라하고 싶은 충동을 느끼며 두 손을 불끈 쥐어 보기도 했다. 언젠가 무칼라를 갔을 때 초원에서 태권도 배우는 아이들을 보고 감탄한 적이 있기에 이번에는 크게 놀라지는 않았다. 태권도 시범이 한국인의 자부심을 느끼게 해주었지만, 나중에 북한에서 찬조 출연해준 것이라는 사실을 알게 됐을 땐 허전함도 함께 느꼈다. 예멘에는 우리 기업들도 많이 진출하고 있고 이 나라가 우리에게 큰 관심을 보이고 있는데, 우리는 지금 무얼 하고 있는가? 이번 기회를 계기로 정부나 우리 기업들에게 부탁하고 싶다. 일본이 이스탄불에서 문화재 보수에 많은 돈을 쏟아 붓고, 이집트에 오페라 하우스를 지어주니 얼마나 그들이 고맙게 생각하는가! 일본과 중국은 이미 예멘에서도 '선투자, 후이익'이라는 원조로 우의를 다지고 있다. 자원부국인 예멘과 지속가능한 교류를 원한다면, 우선 문화교류의 장(場)부터 열어야 할 것이다.

어느새 해변에 저녁 노을이 지고 등대의 서치라이트만 한 조명등이 축제의 분위기를 고조시키고 있었다. 검정, 하양, 빨강으로 대별되는 예멘 국기의 색깔을 주제로 다양한 매스게임이 펼쳐지고 예멘 국가(國歌)가 흘러나왔을 땐, 비록 남의 나라 국가이긴 했지만 가슴이 뭉클해졌다. 이윽고 수백, 수천의 예멘 국기들을 펼치며 축하행사가 최고조에 달했을 땐 관중과 출연진 모두는 하나가 되었다. 손바닥이 아플 정도로 쳐댄 박수소리는 해변에 출렁이는 파도를 타고 멀어져 갔다. 행사가 끝나고 대통령이 가끔은 무개차에 얼굴을 내밀어 손을 흔들며 호데이다 거리를 미끄러지듯 빠져나갈 때 연도의 시민들은 국기를 흔들며 연호했다. 하루 종일 공연에 참가한 시민들이 수 킬로미터를 걸어서 귀가하면 자정이 넘을 거라는 생각을 하면서 애국(愛國)이라는 걸 다시 한번 생각해 보았다. 그래도 그들은 "하루 종일 통일 16주년 기념식을 대통령과 함께 했다는 추억을 평생 잊지 못할 즐거운 축제였다"고 가슴속 깊이 그 추억을 간직하며 이 땅에서 살아갈 것이다.

2) 쌀레 대통령의 대 국민 연설문[1]

자비롭고 자애로운 알라의 이름으로.
세상을 떠받치고 소중히 여기시는 알라에게 칭송이 있을지어다.
기도와 평화가 선지자 무함마드에게 깃드소서.

친애하는 예멘 국민과 해외동포 여러분
예멘의 모든 지역에 있는 군인 및 보안군 여러분

나는 우리 국민의 역사에 있어서 중대한 시기에 여러분들에게 행운이 함께 하기를 기원하고 예멘공화국 수립 제16주년 및 1990년 5월 22일 선포된 역사적이며 국민적인 조국 재통일의 실현을 축하하게 됨을 무한한 영광으로 생각합니다. 예멘 통일은 많은 국가들과 조국이, 분열과 분단을 경험하고 있던 중대한 국면과 일치하고 있습니다.

---

1) 제16주년 예멘국경일에 행한 알리 압둘라 쌀레 대통령의 연설문. 이 부분은 Yemen Observer, May 22, 2006, Vol.IV – Issue 8 의 'Speech of H. E. President Ali Abdyllah Saleh on the 15th National Day Anniversary of the Republic of Yemen' 의 영어판을 번역한 것이다.

호데이다에서 개최된 제16주년 예멘 국경일 행사에서 시민들에게 경의를 표하는 쌀레 대통령(대통령 우측으로부터 세 번째가 필자). 〈Al-Thaura 신문〉

이러한 소중한 국경일을 맞이하여 우리는 하나의 예멘국가를 위한 혁명, 단합, 투쟁 그리고 희생의 덕택으로 삶의 모든 측면에서 달성한 성취와 위대한 승리를 자축합니다.

친애하는 국민 여러분

예멘공화국 수립 이후 16년의 세월은 시간상으로는 짧은 시간이지만, 이 기간 동안 조국이 직면했던 많은 어려움과 도전에도 불구하고 이룩한 역사와 성과의 과정은 위대한 시간이었습니다.

다수당체제, 견해의 자유, 언론의 자유, 여성의 정치참여 및 인권의 존중에 기반을 둔 민주주의를 달성해 온 조국의 개척적인 사례와 함께 현대국가의 건설과 헌법기구의 설립과정에서 경제적인 진보와 미래의 개발과 투자를 위한 광범위한 분야의 개방을 이룩한 점들을 자랑할 수 있는 것은 우리 국민들의 권리입니다.

우리는 국민 모두의 확신과 자유로운 국민의사에 기반을 둔 민주적인 정책과 광범위한 개혁을 이른 시기부터 추진해 온 예멘공화국을 자랑스럽게 생각합니다.

강력한 확신과 자유로운 국민의 의지에 기반을 둔 민주적인 정책과 광범위한 개혁에 일찍이 개입한 예멘공화국을 우리는 자랑스럽게 생각합니다. 우리는 개혁이 국가 내부로부터 실행되었고 그것은 국가의 필연적인 선택이며 조국의 건설과 진보를 위한 최상의 국민적 수단으로써 민주주의의 중요성과 함께 지속적으로 불어난 국민들의 열망을 충족시켰다는 사실을 믿고 있습니다.

우리 국가에서 개혁의 행진은 정치, 민주주의, 법률, 정의, 재정, 행정, 교육 등 다양한 분야에서 이루어져 왔으며 나머지 분야들은 국익의 범주 내에서 계속돼 왔습니다.

정치적 측면에서 뿌리 깊은 민주적 실행과 의사결정 과정에 광범위한 참여를 보장할 수 있는 법률적, 자문적, 행정적 및 사법적 기구를 위한 개발 가능성이 있습니다.

이러한 목적을 위하여 자문위원회는 입법 당국과 함께 역할을 확대해야 하며 사법기구 또한 발전시켜야 합니다. 그리고 정의(正義)를 대변하기 위해 그들의 역할이 증대되어야 합니다. 최근 사법당국의 법이 최고사법위원회의 개혁을 보증하기 위하여 개정돼 왔습니다.

언론과 미디어의 자유를 신장하기 위하여 우리는 언론과 출판법의 개발 및 언론인들의 지위 향상을 위하여 노력하고 있습니다.

우리는 언론과 민주적인 경험을 증대할 수 있는 시민사회기구 역할의 중요성을 재차 강조합니다.

여성들에 관하여, 정계(政界), 공공생활, 개발건설의 분야에 효과적인 참여의 폭을 넓히기 위하여 의회, 자문위원회 및 내각을 포함하는 정부에서 중요한 직책을 차지할 수 있는 보다 많은 기회를 제공함은 물론 정치분야, 공공 생활 및 개발 건설업에 여성들의 효과적인 참여가 증대돼 왔습니다.

지방위원회에 관하여, 우리는 계속 노력해 왔으며 지방문제의 경영과 재정적, 행정적 분권화를 구현하기 위하여 시민들에 대한 충분한 서비스 제공에 있어서 지방위원회의 역할을 증대시키고자 부단히 노력하고 있습니다.

지난 분기동안 지방위원회에 의한 명백한 성공의 덕분으로 지방위원회는 행정단위의 서비스분야에서 중앙당국의 권한을 이양 받았습니다.

우리는 6월의 제4차 지방위원회의 회의가 차기(次期) 지방권한의 역할을 증대시킬 수 있는 긍정적인 결과가 나오기를 기대합니다.

경제적, 재정적, 행정적 개혁에 관하여, 경제분야에서 결점을 수정, 보완하는데 커다란 성공을 했습니다. 계획 된 목표는 강력히 추진할 것이며 개발 프로그램과 계획을 통한 조국의 번영과 시민의 생활수준 향상과 개선을 기필코 달성할 것입니다.

제3차 5개년 계획(2006~2010)의 실행이 시작되었습니다. 이 계획은 빈곤퇴치를 위한 국가전략을 병행하고 있습니다.

세금감면, 관세, 무역, 회사들과 관련된 다수의 법과 법률들이 장차 지역 및 세계경제와 우리 국가경제의 통합을 목표로 이미 공포되었습니다.

투자법도 개발되었습니다. 장차 투자자들에게 시설을 제공할 목적으로 추가적인 토지조사 및 도시계획당국의 설립과 함께 일반투자국(General Investment Authority)과 예멘자유지역당국(Yemen Free Zones Authority)을 합병하는 새로운 형태의 기구도 설립되었습니다.

투자법 또한 발효되었습니다. 은행의 경쟁력, 금융시장의 설립, 부패 투쟁법의 발효, 입찰 및 취득법의 개정 등을 다루기 위한 필요한 조치들이 채택되었으며 공공기금을 투명하게 보호할 목적으로 보다 자격 있고 경쟁력 있는 사람들로 구성된 광범위하고 책임 있는 입찰관련 기구들과 독립적인 기구들도 설립되었습니다.

행정적인 개혁분야와 관련하여, 임금 및 봉급법이 시민과 국방분야에서 국가 관리들의 생활수준을 제고하기 위해 승인되었습니다.

시민서비스성(civil services ministry)은 이중직업(double jobs)을 종식시키고 행정적인 훈련수준을 향상시킬 수 있는 데이터와 정보의 개발을 위해 새로운 제도를 채택하였습니다.

친애하는 국민 여러분

건설과 도로사업은 간단한 문제는 아닙니다. 하지만 국가는 여전히 국민의 생활수준 향상과 경제발전의 목적을 달성하기 위하여 특별한 관심을 갖고 모든 노력을 경주할 것입니다.

국가기구의 설립, 법과 질서의 보급, 정의와 사회통합의 달성, 교육과 보건을 포함하는 생활수준의 향상, 국민복지의 성취, 도로분야, 전기, 물, 건강, 지역사회, 댐건설과 사회복지를 포함한 모든 개발 분야에 헌신적인 노력으로 달성한 성과를 부인할 사람은 아무도 없을 것입니다.

우리 정부는 실업 감소와 노동력의 고용창출을 최대한 보장하는 사업계획을 창출하는 데 역점을 두고 있습니다.

이러한 문제는 전략적인 도로계획과 농업계획의 수립, (범죄자 등의) 갱생을 목표로 젊은이들을 위한 중소규모의 프로젝트 개발을 유도하기 위하여 국민들에게 토지를 임대하는 분배계획을 통하여 달성될 수 있습니다.

이와 같은 목적을 달성하기 위해서 우리는 약 200억 리얄의 자금을 농업주택

개발은행에 할당하고 있습니다.

우리는 이 나라에 실업자가 단 한명도 없는 그 날이 오기를 기원합니다. 아울러 우리는 젊은 청소년들과 인간개발, 기술개발과 다양한 직업기구 및 개발목표를 달성하기 위해서 이와 관련된 숙련된 인력과 필요한 장비를 청소년들에게 제공하는데 역점을 두고 있습니다.

다양한 연구들이 지역에서의 물 저장 감소문제를 해결하기 위해 지속되어야 합니다.

이러한 관점에서 우리 정부는 타이즈(Taiz) 시와 주변 지역의 수요를 충족시킬 수 있는 모카(Mokha)에 바닷물 정수장 설치를 위한 지주(支柱)회사 설립을 적극 장려할 것입니다.

수도 싸나와 인접지역에 물 공급을 증대시키기 위하여 우리는 홍해에 미래의 정수장 사업계획을 수립하기 위하여 일본인 친구들과 논의 중에 있습니다.

친애하는 국민 여러분

우리나라는 대통령 선거와 지방의회 선거를 앞두고 있습니다. 선거는 민주적이고, 정직하며 안전한 분위기에서 투명하게 준비되고 있습니다. 우리나라 국민들이 이 성대한 민주주의 축제를 과거에도 그랬던 것처럼 성공적으로 해낼 것이라고 자신합니다.

이번에 우리는 특별히 모든 정당과 조직체들을 고향으로 불러 비밀투표를 통해서 공적인 믿음을 얻기 위해, 선거를 통한 정직한 경쟁과정을 거쳐 평화롭게 권력을 구축할 것입니다.

재차 강조하지만 선거와 투표는 그 과정에서 헌법과 법에 따라 모든 과정에 책임을 져야 합니다.

이 경우에 우리는 대통령 선거에 국제적인 감시자들과 함께 참여하고 선거의 안정과 신뢰를 보증하기 위해 지방의회 선거에 참여함으로써 모든 시민사회 조직의 요구를 새롭게 할 것입니다.

친애하는 국민 여러분

금년 호데이다에서 열리는 우리의 국가경축일은 많은 개발 프로젝트의 시작과 관련이 있습니다. 2726 서비스와 개발 프로젝트를 위한 초석이 마련되었고, 그 추진과 개발과정에는 10억 리알 이상의 금액이 책정 될 것입니다.

지금은 모두가 일과 생산에 집중할 때입니다. 경제개발 전투에 초점을 맞춰서 조국의 첫 번째 전투에 국민 모두가 열정적이고 능력 있는 태도로 동참해야

기념행사에 맞춰 준공한 호데이다 리조트의 게스트 하우스에 설치한 축하 광고물

합니다.

전능하신 알라의 뜻으로 우리의 미래는 안전과 석유 채굴지의 확장으로 매우 밝습니다. 벨하프 항구에서 2008년부터 생산되는 LNG는 앞으로 국가경제에 커다란 도움이 될 것입니다.

친애하는 국민 여러분
친애하는 아랍인과 무슬림 동지 여러분

예멘 내부에서 이뤄진 모든 성과들은 다른 나라와의 관계를 강화하고 발전시키기 위하여 대외정책과 통합적으로 이루어져 왔습니다. 그리고 그 관계는 공동의 관심과 상호이익에 바탕을 둔 것입니다.

우리는 우리 조국의 외교정책을 기쁜 마음으로 지켜봐 왔습니다. 외교정책은 그동안 예멘의 우방과의 관계를 공고히 하는 성과를 이루었습니다. 또한 외교정책은 다른 지역, 국가적, 국제적 위치에서 예멘의 역할과 지위를 강화시켜 주었을 뿐만 아니라 우리의 외교정책은 아랍, 이슬람과 같은 지역적 요청에 대한 참여 이외에도 지난해 대한민국, 일본, 미국, 프랑스 방문과 최근 중국과 파키스탄 방문 등을 포함하고 있습니다.

예멘은 투자유치, 서비스, 개발 프로젝트를 위한 재정적인 발전 이외에도 정치활동의 발전과 경제적 문제를 우선순위에 놓고 있습니다. 지금까지 나타난 좋은 결과들은 이 분야에서 이루어진 것입니다.

아랍에 대한 예멘의 지위를 고려할 때, 이슬람과 국제적인 문제에 관해서 우리는 지속적으로 아랍과 이슬람의 정의에 맞추어 행동해 왔습니다.

우리의 노력은 정기적인 아랍정상회담과 아랍이슬람 개발원조회의를 포함하여 아랍연맹에서 중요한 역할을 함으로써 그 결실을 맺고 있습니다.

이번 행사에서 우리는 아랍권의 미래를 위한 국가의 위기관리 능력과 국가적 능력을 배가시키기 위해서 지역적이고 국제적인 블록을 통한 아랍연합(Arab Union)의 설립을 위한 우리의 요구를 새롭게 하려 합니다.

우리나라는 이 지역에서 테러와의 전쟁과 이웃 나라와의 국제적 선린관계 증진에 있어 괄목할만한 성과를 이루었습니다.

다수의 알-카에다 조직원이 체포되어 재판을 받았고, 그 중 일부는 그들의 형(刑)을 살고 최근에야 풀려 나왔습니다.

많은 수의 온건한 신학자들이 범죄 현장에 있었지만 유죄판결을 받지 않은 비행 청소년들과 함께 참되고 지적인 대화를 함으로써 긍정적인 결과들이 이루어졌습니다. 그 청소년들은 그들의 생각을 바꾼 후에 석방되었고 헌법과 법을 준수하는 바른 시민이 되기 위해서 그들의 잘못된 인식을 바꾸었습니다.

친애하는 형제들이여, 우리가 팔레스타인의 비극적 상황을 지켜보는 동안, 우리는 팔레스타인 국민들이 고국을 되돌려 받을 권리와 그들의 땅에 그들의 수도인 '성(聖) 예루살렘(Holy Al-Quds)'을 건설할 권리를 계속 요구해 왔습니다.

우리는 국제사회에 팔레스타인 국민들과 그들에게 부과된 경제적 통상금지에 대해 민주적 선택을 존중해 줄 것을 요구해 왔습니다. 이 지역의 포괄적인 평화를 위해서 우리는 아랍평화의 중요성과 국제적이고 합법적인 절차의 화해가 필요하다는 것을 다시 강조합니다.

이라크의 정세를 고려해볼 때, 우리는 형제인 이라크 국민들이 다시 아랍지역의 활동무대 구성원으로 돌아오기 위해 그들의 국가통합과 민주주의, 자유와 통합된 이라크가 이루어지기를 바라며, 그리고 외세의 점령에 종지부를 찍기 위해 계속 노력할 것을 요구합니다.

우리는 우리 조국 모두가 형제국가인 소말리아의 통치체제와 국가재건을 위해서 소말리아와 협력하며 노력한 점에 만족을 표해왔습니다. 하지만 우리는 수도인 모가디슈에서 일어난 최근의 사태에 대해 유감을 표합니다.

우리는 모든 정당이 대화와 이해에 의존할 것을 촉구합니다.

우리는 소말리아의 보안과 안정, 평화를 유지하기 위해 기여한 모든 노력들을 계속 지지합니다.

우리는 소말리아 정부가 그들의 업무를 수행하고, 소말리아 국민과 그들의 민주적 열망을 위해 국제사회와 아프리카 기구, 아랍연맹에 그들의 의무를 수행하라는 요구를 되풀이합니다.

우리는 우리의 형제국가 수단이 다르푸르(Darfur)에서 평화를 유지하기 위한 지원과 지지를 다시 강조합니다. 우리는 일련의 사건들을 처리하기 위한 수단정부의 노력을 지지하기 위해 수단의 국내 사건에 대해서 개입하거나 또는 수단의 주권이나 통합을 침해하지 않도록 국제사회에 요구합니다.

친애하는 국민 여러분
군대와 보안군 여러분

국민들의 소중한 희생과 투쟁을 통해 국민, 군대 그리고 보안군에 의한 강력하고 영원히 지켜질 수 있는 축복 받은 통일이 달성되었습니다. 통일은 예외없이 모든 국가 전체를 통하여 달성되었습니다. 불합리하게 권리를 잃은 사람이나 힘이 없는 사람들은 군대와 보안군의 참호 속에서 희생과 노력으로 달성한 조국통일과 충성스럽고 자유로운 모든 예멘인들의 민주정책에 해(害)가 될 수 있습니다. 군대와 보안군은 거대한 국가기구입니다. 군인과 보안군은 국가통일과 완성된 조국의 충실한 경계병, 주권, 안보 및 안정, 혁명, 공화국, 통일 그리고 민주주의를 달성한 수호자로서의 상징으로 남을 것이다.

이러한 뜻 깊은 행사를 맞이하여, 우리는 모든 군대와 보안군의 영웅적인 전사들과 조국의 혁명과 통일 그리고 안전과 안정을 위해 그들이 헌신적으로 보여준 모든 노력에 대하여 진심으로 감사를 표합니다.

그들의 희생과 헌신의 대가로 그들은 보살핌과 지원을 계속 받을 것임을 다시한번 말씀드립니다.

우리는 방어적이며 어떠한 상황에서도 그 의무를 다할 수 있도록 경쟁력을 높이기 위해 근대화되고 선진화 된 장비를 갖춘 보안기구의 설립과 근대화를 위한 노력을 계속할 것입니다.

다시 한번 이 자리를 빌어서, 이 위대하고 소중한 기념식에 대해 축하하며 여러분들에게 행운이 함께 하시길 빕니다. 우리는 전능하신 알라께 조국의 순교자들에게 자비와 용서를 베풀어주시길 기원합니다. 모든 사람들에게 만복이 함께하시길 빕니다.

신의 평화와 자비가 여러분들에게 충만 하소서….

근하신년(Happy new year)

2. 통일 15주년 기념 하드라마우트 국경일 행사에 즈음하여

1) 하드라마우트, 예멘 통일 15주년 기념행사

예멘의 국경일 행사는 매우 독특한 특색이 있다. 국경일 행사가 매년 다른 도시에서 개최된다. 대통령과 핵심 관료들은 일주일에서 열흘정도 개최도시에 머물며 행사를 치른다. 그래서 행사가 개최되는 도시는 온통 축제의 분위기이다. 지역주민들도 자기 고향에서 국경일 행사가 개최되는 자부심 때문에 행사에 적극적으로 참여한다. 그저 행사를 위한 공휴일로 기념되는 기념식이 아니다. 더욱 더 특이한 점은 행사가 끝난 후에도 대통령은 계속 그 지역에 머물면서 지역주민들과 대화하고 지역개발도 약속한다. 우리가 책에서 배운 '직접 민주정치'를 보는 것 같은 느낌이 든다.

금년은 예멘의 고도(古都), 하드라마우트 주(州))의 수도 무칼라(Mukalla)에서 제15주년 통일기념 행사가 열렸다. 과거 수차례 예멘을 방문하긴 했지만, 거의 싸나와 아덴을 방문하는 게 고작이었던 나는 하드라마우트 방문에 큰 기대를 걸고 있었다. 하드라마우트는 알-카에다의 오사마 빈 라덴(Osama bin Laden) 부친의 고향이며, 그 부인 중 한 명도 이 지방 출신이라 하여 잘 알려진 곳이다. 하드라마우트 왕조가 번성할 때는 동서의 교역품이 인도양의 무칼라를 통해 샤브와, 쉬밤 또는 타림으로 운송되는 교역로로서도 유명했다. 평소 아랍-신라 교역품에 관심이 많았던 나는 이라크의 바스라에서 예멘의 하드라마우트 지역으로 이어지는 이 지역을 꼭 한번 방문하고 싶었다.

내 마음을 알기라도 한 듯 행사가 하드라마우트에서 개최됐다. 나는 이 지역에서 열리는 '통일 15주년' 경축행사에 이곳까지 특별기를 배려해주는 큰 대접까지 받으며 예멘정부 초청으로 영광스럽게 이곳으로 왔다. 하드라마우트의 날씨는 초여름 5월이기는 했지만, 한국의 한여름 보다 더 후텁지근하고 무더웠다. 특별히 마련된 행사장에는 대형 선풍기가 더위를 식히고는 있었지만, 3000명 정도에 가까운 경축사절단으로 행사장 안은 무더운 열기로 가득 찼다.

쌀레 대통령은 연신 티슈로 손에 땀을 닦으며 하객들과 일일이 악수를 했다. 오전부터 시작된 악수는 자정을 넘겨 2시간 이상 동안 계속되었다. 우리 나이로 65세인 대통령의 건강과 열정에 크게 감명을 받았다. 그 날 대통령과 직접 악수를 나눈 사람들은 그 날의 행사를 아름다운 추억으로 영원히 기억할

15주년 행사에 때맞춰 준공된 무칼라의 인공 하천. 야간에는 시민들의 휴식 공간으로 불야성을 이룬다.

것이다. 축하객들 가운데는 가난한 촌부와 노인들로부터 돈 많은 기업가, 신체가 부자연스러운 상이용사에서 장애인, 어린아이에 이르기까지 그저 평범한 시민에서 부유한 기업인들까지 모두 포함돼 있었다. 해외에서 온 아랍연맹 사무총장을 포함하여 이웃 아랍 국가들의 고위층 지도자와 해외 유명 기업인들도 대거 참석하였다. 문자 그대로 각계각층(各界各層)의 사람들이 예멘 통일 15주년을 진심으로 축하하고 있었다.

긴 축하 행렬에 대한 영접이 끝나고 곧바로 하드라마우트의 대강당에서 오찬이 시작되었다. 대통령이 마주 보이는 가까운 곳에 자리를 배정 받은 나는 한국인으로서의 큰 자부심을 느꼈다. 특이한 점은 대통령이 도착하지도 않았는데도 하객들은 오찬을 즐기고 있었다. 대통령이 도착하자 기립박수로 간단한 경의를 표한 뒤 아무 일 없었다는 듯 하객들은 다시 오찬을 계속한다. 대통령이 자리를 뜬 뒤에도 같은 분위기는 계속 이어졌다. 한국의 행사와 비교하니 무척 실용적이라는 생각이 든다. 이런 것이 문화적 차이인 것 같다.

잠시 휴식이 있은 후 해변에서 다시 화려하고 거대한 축제가 계속되었다. 하드라마우트 해변에 설치된 무대는 해변과 함께 어우러져 매우 자연스러운 분위기였다. 눈앞에 펼쳐진 망망대해(茫茫大海) 앞에 마치 포크레인 같은 중장비 위에 대형 조명을 달고, 그곳에 하드라마우트를 상징하는 그림들로 단순한 무대장치를 했다. 공연장은 마치 우리의 여의도 광장처럼 넓은 도로를 시멘트 포장한 곳이었고, 바닷가를 따라 길게 이어진 공연장 앞에 햇볕을 등지고 바다를 향해 관람석이 배치돼 있었다. 하늘에서는 군용헬기가 간간이 축하비행을 했고, 바다에서는 크고 작은 선박들이 넘나들며 행사를 축하한다. 중동 여행을 하면서 본 로마시대 원형경기장과 공연장이 문득 떠올랐다. 리비아의 미쓰라타(Misratah)에서 그리고 튀니지 해변의 로마시대 공연장이 뇌리를 스친다. '로마의 시민들은 얼마나 아름다운 자연의 교향곡을 들었을까!' 를 생각하던 기억들이 떠올랐다. 그것은 분명 '자연교향곡' 이었을 것이다. 나는 과거의 환상에 빠져들고 말았다. 단순하고 허술해 보이지만 자연 속에서 인간의 숨소리를 느낄 수 있는 점은 분명 환희(歡喜) 그 자체였다.

쌀레 대통령이 도착하자 행사는 곧바로 시작되었다. 매스게임이 하나 둘 이어지더니 차츰 출연자와 관람객이 혼연일체가 되기 시작한다. 뙤약볕 아래 땀을 뻘뻘 흘리며 리듬에 뒤지지 않으려 안간힘을 쓰는 뒤처진 출연자를 보면 관람객들은 더 큰 박수로 그들을 응원했다. 마치 어린시절 시골의 운동회를 보는 것 같은 기분도 들었다. 시간이 흐르면서 보는 사람이나 보이려는 사람들 모두는 혼연일체(渾然一體)가 되었고, 예멘 국기가 바닷바람에 물결을 이루며 통일 예멘과 하드라마우트의 상징을 매스게임으로 연출할 때는 외국인인 나도 콧등이 시큰해졌다. 애국(愛國), 즉 나라 사랑은 큰 것이 아니었다. 자기 고향에서 모두가 한마음 되어 어우러질 때 그것이 바로 나라사랑이고, 조국에 대한 사랑이다.

2시간 이상 진행된 축하공연장에서도 대통령은 꼼짝하지 않고 자리를 지키며, 계속 손을 흔들어 출연자들을 격려했다. 어린 꼬마가 즉석에서 하드라마우트의 아름다움, 하드라마우트의 중요함, 하드라마우트의 잠재력을 열변하며, 예멘의 아름다움과 예멘의 자부심을 목이 터져라 '찬양 시(詩)'로 낭송하자! 대통령은 즉석에서 커다란 박수로 그를 격려해주었다.

흥분된 축제가 끝나고 대통령이 시민들을 향해 손을 흔들며 자리를 뜬 후에도 하드라마우트 시민들은 길거리에서 여흥을 계속 즐기고 있었다. 하드라마우트의 밤은 깊어가고 있었고 다시 싸나로 돌아온 시간은 자정이 훨씬 넘었다. 하드라마우트의 하루는 마치 며칠 아니 몇 달의 시간이 흐른 것처럼 내 가슴속에 아름다운 추억으로 자리 잡았다.

그 후 한국에 돌아온 나는 글로써 다 표현할 수 없는 그 때의 회상을 직접 보지 못한 이들을 위해 예멘센타의 〈뉴스레터〉에 '하드라마우트, 예멘 통일 15주년 기념행사'라는 글로 소개했다. 그리고 쌀레 대통령이 행사장에서 한 연설, "지금 우리는 깨끗한 초심(初心)의 마음가짐으로 국가를 건설하고 있습니다. 젊은 학도들은 미래의 기둥이며 변화의 도구입니다"라고 강조하면서, 이곳에 투자하는 사람들에게 모든 편의를 제공할 것을 주문하는 내용도 함께 소개했다.[2]

---

2) 韓國也門交流 센타, 2005년, 〈也門消息〉, 6월 제9호, 참조.

خطاب الرئيس يتصدر اهتمامات وسائل الاعلام العربية والدولية:

أصداء واسعة للإحتفالات بالعيد الوطني الخامس عشر

وسائل الاعلام: القيادة اليمنية سخرت ثروات الوطن في خدمة الشعب

무칼라에서 개최된 통일 15주년 기념행사에서 시민들에게 손을 흔들어 환호에 답례하는 쌀레 대통령. 〈 Al-Thawra 신문〉

2) 쌀레 대통령의 대 국민 연설문

- 2005년 5월 22일, 예멘공화국 15주년 국경일 행사에 즈음하여 -

자비롭고 자애로운 알라의 이름으로

세상을 떠받치고 소중히 여기시는 알라에게 칭송이 있을지어다.

기도와 평화가 선지자 무함마드에 깃드소서!

친애하는 예멘의 국민과 해외 동포여러분

나는 말로 형언할 수 없는 인사로 여러분들에게 경의를 표하고 싶습니다. 자유, 민주, 통일의 인사, 미덕과 문명 그리고 문화의 지방 하드라마우트(Hadhra-maut)에서 연설을 하게 된 것을 더 없이 기쁘게 생각합니다. 예멘공화국 15주년 국경일에 여러분들에게 최고로 그리고 진심으로 경의를 표합니다. 우리는 우리 국민들의 투쟁과 26번째 9월 혁명 및 14번째 10월 혁명의 역사적인 승리를 반영한 5월 22일의 통일의 의미에 큰 즐거움과 행복으로 축하합니다. 또한 이날은 자유, 독립 그리고 통일을 위해 투쟁하고, 조국을 올바른 길로 되돌려 놓는 역사를 가져오고 통일, 자유 그리고 민주주의를 위한 국가의 희망을 새롭게 하면서 분열된 슬픈 시간들을 종식시키기 위해 노력한 순교자들의 숭고한 희생을 기리는 날입니다.

통일 성취 이후 15년의 세월은 조국과 국가의 나이에서 볼 때 긴 시간이 아니라는 사실에는 의심할 여지가 없습니다. 그러나 축복 받은 통일과 모든 다른 정치, 민주, 경제, 행정, 문화 및 사회분야의 견지에서 달성한 성취, 변화 및 급진적인 개혁과 견주어볼 때, 이 세월은 모든 예멘인들의 자긍심의 발로입니다. 예멘공화국이 탄생한 이후 예멘이 직면해왔던 많은 도전과 어려움에도 불구하고, 알라에게 감사드리며, 우리 국민들 모두와 군대 그리고 보안군들의 희생에 경의를 표합니다. 통일은 소중한 조국에 대해 위대한 성취를 이룬 순교자들의 피에 의해 달성되었고 빛을 발하게 되었습니다.

친애하는 국민 여러분

15주년 국경일 축하는 국내외 모든 예멘인들에게 중요합니다. 이러한 의미는 뿌리 깊은 변화, 위대한 민주주의, 개발의 실현 및 의사결정에 참여하는 축복 받은 통일의 관점에서 달성된 것입니다. 소중한 국경일에 축하를 하는 동안에도 2533 개발과 서비스 프로젝트의 개통과 초석을 놓는 작업이 2,000억 예멘 리얄의 비용으로 창출되었습니다.

친애하는 국민 여러분

헌법에 보장된 민주주의와 견해의 자유는 조국의 이익을 해치는 정치적인 분노를 제거하는 방법으로 책임 있게 실행될 것입니다. 그것은 여러분 모두들, 특히 헌법과 집행력 있는 법에 순응하고 조국에 충성을 다하며 국가의 이익을 보호하는 정당과 단체들의 의무입니다.

야당은 책임 있는 방법으로 그 역할을 해야만 합니다. 첫째로 정당들 내부에서 그들 스스로 보다 민주적인 실천을 통하여, 국가 우선순위나 사회 안전에 영향을 미칠 수 있는 한 치의 결함도 없는 방법으로 결점을 치료하고 민주적인 실천의 질을 높여 나가야만 합니다.

우리는 국가적 이익에 일치하는 원칙은 통일된 국가의 지위를 높이기 위한 대화를 이행하고 미덕, 개발, 번영, 안전 및 조국의 안정을 위해 새로운 장(章)을 여는 모든 정치세력들에 대해 우리들의 요구를 강조합니다. 우리는 보다 강한 단결, 통일 그리고 국가적 통일을 국내외 모든 국민들에게 요구하며 극단주의를 포기하고 인내, 사랑 그리고 형제애의 가치를 펼칠 것을 요구합니다.

친애하는 국민 여러분

여러분들은 모든 인생 역정에 있어서 건설과 개발의 결실을 충분히 잘 알고 있습니다. 그러므로 우리는 그러한 노력이 경제 및 사회개발을 위한 제2차 5개년 개발계획의 목표를 실행하기 위해 공동보조를 유지하면서 계속될 것임을 거듭 강조합니다.

모든 우선순위 가운데서도 다가오는 기간동안 정부가 초점을 맞춰야 할 부분은 하나의 완전한 종합정책으로서 경제적, 재정적, 행정적 개혁의 완성입니다. 정부 또한 인프라 프로젝트를 완성해야 하며 지방위원회의 경험으로 달성된 성공을 배가시켜야만 합니다. 이러한 경험들은 우리들의 국가에 있어서 민주 및 개발분야의 실질적인 혁명이라 생각됩니다. 아울러 정부는 지속적인 원유, 개스 및 광물 탐사를 통하여 새로운 에너지원을 계속 찾을 것이며, 투자를 장려하고 관광산업 및 수산업 부문의 개발을 지속할 것입니다. 또한 정부는 관개부문에서 현대식 장비의 사용과 더 많은 담수 댐과 물을 저장하기 위한 저장시설의 설치에 기반을 두는 재래적인 농업개발에 보다 많은 관심을 기울일 것입니다. 농업개발은 농부들간의 농업적인 자각을 증진하고 개량된 종자를 제공하고 산업을 이용한 곡물생산을 목적으로 농부들을 위해서 농업적인 자금을 투자할 것입니다. 이러한 방법은 농부들과 국가경제 모두를 위해 이익이 될 것입니다.

정부는 공업 및 농업개발의 목적을 달성하기 위해 개스 발전소 프로젝트를 확대할 것이며 고용창출과 실업수준 감퇴에 부가하여 중소형 산업들을 창출할 것입니다. 아울러 정부는 국내외 노동시장에 투입될 수 있는 양질의 숙련된 노동자들을 양성하기 위해 직업교육 및 기술교육을 확대할 것입니다. 우리는 우리 국가에서 단 한 명의 실업 노동자가 없을 그 날을 학수고대하고 있습니다. 정부는 또한 난치병 질병에 대해서 보건부문을 개발하고 보건투자를 증진하며 백신접종을 계속할 것이며 가족계획의 인식을 증대시켜 나갈 것입니다. 국가는 또한 현대과학과 지식으로 무장하고 알라, 조국, 혁명 그리고 공화국에 충성하는 강력하고 온건한 사고를 갖는 신세대의 군대를 양성하기 위하여 교육개발을 할 것입니다. 새로운 세대란 모든 극단주의자들, 오도되고 편향된 사고에 대해 잘 교육받은 세대를 말하는 것입니다.

친애하는 국민 여러분

통일의 관점에서 볼 때 가장 중요한 달성은 국가의 합법적인 기관의 설립입니다. 그것은 합법적, 행정적, 사법적, 국내당국이나 또는 통일 이후 민주적인 정책을 선택한 우리 국민들의 의지를 표출한 민주적인 기반에 기초한 시민사회기구 등입니다. 이러한 정책은 정치적 다원주의, 견해의 자유, 여성참여 및 인권의 존중에 기반을 두고 있습니다. 그것은 어떤 사람에 의해서 부과된 것이 아니라 신념에 의해 채택되었습니다. 이 같은 민주적인 정책을 통하여 우리 국민들은 형제들, 친구들 그리고 예멘을 사랑하고 자유와 민주주의를 사랑하는 사람들의 칭송을 받는 매우 인상적인 모범으로 비춰져왔습니다. 우리는 모든 사람들이 열망해 온 국가 목표를 달성하기 위해 이러한 정책을 공고히 하기 위한 노력을 계속 할 것입니다.

우리는, – 친애하는 국민 여러분 – 선진화 된 군대 그리고 안전, 안정, 독립 그리고 조국의 통치와 민주주의, 개발 및 헌법의 합법성을 지키는 의무를 수행할 수 있는 보안군의 구축을 자랑으로 여깁니다.

우리는 국가통일의 상징으로서 그리고 모든 음모를 우리 손으로 직접 봉쇄하는 뛰어난 군대와 보안군의 안보능력의 방어력을 강화하기 위해 지속적인 노력을 할 것입니다. 우리는 예멘공화국의 자유, 독립 그리고 선(善)하고 사랑스럽고 평화스러운 조국을 유지함에 있어 그들의 희생과 역할에 대한 감사의 표시로 군대와 보안군의 보호와 지원을 계속 유지할 것입니다.

아울러 우리는 조국의 모든 안전, 안정 및 평온을 유지하기 위해서 안보계획의 증진, 안보 및 안정의 유지, 테러리즘, 조직적인 범죄와의 투쟁 및 파괴주의자와 범법자들의 체포를 통한 안보기구들에 의해 달성된 모든 노력과 실체적인 성공을 높이 치하합니다. 우리는 우리 국가가 이 분야에 있어서 국제적인 노력을 지원하고 우리의 안보기구들의 성공을 강화하기 위한 노력을 계속할 것을 다시 한번 강조합니다.

친애하는 국민 여러분
친애하는 아랍국민과 무슬림 여러분

현존하는 아랍의 상황은 많은 재고(再考)를 요구하고 있으며 진보를 위한 적절한 수단을 찾고 있습니다. 아랍세계에 있어서 우리는 우리 국민들의 이익을 달성하고 국가적, 문화적 정체성을 유지하는 방향으로 개혁을 주도해야 합니다.

아랍의 작업 시스템이 모든 국제적인 변화와 겨루고 결속, 통합 및 통일을 위해 필요한 국가적 열망을 구체화할 수 있는 개발을 요구한다는 사실에는 의문의 여지가 없습니다.

친애하는 국민 여러분

우리는 이라크에서의 전개과정을 슬프게 지켜보고 있습니다. 이라크의 새 정부는 국가 통일의 강화, 외세점령의 종식, 국민적 화해의 시작, 새로운 장(章)의 전개 및 주권을 유지하는 범위 내에서 이라크의 보다나은 미래설계, 독립 및 국가통일을 위해서 일하려는 커다란 희망을 갖고 있습니다. 우리는 팔레스타인 당국에 의한 평화적 노력에 대해 우리의 지원을 계속 할 것입니다. 특히 아랍-이스라엘 분쟁과 관련하여 점령당한 아랍 영토에서 이스라엘의 지속적이고 오만불손한 행동에 대해 국제적인 공동체에 의한 주권결의안이 이루어져야 하며, 미국에 대해서 이를 요청합니다. 그리고 모든 사건에 관한 확실한 평화달성과 팔레스타인의 수도로서 신성한 '예루살렘(Al-Quds)'과 함께 독립된 팔레스타인 국가건설을 강요하기 위하여 미국에게 구원을 요청합니다. 모든 아랍국가들은 팔레스타인 형제국민에 대해 아낌없는 지원을 제공해야 합니다.

소말리아에서 의회의 성립, 공화국 대통령의 선출이나 정부의 구성을 달성한 중요한 진보는 전쟁과 분쟁으로부터 고통받아 온 형제국가에 안전, 안정 및 평화를 증진하기 위해 소말리아 국가기관의 재건에 대하여 국제적인 지원을 요구합니다.

우리는 평화와 화해 과정을 강화하고, 다르푸르(Darfur)에서 개발장애, 새로운 장(章)의 실현, 대화의 실현 및 수단내 모든 정당들과의 화해를 위해서 형제국 수단에 대해 계속 지원을 할 것입니다.

우리는, 예멘공화국에서, 레바논으로부터 철수하기로 한 형제국 시리아의 결정에 감사를 표합니다. 우리는 양국간에 형제적인 관계강화와 이 관계에 손해를 끼치려는 어떠한 음모도 피하는 것이 중요하다는 사실을 재차 강조합니다.

친애하는 국민 여러분

우리의 축복 받은 통일의 새로운 해와 함께, 우리는 조국과 통일의 순교자를 선사하신, 그리고 모든 연민과 자비의 의무를 하사하신 알라에게 기도를 드립니다.

신의 평화와 자비가 여러분들에게 충만 하소서….

근하신년(Happy new year)

하드라마우트에서 개최 된 통일 15주년 기념식을 축하하기 위한 무칼라 도로의 국기와 차량행렬

3. 예멘 통일 6주년 국경일 대 국민 연설문[3]

─ 1996년 5월 22일 통일의 날을 맞이하여 ─

"가장 위대하고, 가장 자비로운,

---

3) 이 부분은 1996년 5월 22일 제6회 국경일을 맞이하여 쌀레 대통령이 행한 대 국민 연설문으로 인도 주재 예멘 대사관 The Information & Cultural Section에서 발간한 내용을 정리한 것이다. 예멘 대통령이자 군 통수권자인 알리 압둘라 쌀레 장군은 6번째 맞이하는 '통일의 날' 중요한 정치 연설을 했다. 연설의 내용에는 예멘의 대내외 문제와 발전 방향이 포함되어 있다. 이상기, 1998, '1996년 국경일 대국민 연설문', 〈예멘 통일과 민주화의 기수 : 알리 압둘라 쌀레〉, 중동연구 98-1, (서울 : 한국예멘교류센타), 61-65쪽.

알라의 이름으로.

두 세계를 번영시켜 주고 지탱해 주는

알라를 찬양하며.

충실하고 헌신적인 사도에게

축복과 평화를"

예멘 국민 여러분

이렇게 성스러운 날 우리가 통일과 공화국 선포 6주년을 축하하게 되어 즐겁기 이를 데 없습니다. 나는 국내외 동포 여러분에게 인사를 드리고 이 위대한 국가적 경사를 축하하는 바입니다. 우리 예멘 국민들이 수십 년 동안 추구했던 가장 위대하고 존엄한 목표가 달성된 것입니다. 신앙심이 깊은 수많은 순교자들 덕에 우리 국민들은 1990년 5월 22일 마침내 위대한 승리를 쟁취했습니다. 그때부터 예멘공화국의 깃발은 온 나라에 나부꼈고 수많은 사람들의 환영을 받았습니다. 우리 국민들은 이 위대한 역사적인 쾌거에 환호했고 주변국으로부터 성원과 찬사를 받았습니다. 통일 예멘은 이 지역에서의 안보와 안정 그리고 평화를 위해 노력할 것입니다.

우리의 힘으로 이룩한 국가

통일 이후 우리에게 열려진 길이 탄탄대로만이 아니었다는 사실을 인정합니다. 우리는 중대한 국가의 과업을 방해하는 수많은 시련과 난관 그리고 공작을 예측한 바 있습니다. 예멘공화국이 수립된 다음 달부터 음모가 나타나기 시작했습니다. 그러나 알라의 도움과 군인 여러분의 신념과 용감성 그리고 희생 덕분으로 국가 조직은 개인이나 정당 또는 단체가 아닌 국가의 소유가 될 수 있었습니다. 우리는 분리주의자들의 음모를 온 국민의 힘으로 물리칠 수 있었습니다. 국민 모두의 ─ 올라마, 셰이크, 고위공직자, 정치가, 농부, 노동자, 지식인, 청소년, 노인, 남자와 여자 ─ 힘으로.

1994년 7월 7일 승리를 이룩했고, 이것은 왕정과 식민지 상태에 반대해 이룩한 혁명(9월 26일과 10월 14일)을 옹호하고 확장시키는 일입니다.

위기를 극복하여 개혁으로

분리 주의자들에 의한 전쟁은 위기였으며 국민경제와 발전 과정에 큰 짐으로 작용했습니다. 우리는 경제와 재정, 행정개혁 프로그램을 채택하여 전쟁으로 인해 파괴된 것을 재건하고 경제 상태의 악화를 막을 것입니다. 부패를 청산하고 행정 공백을 제거함은 물론이고 통화를 안정시키며 주민들의 삶의 질을 높여 나갈 것입니다. 이러한 계획은 수많은 이해 집단과 부패한 자들, 반역자들과 분리 주의자들, 예멘 혁명에 반대하는 자들 그리고 그들과 연계된 반통일분자들에 의해 흔들리고 있습니다. 그들은 동전의 또 다른 면입니다. 그들은 부패를 확산시키고 통일국가를 어렵게 만들었으며, 5월 22일 이룩한 위대한 성취를 그르치게 하고 국민과 조국의 이익에 손해를 끼쳐 왔습니다. 국내외에서 역모를 꾀하는 분리주의자들이 우리 민중들의 업적을 깎아 내리고 또 7월 7일의 위대한 혁명을 위해 순교한 사람들을 폄하하려 하고 있습니다. 그들은 조국의 건설과 개발 계획에 흠집을 내고, 독재와 왕정, 마르크스주의로 역사를 되돌리려고 발악을 하고 있습니다. 그러나 알라의 도움으로 그들의 시도는 총체적으로 실패하고 말았습니다.

경제와 행정 개혁 프로그램은 우리 국민들의 지지를 받았고, 그 프로그램이 국가의 위기를 극복하고 경제와 행정 상태를 부양시키는데 효과적일 것입니다. 그 계획을 수행하는데 있어 처음에는 약간 어려움이 있기는 했지만 현재에는 개혁에 긍정적인 지표들이 나타나고 있습니다. 경제는 성장하고 있으며 안정과 활력을 찾아가고 있습니다. 인플레율은 낮아지고 재정 적자는 감소하고 있으며 국제사회의 인정과 지원을 받고 있습니다.

통일의 자원을 모아 역사의 흐름으로

형제자매 여러분

오늘 우리는 과거에 있었던 경사스러운 날을 축하하면서 조국의 발전을 위한 수많은 프로젝트 중 몇 가지를 강조하고자 합니다. 가장 중요한 것이 도로와 댐의 건설, 물과 건강, 전기와 산업 그리고 저소득층을 위한 농업프로젝트입니다. 이러한 프로젝트가 시행되면 일자리가 창출되고 농업의 발전이 이룩될 것입니다. 우리나라는 뭐니 뭐니 해도 농업국가입니다. 농업분야의 발전을 통해 다음단계의 일이 추진될 수 있을 겁니다. 위기와 전쟁 그리고 사악한 음모로 점철된 과거를 청산하고 통일의 자원을 모아 역사의 흐름을 제자리로 돌려놓읍시다.

평화 정착을 위하여

현재 우리는 여러 가지 도전에 직면하고 있습니다. 에리트리아가 전쟁을 확대하고 분리를 획책하기 위해 '후나이시 알-코브라흐' 섬을 공격해 왔습니다. 그러나 우리는 조국 건설에 반대하는 그 어떤 음모에도 반대합니다. 우리 국민은 연대해서 안보와 안정 그리고 평정을 되찾을 것입니다. 여러분들도 아시다시피 에

리트리아에 의해 저질러진 위기의 발발 이후 우리는 자제하면서 문제를 현명하게 해결하려 노력했습니다. 무력의 사용을 피하고 평화를 정착시키려고 했습니다. 이것은 국제사회에 대한 책임감으로부터 나온 것입니다. 전쟁 발발 가능성, 안보와 안정의 위협은 제거되어야 하며, 물동량이 많은 이 지역을 항해하는데 안전이 보장되어야 합니다. 우리는 여러 이웃 국가들과의 분쟁을 평화적으로 해결하려는 훌륭한 제안과 노력을 환영합니다. 그 중에는 프랑스 정부의 제안과 유엔 사무총장의 제안이 있었습니다. 그 결과 화해의 원칙에 서명했으며 그러한 분쟁은 국제적인 조정을 거쳐 해결될 것입니다.

경제발전과 건설

존경하는 동지 여러분

우리의 현안은 경제발전입니다. 경제는 국민여러분의 좀더 나은 미래를 약속할 것입니다. 알라의 뜻에 따라 우리는 혁명과 통일을 이루기 위해 투쟁해 왔습니다. 우리는 경제를 위한 새로운 투쟁에서도 승리할 것입니다. 우리는 정부로 하여금 경제와 재정 그리고 행정개혁 프로그램을 수행하면서 발전을 이룩해 나가도록 하겠습니다. 발전을 위한 노력을 배가하고 개혁과 건설을 저해하는 부패적 요소를 제거하는데 총력을 기울일 겁니다.

중앙 통제조정기구인 공공검찰과 법원은 국고를 보호하고 부패한 자를 찾아내는데 그 역할을 다해야 합니다. 보안과 사법당국은 안보를 저해하고 법을 어기는 자들을 엄하게 다스려야 합니다. 그들은 여러 가지 행위에 대해 사안별로 신속히 대처해야 하며, 조국과 국민 여러분에게 해를 끼치려 하거나 공적·사적 재산을 침해하려는 사람들에 대해 단호한 결정을 내려야 합니다. 입법, 사법, 행정당국에 근무하는 모든 공무원들은 법과 규범을 지키는데 솔선해야 합니다.

경제개발 5개년 계획의 추진

정부는 제1차 경제개발 5개년 계획을 효율적으로 추진하는데 진력할 것이며 공화국의 여러 지역을 발전시켜 나갈 것입니다. 또 투자를 촉진하고 국내외 투자자들에 대한 행정규제를 제거하며, 투자법에 근거해서 모든 편익을 제공할 것입니다. 정부와 입법부가 지방행정법을 제정하도록 함은 물론이고 재정과 행정의 지방분권화를 구현하도록 할 것입니다. 그를 위해 1997년 4월 27일에는 국회의원 선거와 함께 지방의회의원 선거가 실시될 것입니다.

선거를 통해 선출된 대표들은 예멘을 현대화하는 일을 추진할 것이며 주민의 참여와 자율이라는 민주주의 원리를 실현할 것입니다.

민주주의의 정착을 위하여

존경하는 동지 여러분

예멘공화국이 선포된 이래 민주주의가 실천되고 있으며, 그 민주주의는 통일과 국가 건설의 초석이 되고 있습니다. 민주주의는 그 실용성으로 인해 일상의 삶 속에 깊이 뿌리를 내리게 되었습니다. 민주주의에도 잘못된 점이 있고 또 도전이 있기는 하지만, 그 제도를 실행하면서 오류와 난관은 극복될 수 있을 겁니다. 우리는 지금 민주주의를 시행하고 인권을 존중하고 있습니다. 그리고 예멘 땅에 정치범이 한 명도 없다는 사실에 대해 우리는 자부심을 느낍니다. 민주주의 하에서는 여러 정당, 여러 정치단체가 활동할 수 있으며, 상이한 여러 가지 여론이나 의견이 개진될 수 있습니다. 이러한 일은 아주 정상적인 것으로 국법이나 혁명의 원칙을 지키는 한에서는 허용될 수 있습니다. 그러나 예멘공화국의 독립과 안전을 해치거나 국가를 분열시켜서는 안 됩니다. 민주주의와 정치적인 다양성은 국가의 근본으로 자유경쟁에 대한 국민 여러분의 확신을 가져다 줄 것입니다. 그렇지만 외국의 세력과 연대하거나 조국의 이해에 반하는 그 어떤 민주주의나 정치적인 다양성은 있을 수가 없습니다.

협력과 상호존중

국내의 건설사업은 외교정책과 둘이 아닙니다. 예멘공화국의 정책은 협력과 상호존중, 국내문제에 대한 상호 불간섭에 토대를 두고 있습니다. 이것이 바로 우리가 오랫동안 추구해 온 것입니다. 우리는 이웃의 우방국들과 좋은 관계를 유지하려고 노력해 왔습니다. 무엇보다도 아라비아 반도의 국가들과 홍해 연안의 아프리카 국가들이 그들입니다. 우리 예멘공화국은 이웃의 국가들을 존중하면서도 이 지역에서의 안보와 안정과 평화를 강화하기 위해 노력했습니다. 그리고 세계의 복지와 번영을 위해서도 노력해 왔습니다. 우리는 평화의 진척에 지지를 표명했습니다. 그것도 불완전한 평화가 아니라 안정되고 균형이 맞는 평화를 추구했습니다.

그러나 이스라엘이 팔레스타인의 아랍 영토, 골란 고원, 남부 레바논을 점령함으로써 아랍 영토의 통치권이 회복되지 않고 있기 때문에 이 지역에서 정당하고 이해할 수 있는 평화가 이룩되기는 어렵습니다. 예루살렘을 수도로 하는 팔레스타인 국가는 창설되어야 합니다. 지금도 이스라엘에 의해 오만한 행동과 테러가 자행되고 있으며, 평화적인 노력과 전 세계의 의지, 이 지역에서의 안정이 위협받고 있습니다. 분열과 불화, 유약함과 무능함으로 인해 지난 수십 년간 아랍과 무슬림 형제 국가들이 자원과 부 때문에 서로 고통을 당한 것은 정말 유감스러운 일입니다. 그러한 일들이 이스라엘을 좀더 강경하고 공격적으로 만들었던 것입니다.

우리는 이제 아랍국가의 자식들에게 과거의 사건들을 올바로 평가하고 사태를 진지하게 바라보도록 해야 합니다. 그리고 가르침과 예시를 통해 고통스러운 현 상황을 극복해 나가는 방법을 가르쳐야 합니다. 위협과 도전에 직면하고 있는 우리 아랍 국가들은 그 어느 때보다도 더욱 확고한 연대와 단결이 요구된다 하겠습니다.

시련의 극복

우리는 아랍의 모든 형제들에게 수동성과 충돌로 점철된 과거를 극복할 것을 촉구합니다. 무기력과 침체를 제거하기 위해 행동하고, 아랍의 연대를 위해 형제애와 협력의 새장을 열도록 합시다. 모든 아랍 사람들이 그 아래 모여들 수 있는 우산을 만들어 아랍을 결속시키고 연대할 수 있도록 합시다. 우리 모두는 공동의 행동을 취함으로써 그 연대의 역할을 지원해야 합니다. 동시에 이슬람 연대회의 조직의 역할을 강화함으로써 그 조직의 중요성을 인정해야 합니다. 그 조직은 문제점에 대해 판단을 내리고 이슬람 국가의 이해를 대변해야 합니다. 도전과 음모에 직면해서 좌절과 절망 속에 있는 무슬림 국가들에게는 그 고통을 벗어날 수 있도록 도와주어야 합니다.

민중의 힘

존경하는 국민 여러분

이 위대한 날을 축하하면서 군대와 보안당국의 크나 큰 희생과 봉사를 생각하게 되고 존경과 경의를 표하는 바입니다. 그들은 민중의 의지, 혁명, 자유, 독립, 통일과 민주주의가 승리할 수 있도록 투쟁해 왔습니다. 우리는 이 위대한 국가조직을 조심스러우면서도 주의 깊게 이용할 것이며, 건설과 현대화 과정을 지속적으로 추진할 것입니다. 그래서 국방력과 힘을 강화하고, 조국의 독립을 유지하고 지켜 가는데 그 역할을 다하려고 합니다. 나라가 힘이 있어야 안녕과 안정이 지켜질 수 있고, 국민들이 이룩한 소득과 발전이 보호받을 수 있습니다. 국가는 민주주의를 수호하고 제도적인 정당성을 유지하기 위해 최선을 다할 것입니다. 팽창주의에 찬성하지 않을 것이고 다른 나라를 공격하지도 않을 것이며 다른 나라의 이익에 위협을 가하지도 않을 것입니다.

영광스러운 오늘, 우리는 자유와 통일을 위해 피를 바친, 찬란한 태양과 같은 존재인 순교자들을 잊어서는 안 되겠습니다. 우리들은 그분들과 같은 길을 걸어갈 것임을 맹세합니다.

알라의 자비와 축복 그리고 평화가 여러분과 함께 하기를 바랍니다.

4. 한국 방문과 한국 국민에게 주는 통일 메시지

1) 쌀레 대통령의 한국 공식방문

알리 압둘라 쌀레 예멘 대통령이 2005년 4월 26~27일 양일간 한국정부의 공식 초청으로 한국을 방문하였다. 실로 놀라운 일이다. 15년 전 통일을 완수하고 그 교훈을 몸소 한국 국민에게 알려주기 위해 방한했다면 과장(誇張)일는지 모르지만, 적어도 내 눈에는 그렇게 보였다. 하지만 언론이나 통일을 이루려는 한국 국민들의 관심은 그에 비해 그리 크지 못한 것 같아서 아쉬움이 남는다. 예멘센타의 역할이 미미했음을 인정하지 않을 수 없다. 그 동안 제대로 예멘교류 역할을 하지 못한 나로서는 쌀레 대통령의 갑작스런 방문에 큰 부담감을 느끼지 않을 수 없었다. 그래서 예멘센타 홈페이지에 '알리 압둘라 쌀레 예멘 대통령의 방한을 진심으로 환영한다'는 환영인사를 급히 올리고, 미력이나마 보태자는 의도로 〈한국경제신문〉에 방한과 관련하여 '예멘 통일의 교훈'이라는 아래와 같은 짤막한 글을 기고하였다.[4]

예멘 통일의 교훈

1990년 5월 22일 남예멘의 수도 아덴에서 '예멘의 통일'이 선포되자 예멘 국민들은 물론 전 세계도 놀라움을 금치 못했다. 베를린 장벽이 무너진 독일 통일의 흥분이 채 가라앉지 못한 터라 더 큰 충격이었다. 사회주의 체제가 힘없이 붕괴되고 독일에 이은 예멘 통일이 이루어지자 자연히 그 관심은 한반도 통일로 모아졌다. 이러한 열기는 한반도를 기습하였지만, 15년이 지난 현재까지도 우리는 통일을 이루지 못한 '반(半)반도'의 아픔을 유지하고 있다.

우리는 2000년 6월 '남북정상회담'을 고비로 아직 국민적 합의를 못 이룬 채 '금강산 관광'이나 '개성공단 사업' 등이 간헐적으로 추진되고 있을 뿐이다. 더 더욱 '6자회담'의 덫에서 헤어나지 못하고 있고, 주변국 일본에게는 '역사교과서 왜곡'과 '독도 영유권' 문제로 발목이 잡혀있는 상태이다. 정말 안타까운 일이다.

예멘 통일의 특성은 국제질서의 흐름에 잘 편승할 수 있었다는데 있다. 사회주의 국가

---

4) 이 글은 필자가 예멘의 쌀레 대통령 방한시 '예멘 통일의 교훈'이라는 제목으로 〈한국경제신문〉 2005년 4월 25일자에 기고한 글이다. 신문에서는 편집상, '그래서 해마다 삼천리 금수강산에 개나리, 진달래, 무궁화가 흐드러지게 피는 포근한 봄을 보고 싶다'는 마지막 구절은 누락되었다.

였던 남예멘 또한 개혁의 어려움을 곧바로 남북통일로 해결하려는 적극적인 자세를 보였고, 이러한 노력이 결실을 보아 곧바로 '통일'로 연결된 것이다.

예멘 통일에서 역시 중요한 점은 '경제적 요인'이 통일을 앞당기는 견인차 역할을 하였다는 것이다. 통일 이전에 이미 남북 예멘간에는 경제협력의 필요성이 고조되고 있었다. 다시 말하면 예멘 통일의 가장 큰 요인 중 하나는 석유를 포함한 광물자원의 공동개발과 아덴(Aden)항의 개발이었다. 이 과정에서 남예멘의 사회주의 경제제도 실패는 양국 통일을 앞당기는 촉진제 역할을 하였다. 그래서 독일 통일이 '흡수통일'이라면, 예멘 통일은 '합의통일'이다.

통일 이후 비록 높은 실업률, 물가, 인플레이션, 환율급등 등의 경제문제에 부딪치기는 하였지만, 사회통합의 전 단계인 '통화통합'을 무난히 달성하였기에 예멘의 통일은 역사적으로 '합의통일'에 의한 모델케이스로 남을 것이다.

통일 이후 예멘의 경제사정도 매우 호조 되었다. 2003년 기준 경제성장률은 2.8% 수준이며, 1994년 내전당시 145%까지 치솟았던 소비자 물가상승률은 10% 정도, 환율도 비교적 안정세를 유지하고 있다. 수출입 모두 통일직후 2배 가까운 수준으로 상승하였고, 경상수지, 외채, 지불준비금 등은 양호한 상태를 유지하고 있다.

통일과정에서도 합의를 통한 노력을 꾸준히 실천하였다. 민족의 동질성 회복문제를 남북간 자유왕래, 단일 역사교과서의 활용, 텔레비전을 통한 홍보 등의 절차를 통해 이룩하였다. 1983년 이후 주민들이 신분증만으로 자유로운 왕래를 할 수 있었다. 더 나아가 1984년 이후에는 단일의 '역사교과서'를 제작하여 남북 양국에서 자유롭게 가르침으로써 이질감 해소에 커다란 도움을 주었다.

예멘 통일의 교훈은 '신뢰회복을 위한 부단한 노력이며, 그 노력을 인내로 꾸준히 실천한 점'에 있다. 한국에서도 '통일된 국어 및 역사교과서'의 제작과 교육이 민족 동질성 유지를 위해 반드시 실현돼야 한다. 아울러 공동제작에 의한 TV나 라디오의 프로그램, 학술교류, 예술단체의 교류활성화 또한 동질성회복에 반드시 필요한 선행조건이 되고 있다.

봄은 왔지만 한국은 아직 춥다. 통일을 이룬 예멘의 쌀레 대통령이 온다고 하니 반갑다. 이번 방한에 아라비아 반도의 따뜻한 통일의 열기도 함께 가져왔으면 한다. 그래서 해마다 삼천리 금수강산에 개나리, 진달래, 무궁화가 흐드러지게 피는 포근한 봄을 보고 싶다.

쌀레 대통령이 2005년 4월 26일 한국을 국빈자격으로 방문하여 노무현 대통령과 함께 환영 인파에 손을 들어 답례하는 모습

4월 26일 아침 서울공항에 도착한 쌀레 대통령은 곧바로 청와대로 향하여 노무현 대통령과 정상회담을 가졌다. 이 자리에서는 '자원협력, 특히 에너지 분야에 관한 협력' 이 중점적으로 합의되었다. 당시 한국 언론에 소개된 내용을 소개하면 아래와 같다.

〈데일리 서프라이즈〉는 '노 대통령, 남북통일 먼저 이룬 예멘 대통령 만났다' 라는 기사에서 쌀레 대통령의 방한 소식을 아래와 같이 소개하였다.

노무현 대통령과 알리 압둘라 쌀레 예멘대통령이 만났다. 지난 1985년 8월 양국수교와 1990년 남북 예멘의 통일로 '예멘공화국' 이 탄생한 이래 예멘대통령으로는 첫 방한이다.

양국 정상은 4월 26일 오전 10시 13분 경, 예정보다 7분 일찍 만남을 시작했으며 장관들이 배석한 가운데 확대회담에 곧바로 돌입했다.

노 대통령은 쌀레 대통령에게 "이렇게 한국을 방문해주셔서 환영한다"며 "먼 길을 마다않고 찾아주셔서 감사하다"고 깍듯이 예를 갖췄다. 노 대통령은 특히 "다른 일정과 함께 온 것이 아니라 오로지 한국 방문을 위해 귀한 시간을 내주셔서 감사하다"며 "이번 한국 방문이 각하께도 기쁘고 유익한 방문이 되길 바란다"고 말했다. 이어 반기문 외교통상부장관의 배석자 소개가 끝나자 쌀레 대통령은 노 대통령의 환영에 감사를 표했다.

쌀레 대통령은 "노 대통령과 이 자리에 배석한 분들께 한국을 방문한 이후 환영과 환대에 감사드린다"며 "물론 방한 거리는 멀었지만 양국관계를 더 공고히 하는 데에는 가까운 거리라고 생각하고 왔다"고 말했다.

그는 "이번 방문 결과가 긍정적이고 양국간에 유용한 기회가 되길 바란다"며 "양국 공동관심사에도 교류가 있기를 기대한다"고 강조했다. 이날 양국 정상은 에너지자원 및 건설 분야 경제협력 등 양국 간 실질협력관계 증진방안을 협의하고 북핵문제를 포함한 한반도 및 중동 정세 등의 국제현안을 논의한다.[5]

한편 〈파이낸셜뉴스〉에서는 '한국과 예멘의 자원분야 협력이 강화된다' 라는 제목으로 쌀레 대통령의 방한 소식을 알렸다.

---

5) 〈데일리 서프라이즈〉, 2005년 4월 26일자.

노무현 대통령은 4월 26일 국빈방문 중인 알리 압둘라 쌀레 예멘대통령과 청와대에서 정상회담 및 만찬을 갖고 원유, 액화천연가스(LNG), 자원분야 협력을 비롯한 양국간의 실질 우호협력증진방안 등을 협의했다.

노대통령은 1985년 수교이래 양국관계가 지속적으로 발전해 온데 대해 만족을 표명하고 특히 그동안 예멘이 원유를 안정적으로 공급해준 것을 높이 평가했다. 또 앞으로 원유와 LNG프로젝트사업, 초고속 통신망 구축 등에서의 우리 기업의 진출에 예멘정부가 관심을 가져줄 것을 희망한다고 말했다.

노대통령은 남북 예멘 통일 이후 통일예멘 대통령으로서 민주화와 정치경제개혁을 성공적으로 이끌어온 쌀레 대통령의 업적을 평가했다. 이에 대해 쌀레 대통령은 대외경제협력기금(EDCF) 유상차관 지원 확대 정보기술(IT), 산업기술 및 문화분야에서의 협력증진을 요청했다. 쌀레 대통령은 특히 북핵문제의 평화적 해결이 동북아뿐만 아니라 세계평화에 긴요하다는 인식을 함께 하고 우리 정부의 평화번영정책을 지지했다.

노대통령은 또 "우리나라는 개발도상국에서 출발해 성공한 40년의 경험을 갖고 있는만큼 한국과의 교류에서는 단순히 기술협력뿐 아니라 한국을 이렇게 성공 시킨 기업인, 공무원들의 소중한 경험자산도 같이 공유할 수 있을 것"이라고 말했다.

노대통령은 만찬사에서도 "예멘의 석유뿐만 아니라 매년 130만t이 넘는 천연가스를 2008년부터 수입할 계획이며 마리브 유전을 비롯한 에너지 개발에 대한 투자도 적극 확대할 것"이라고 밝혔다.

예멘은 1990년 남북으로 분단된 상태에서 평화적 통일을 이룩했으나 1994년 내전이 발생, 무력에 의해 재통일되는 과정을 밟았고 1990년 예멘공화국 수립 당시 초대 대통령에 취임한 쌀레 대통령은 내전을 승리로 이끈 뒤 1999년 선거에서 재집권에 성공했다.[6]

---

6) 〈파이낸셜뉴스〉, 2005년 4월 26일자.

한편 한-예멘간 정상회담 후, 쌀레 대통령은 오후 3시 서울대학교의 '통일 포럼' 주관 특강에서 '예멘의 실현과정'이라는 주제로 두 시간 동안 특강을 했다. 〈한국일보〉는 '수교 후 첫 방한 쌀레 대통령 강연'이라는 제하로 아래와 같이 대통령의 특강 소식을 전하고 있다.

"통일은 탱크나 총칼 같은 무력이 아니라 청년과 장년, 노년이 함께 모인 전 국민의 합의를 통해 이루어지는 것입니다."

한국과 예멘이 공식 수교한 1985년 이후 대통령으로서는 처음으로 한국을 방문한 알리 압둘라 쌀레 예멘 대통령이 4월 26일 서울대에서 '예멘 통일의 실현과정'을 주제로 특별강연을 했다.

쌀레 대통령은 오후 서울대 문화관 중강당에서 통일포럼 주최로 열린 특강에서 "예멘의 통일도 처음부터 순조롭지 않았으며 엄청난 우여곡절을 겪었다"며 "남예멘과 북예멘이 각각 공산주의와 자본주의라는 다른 체제를 갖고 있었던 데다 외부의 간섭으로 인해 합의점을 찾는 데 난항을 거듭해야 했다"고 당시를 회고했다.

그는 "예멘의 통일논의는 70년대 초반부터 시작됐으나 이념을 달리하는 양측 지도자들이 서로 다른 생각을 갖고 협상에 임한 까닭에 합의를 이끌어 내기 어려웠다"며 "특히 86년에는 남예멘의 캄비 대통령이 관저로 배달된 사제 폭탄에 암살당하면서 양측이 심한 갈등을 겪기도 했다"고 소개했다.

그는 이어 "이런 갖가지 어려움을 딛고 일구어 낸 예멘 통일의 가장 큰 특징은 남북 양측 지도부에 대해 국민들이 인내심을 갖고 지속적으로 통일에 필요한 조건을 제시했다는 점"이라고 강조하고 "자본주의 체제의 북예멘이 경제적, 군사적으로 유리한 상황에서도 힘으로 상대를 압도하려 하지 않고 먼저 양보를 하려고 노력한 것이 평화적인 통일의 초석이 되었다"고 분석했다.

쌀레 대통령은 특히 "우리는 한국이 평화적 통일을 이루기 위해 필요하다면 언제든 경험을 나누어 줄 준비가 돼 있다"며 "내가 직접 참여한 통일과정을 기록한 책을 한국에 남기고 가니 이를 보고 서로의 경험을 나누었으면 좋겠다"고 덧붙였다.

강연에는 중동 지역 각국 대사 등 외교관 수십여 명을 비롯해 교수, 학생 등 500여 명이 강당을 가득 메운 채 강의를 들었다. 강연장 외부에는 금속탐지기가 설치돼 입장객을 일일이 검문했다.

4월 26일 사흘 일정으로 방한한 쌀레 대통령은 강연에 앞서 노무현 대통령과 정상회담을 가졌다. 이날 특강은 쌀레 대통령이 "분단을 극복하고 통일을 이룬 예멘의 경험을 한국인들에게 알리고 싶다"는 뜻을 밝혀 이뤄졌다.[7]

1박 2일의 짧은 기간동안 옆에서 지켜 본 쌀레 대통령의 모습은 내게 또 다른 일면을 보여주었다. '박진감 넘치는 정열과 세심함' 이 그것이었다. 이른 아침 한국 땅을 밟은 대통령은 곧바로 청와대를 방문하여 정상회담을 가졌고, 오후에는 곧바로 서울대학교에서 개최된 포럼에 참석하여 '예멘 통일의 실현과정' 이라는 제하의 특강을 하였다. 특강이 시작되기 전, 아랍어로 된 원고와 아예 이를 한글로 번역하여 자료집으로 만들어 청중들에게 배포하는 세밀함이 있었다. 이같이 세심한 배려는 다른 나라에서는 매우 찾아보기 힘든 사례이다. 한번은 특강 도중 연도를 잘못 이야기 한 적이 있었다. 즉석에서 깁시 박사로부터 지적이 있자, 아예 주무장관을 옆에 배석시키고 잘 설명해달라는 주문까지 까지 하는 등 '비(非)권위주의적이며 민주적인 모습' 도 함께 보였다. 특강이 끝나고는 청중들을 향하여 "내가 못 다한 이야기는 자료집으로 남기고 가니 참조하라"[8]는 당부까지 하고 자리를 떴다. 청와대 만찬시에

---

7) 〈한국일보〉, 2005년 4월 26일자.
8) 한국예멘교류센타는 쌀레 대통령 이한(離韓) 이후, 강연내용을 하나의 자료집으로 남겨야겠다는 생각으로 한글, 아랍어 및 영문으로 된 자료를 한곳에 모아 〈예멘 통일의 실현과정 – 알리 압둘라 쌀레 예멘대통령 한국 방문 특별강연〉(2005)이라는 책자로 발간하여, 제16주년 예멘 통일 기념식에 참석했을 때 대통령께 직접 기증하였다.

방한 중인 2005년 4월 27일 한국예멘교류센타 임직원들의 예방을 받은 알리 압둘라 쌀레 예멘 대통령

도 한국의 전통 무용과 연주를 한 '민속공연' 출연자들 모두에게 일일이 악수를 하며 "고맙다"는 말을 남기며 유유히 떠날 때, 매우 인상적인 느낌을 받았다. 그 빽빽한 일정에도 우리 한국예멘교류센타 임직원들과 면담도 배려해주었으며, 예멘센타에 다수의 예멘 서적을 기증하는 고마움도 보여주었다. 한국을 떠날 때도 전혀 피곤한 기색도 없이 밝은 표정으로 환송인사차 나온 우리 예멘센타의 동료들에게 차례차례 악수를 나누며 손을 흔들고 떠나 던 모습이 아직도 눈에 선하다.

2) 한국 국민에게 주는 통일 메시지[9]

예멘 통일의 실현 과정

알리 압둘라 쌀레 예멘 대통령

자비롭고 자애로우신 하나님의 이름으로

총장님
대학 관계자 여러분
존경하는 교수님들
그리고 이 자리에 참석해 주신 청중 여러분

금년 5월 22일이면 예멘 통일 제15주년을 기념하는 아시아 서쪽 끝에 위치한 예멘의 수도, 싸나에서 출발하여 긴 여정 끝에 아시아 동쪽 끝에 위치한 대한민국의 수도, 서울에 도착했습니다. 통일을 위해 노력하고 있는 한국 정치 지도부가 선의를 계속 가지고 있는 한, 통일의 날이 곧 왔으면 하는 바람입니다.

노무현 대통령과의 정상회담은 성공적으로 이뤄졌습니다. 우리는 이 정상회담이 양국의 경제, 문화, 정치적인 관계를 한층 더 공고히 하고 발전시킬 수 있는 계기가 되기를 희망했습니다. 아시아 서쪽 끝에 위치한 예멘과 아시아 동쪽 끝에 위치하고 있는 한국은 공통점이 많습니다. 우선 두 나라 모두 유구한 역사를 자랑하고 있습니다. 예멘과 한국은 분열과 분단을 가져온 식민 지배를 받았습니다.

---

[9] 이 내용은 쌀레 대통령의 한국 방문시 '예멘 통일의 실현 과정'이라는 내용으로 서울대학교에서 대학교수, 학생 및 통일 관련 관계자들에게 2005년 4월 26일 특강한 내용을 본 센타 김재희 통·번역 팀장이 번역한 내용을 정리한 것이다. 자세한 내용은 한국예멘교류센타, 2005, 위의 책, 참조.

또한 예멘과 한국은 냉전의 결과 사회주의와 온건주의라는 서로 다른 체제가 들어서게 되었으며 그 외에도 양측간에 내전을 겪었던 점도 같습니다.

분단은 오히려 예멘 국민이나 한국 국민들이 더욱 단결할 수 있는 힘을 주었습니다. 그래서 예멘은 평화적이고 민주적인 방법을 통한 지속적인 노력 끝에 마침내 1990년 5월 22일 예멘 국민은 그토록 갈망하던 통일을 이뤄냈습니다. 통일은 단단히 뿌리를 내려 민주주의와 다당제 의회정치, 인권존중 그리고 자유보장 및 여성의 사회단체에서의 정치활동 참여 등과 같은 일들을 정착 시켰습니다.

이러한 예멘의 통일 실현 과정은 국제적인 찬사와 인정을 받았을 뿐만 아니라 정치개혁을 추진 중에 있는 몇몇 국가들은 예멘이 통일을 이루는 과정이나 혹은 발전된 정부조직 정비, 또는 정치활동 등을 앞 다투어 배우려고도 했습니다. 사실, 예멘의 통일은 예멘에서 가장 큰 정치적, 민주주의적, 경제적인 개혁작업 이었습니다. 친애하는 한국국민 여러분도 현재 정부와 각 부처들이 협력하여 통일을 실현하기 위해 노력을 아끼지 않고 있음을 잘 알고 있습니다. 아마 예멘만큼 한국 국민의 통일에 대한 염원을 가장 잘 이해하고 높이 평가하는 국가는 없을 것입니다. 왜냐하면 예멘 역시 분단과 분열을 겪었기 때문에 그 누구보다도 통일에 대한 여러분들의 마음을 잘 알고 있습니다. 또한 한국정부와 국민들이 단일 예멘과 예멘 체제변화에 대해 남다른 관심을 갖고 여러 분야에서 관계를 돈독히 하고 통일을 수호하고, 특히 경제 발전 분야에서 어려움을 극복할 수 있도록 돕고자 하는 진지한 바람을 특히 높이 평가하고 있습니다.

예멘 통일 과정에 대한 한국의 관심은 공식, 비공식적으로 이뤄진 수차례의 예멘 방문을 통해 잘 나타났습니다. 또한 이러한 관심은 여러 대학들과 연구소들이 예멘 및 예멘 통일과정을 연구하고 양국간의 협력관계를 더욱 증진하고자 노력하는 데에서도 볼 수 있었습니다.

여기에서 조선대학교 총장님과 관계자들에게 깊은 감사를 드리지 않을 수 없습니다. 조선대학교는 역사가들과 정치인들이 20세기 아랍세계에서 실현된 가장 뛰어난 업적 중의 하나인 통일의 업적을 실현한 점을 높이 사 제게 명예 정치학 박사학위를 수여했습니다. 조선대학교에 다시 한번 감사의 인사를 전하고 싶습니다.

또한 예멘에 대한 한국의 관심은 여러 대학 산하 연구소, 중동경제연구소와 같은 민간연구소 그리고 교류증진을 위해 애쓰고 있는 한국예멘교류센타와 같은 친선협회 등을 통해 잘 나타나 있습니다. 특히 한국외국어대학교에는 중동연구 관련 교수님들과 많은 학자들이 예멘에 관심을 갖고 연구 활동을 하는 것으로 알고 있습니다.

오늘 여러분께 말씀드릴 강의주제는 제게 명예정치학박사 학위를 직접 수여하기 위해 조선대학교 관계자들이 싸나를 방문하셨을 때 드린 약속으로 이뤄진 것입니다. 저는 그때 제가 이 아름다운 나라를 방문하게 된다면 우리가 곧 기념일을 맞게 되는 한국에서도 곧 그 날을 기념하게 되길 희망하면서 통일의 꿈을 실현한 과정과 안타깝게도 여전히 한국 국민들이 겪고 있는 분단의 고통이라는 냉전의 흔적을 예멘은 어떻게 해서 평화적으로 제거 할 수 있었는지를 말씀드리겠다고 약속했었습니다.

예멘 통일에 관해 말씀드리려는 이 자리에서 저는 몇 가지 질문과 대답으로 간략히 진행하겠습니다. 통일에 관해 말하자면 끝이 없습니다. 예멘 통일에 관해 다양한 관점에서 분석한 수백 권의 서적이 이미 출판되었으며 아직도 다수의 역사가들과 정치 관련 학자들이 예멘 통일을 이끌어 낸 역사적 사건들을 단계적으로 분석하고 연구하고 있습니다.

이 자리에서는 시간을 단축해서 예멘의 오랜 투쟁의 기간을 다음과 같이 말씀드리겠습니다.

우선, 예멘의 통일은 전혀 다른 두 나라간의 결합이 아니었다는 것입니다. 즉 예멘 통일은 하나의 나라가 분단되었다 다시 합친 것입니다. 따라서 예멘 통일은 하나의 뿌리와 민족 그리고 지리적으로나 역사적으로 단일민족의 통일이었던 것입니다. 역사를 통해 이 영토는 예멘이라는 이름으로 불렸고 역사가들도 분명히 밝히고 있듯이 수천 년 동안 예멘 국민 민족의 뿌리 역시 단일 민족이었습니다. 또한 예멘 곳곳에서 발견된 고대역사 고서들과 유물들을 통해 예멘은 조상들의 이름과 건축 및 생활양식 등에서 서로 유사한 점이 많음을 알 수 있습니다. 이런 유사성이 영토와 국민이 하나였음을 보여주고 있습니다. 또한 전통적으로 예멘의 부족들은 자신들의 혈족과 뿌리를 유지해오고 있었습니다. 이것이 모여 관습과 전통, 가치, 목표 그리고 공통의 관심사를 이뤄 하나의 씨줄로서 서로 엮이게된 것입니다.

통일은 오랜 예멘 역사의 기반이었습니다. 예멘 역사는 통일이라는 틀 위에 많은 문명과 혁신적인 업적을 수행해 왔었습니다. 분열 같은 일은 결코 없었습니다.

대부분 통일이라는 것은 (민주주의) 슈라평의회 정치체제가 존재하여 국민들에게 부족협의회와 자문기구를 통해 의사결정에 참여할 수 있는 권리를 주는 것과 연관되어 있었습니다. 이것을 싸바, 하드라마우트, 까따반, 호메이르 등과 같은 일부 지역의 문명에서 찾아 볼 수 있습니다. 이 지역들의 우수한 문명은 통일과 (민주주의) 슈라 평의회 그리고 사회적 정의를 바탕으로 하는 정치 체제 수립으로 이어졌습니다.

그 외에도 역사적으로 댐 건설 제안이나 관개제도 개선, 농업, 건축의 발전 등에 있어 큰 역할을 했습니다.

그러나 분열은 남예멘의 외세에 점령당해 식민통치 하에 있게 되고 북예멘은 그와 다른 체제가 들어서게 됨으로써 시작되었습니다. 저는 역사를 깊이 파고들진 않겠습니다. 많은 시간을 할애해야 하기 때문입니다. 다만, 예멘 혁명의 시작이 된 1962년 9월 26일 혁명부터 시작하도록 하겠습니다. 이 혁명은 북예멘이 착취와 고립에서 벗어나고 남예멘이 영국의 식민 지배를 종식시키고자 하는 오랜 투쟁의 결과였습니다.

9월 혁명은 예멘 역사에 있어 가장 중요한 전환점이었습니다. 분열된 민족을 다시 하나로 통합하고자 하는 노력의 첫 실질적인 성과였습니다. 또한 이 혁명은 그 목표와 목적에서 통일을 위한 것이었음이 잘 드러나 있습니다. 즉, 남북 예멘 국민들의 민족적 투쟁과정에서 실질적인 기반이 되었습니다.

통일을 실현하는 데에 있어 가장 중요한 목표는 바로 북예멘의 낙후된 이맘 제도를 없애고 남예멘의 영국 식민 지배를 종식시키고자 하는 것이었습니다.

그 결과는 9월 26일 혁명이 모태가 되어 1963년 10월 14일 혁명으로 이어져 마침내 1967년 11월 30일 남예멘은 영국의 식민지배로부터 독립하게 되었습니다.

쌀레 대통령은 한국 방문 기간 중인 4월 26일 서울대가 주관한 통일포럼에서 한국 국민들을 위해 '예멘의 실현과정'에 대한 특강을 하였다.

청중 여러분

1967년 11월 30일 직후에 민족통일을 실현시킬 기회가 있었지만, 한국을 비롯한 전 세계에서 겪은 냉전의 상황으로 인해 독립적인 정치체제가 들어설 수밖에 없게 되었고 결국 예멘인민민주공화국이라는 독립국가가 수립되었습니다. 그럼으로써 예멘은 두 개의 서로 상이한 이데올로기 체제를 맞이했습니다. 이 두 체제는 서로 각각 자신들의 체제와 정치체제로 통일을 이루고자 했습니다. 그 후 예멘은 수차례 남북관계에 있어 심각한 상황을 겪었으며 결국 1972년 남북간에 분쟁으로까지 이어졌습니다. 이에 아랍연맹의 개입으로 1972년 10월 28일 카이로 협정을 체결하게 되었습니다. 이 협정은 향후 진행된 일련의 협상에서 집중적으로 논의된 통일협정 중 하나였습니다. 이 협정에는 다음과 같은 사실을 명시하고 있습니다.

예멘아랍공화국과 예멘인민민주주의공화국 정부는 하나의 예멘 민족이자 아랍공동체로서 역사적 책임과 민족적 책임을 갖고 예멘 국민과 영토는 분열과 분단될 수 없는 하나임을 믿는다. 이러한 사실은 분단과 장벽과 국경으로 나누려는 수많은 시도가 있었음에도 불구하고 이미 역사를 통해 검증되었다. 오랜 역사 속에서 북예멘에서 왕정 이맘제도를 폐지하고 남예멘에서 식민 지배를 종식시키고자 했던 예멘 국민의 투쟁과 희생을 기리며, 예멘의 발전적인 민족투쟁을 지지한다. 또한 예멘 통일은 모든 시온주의와 식민주의에 대항하는 민족 세력들에게 민주주의와 자유를 보장하는 현대 예멘 사회 건설을 기반으로 하고 있음을 재차 확인한다. 예멘 통일은 독립된 국가경제를 건설하고 어떠한 외부의 개입이나 간섭을 받지 않고 예멘의 주권과 독립을 수호하려는 기반임을 강조한다. 다시 한번, 예멘 통일은 절대 절명의 운명이 걸린 문제였을 뿐만 아니라 예멘 국민의 발전과 문명, 번영에 관한 문제임을 분명히 한다. 예멘 통일은 모든 예멘인들의 염원이자, 정치적인 독립을 더욱 공고히 하기 위해 절실히 필요했다. 또한 예멘이 모든 아랍공동체가 시온주의와 제국주의의 결탁에 대항하여 벌이고 있는 투쟁에 기여할 수 있다는 민족적인 필요성에 의한 것이기도 했다. 나아가 통일은 아랍 공동체의 통일 전체를 위한 진지한 발전이었다. 1972년 9월 13일 아랍연맹회의 (2961)조 결의안에 따라 구성된 아랍중재위원회가 남북 예멘간의 갈등을 해소하기 위해 기울인 노력에 부응한다. 이러한 노력은 아랍공동체가 예멘 국민의 현실과 미래에 지대한 관심을 갖고 있음을 보여주는 것이다.

또한 아랍연맹 헌장 제 9조에 따른다. 두 정부는 남예멘과 북예멘을 합쳐 다음에 열거한 원칙에 의해 통일 국가를 수립하기로 합의한다.

- 예멘 아랍공화국과 인민민주주의예멘공화국은 한 사람의 대통령과 단일 예멘 국가를 수립한다.
- 신설 국가는 다음을 원칙으로 한다.
- 단일 국기와 단일 이념
- 단일 수도
- 단일 대통령직
- 단일 입법부, 사법부, 행정부
- 신설 국가체제는 민주주의 공화국체제를 따른다.
- 통일헌법은 모든 국민들의 개인과 정치적, 일반적인 자유를 보장하며 모든 기관 및 국가, 조합, 기술 단체에 있어서의 자유를 전적으로 보장한다. 또한 자유를 실천하기 위해 필요한 모든 방법을 채택한다.
- 통일국가는 9월 혁명 및 10월 혁명에서 취득한 모든 공적을 보장한다.
- 통일을 실현하기 위한 첫 번째 단계로서 남북 대통령간의 정상회담 개최

를 위한 모든 제반조치를 강구한다. 두 정상은 통일을 성공적으로 이루

기 위해 즉시 필요한 조치 등을 논의할 것이며 개최 일시는 두 정부 수반

이 합의하여 정하도록 한다.

합의는 계속되었고 다른 조항들은 신설 국가에서 수행할 임무를 조정하기 위한 여러 위원회 설립에 관한 것이었으며, 이 중에는 신설 국가의 헌법을 마련하기 위한 헌법위원회도 포함되어 있습니다.

카이로 협정은 1972년, 즉 같은 해 트리폴리 성명서로 이어졌습니다. 성명서는 예멘의 통일은 예멘 국민들의 열망일 뿐만 아니라 예멘은 아랍공동체와 떨어질 수 없는 하나라는 아랍 전체의 의지임을 강조하고 있습니다.

이 후 협정과 성명서에 명시된 사항들을 논의할 여러 위원회가 구성되었습니다. 그러나 아이러니한 것은 통일에 대한 논의는 남북간에 위기와 갈등이 일어났을 때 더욱 많아진 다는 것입니다. 그 전까지는 양측 모두 진지하지 않았었습니다. 하지만 남북에 서로 다른 이데올로기를 내세운 두 체제가 존재하는 상황에서 일종의 정치적인 기만이었습니다. 게다가 남예멘 체제는 그 당시 북부에서 온갖 파괴 행위를 일삼던 일명 민족전선이라 부르는 세력의 지원으로 유지되고 있었습니다. 결국 1978년 아흐마드 가쉬미 대통령이 암살되기에 이르렀고 비난의 화살은 남예멘의 집권당 지도부에 향해졌습니다.

청중 여러분

남북간의 이러한 아슬아슬한 상황이 계속되는 동안 북예멘 거리 곳곳엔 남예멘 지도부가 저지른 행위에 항의하는 분노의 물결이 넘쳤고, 그 와중에 저는 입법부인 국민개헌의회에 의해 1978년 7월 17일 대통령으로 선출되었습니다. 그

당시 예멘은 말이 아니었습니다. 즉, 국가는 나라 전체를 통제하지 못하고 수도인 싸나에만 국한되었으며 남예멘의 지원을 얻은 세력들의 파괴 행위가 전국 곳곳에서 속수무책으로 일어나고 있었습니다. 경제상황 역시 최악이었으며 남북관계는 서로 대치하고 갈등을 겪고 있었습니다. 한 마디로 예멘은 모든 것이 엉망이었으며 실낱같은 희망도 보이지 않았었습니다.

이러한 취약점은 심각했으며 임무수행은 불가능했고 도전은 산적했습니다. 우리의 군사적인 경험상 무력을 통하지 않고서는 도저히 문제를 해결할 수 없을 것 같았습니다. 하지만 무력사용은 최후의 선택이어야만 했습니다. 그래서 우리는 처음에는 내부 상황에 대처하는 데에 있어서나 남예멘과의 협상 과정, 혹은 국제관계에 있어서 대화의 방법을 모색해 나가기로 했습니다. 또한 우리는 개인과 지역 및 국가의 이익 추구에 노력을 집중하기로 했습니다. 정부에 대한 반란을 도모했던 세력까지 포함한 다수의 인사들이 참여하는 자문위원회를 구성하는 것으로 시작했습니다. 한편, 입법부를 확대하여 소외된 인사들을 참여 시켰습니다. 지방의회 선거를 실시하도록 독려하기도 했으며 사회주의 진영이든, 공산주의 진영이든, 민족주의 진영 또는 이슬람형제단체 및 기타 모든 정치 세력들이 다 함께 참여할 수 있는 대화기구를 구성하여 기존의 정치적인 공백을 메우기 위한 정치업무의 사상적인 가이드라인을 마련하도록 했습니다. 당시 공개적인 정당 활동은 금지되어 있었지만 비밀리에 이뤄지고 있었습니다. 이 기구는 2년 이상 훌륭히 임무를 수행하여 마침내 여러 정치세력과 사회세력을 규합하는 민족적 합의라고 할 수 있는 정치헌장을 마련하게 되었습니다. 그 즉시, 국민회의가 소집되어 헌장을 결의했으며 민족헌장으로 명명했습니다. 또한 이 회의에서 더 이상 물러 설 수 없는 민족적 목표라는 통일을 이끌어 낸 민족 헌장을 실천하기 위한 실무 장치로서 국민회의를 존속하기로 합의했습니다.

한국 국민 여러분

　냉전과 남예멘 집권당 지도부간의 갈등 속에서 예멘은 1979년 2월 또 한 차례의 전쟁을 겪게 되었습니다. 아랍 연맹이 중재하여 1979년 3월 4~6일 동안 쿠웨이트 정상회담이 열리게 되었는데, 이 정상회담에서 통일 위원회를 보다 활성화해야 한다는 데에 모두 공감했습니다. 그 후 1979년 3월 30일 또 한 차례 쿠웨이트 정상회담이 열려 쿠웨이트 성명서가 발표되었습니다. 성명서의 취지는 남북 예멘 국민들이 가능한 빠른 시일 내에 통일국가를 수립하고자 하는 결의를 재차 확인하고 위원회에게 임무수행을 촉구했습니다. 특히, 헌법위원회에 4개월 이내에 통일 국가 헌법을 마련하도록 촉구했으며 기한을 카이로 협정과 트리폴리 성명서의 실행을 강조했습니다. 그 후 1979년 10월 4일 싸나 정상회담이 개최되었으며 이 자리에서 남북 예멘간의 경제통합 실현을 위한 공동 노력을 지속하고 임무완수를 위해 통일위원회에 기한을 연장하기로 합의했습니다.

청중 여러분

　무력 충돌은 남북간에 무력을 통해 통일을 이룬다는 것은 불가능하다는 신념만을 더욱 심어주었습니다. 그래서 평화적인 대화를 바탕으로 하는 방법을 모색하게 되었으며 이것이 바로 80년대 수차례의 회담을 개최하게 된 성과입니다. 이로 인해 통일에 대한 구체적이고 현실적인 방법들을 마련하게 되었습니다. 바로 70년대에도 합의되었던 사항들이었지만 진지하게 시도되진 못했던 방법들이었습니다. 80년대 초에야 비로소 관심을 얻게 되고 실천 가능하게 되었습니다. 그 결과 1980년 6월 싸나 정상회담이 개최되었으며 이 자리에서 공동 경제 프로젝트를 수립하고 남북에서 군사지역을 없애며 통일 위원회의 임무수행 가속화를 합의하기에 이르렀습니다.

　그 후 1981년 9월 15일 타이즈 회담에서 1979년 트리폴리 성명서 제 (9) 조를 실천하기 위한 위원회 구성을 합의했습니다. 위원회의 임무는 통일 정치 제도 수립을 위한 것이었습니다. 그리고 나서 1981년 12월 30일 아덴에서 정상회담이 열려 양측간에 통일 협정을 구체적으로 실천하고 통일위원회를 감독할 남북 대통령 직속 최고회의 구성에 합의했습니다. 또한 총리 산하 각료 위원회를 구성하기로 합의했습니다. 그 후 예멘 최고회의는 싸나와 아덴에서 네 차례 개최되었습니다. 구체적으로 말씀드리자면, 1983년 8월 싸나 회기, 1984년 2월 아덴 회기, 1984년 12월 싸나 회기에 이어 1985년 12월 싸나 회기 등입니다. 또한 각료위원회는 세 차례 열렸습니다. 이러한 일련의 회의를 통해 양 지도부간에는 깊은 신뢰가 쌓이고 이에 대해 국민들은 만족스러운 반응을 보였습니다.

　하지만 장밋빛 꿈에 부풀었던 상황은 오래가지 않았습니다. 1986년 1월 13일 남예멘 사회주의당 지도부 내에서 무력충돌이 일어나, 충돌세력 중 하나인 알리 나씨르 무함마드 대통령이 지도부에서 탈퇴하여 그를 따르던 당 지도부와 함께 북예멘으로 망명했습니다. 1월 13일 사태는 정치적 공백기를 가져왔습니다. 우리는 이 상황을 이용해 개입해서 상황을 장악하고 무력으로 통일을 강행하려는 모든 제의를 거부했습니다. 하지만 우리는 개입의사를 거부하고 충돌 당사자들에게 대화를 통해 해결할 것을 촉구했습니다. 그 결과 깊어 가던 갈등의 골은 조금씩 엷어지고 대화를 재개하고자 하는 분위기가 무르익었으며 약 2년간 공백상태로 남아 있던 아덴에서 정권을 장악한 사회주의 당 지도부 세력과 함께 통일 작업에 박차를 가하게 되었습니다.

　대화가 재개된 것은 남예멘이 공동관리 구역인 티마쓰에서 유전이 발견되었다고 발표한 것과 무관하지 않았으며 이 사실은 남북 관계에 영향을 주는 여러 변수 중 하나로 자리 잡았습니다. 1986년 1월 사태 직후 1988년 4월 타이즈에서 첫 번째 정상회담이 개최되었습니다. 이 회담에서 양측은 1986년 1월 사태를 마무리하고 공동의 노력을 경주할 수 있는 보다 진지한 조치들을 채택할 것을 합의했습니다. 또한 사태가 발발하기 전 통합 실무위원회에서 합의한 사항의 완전 이행을 확인했습니다. 그 외에도 공동 투자계획에 대한 중요성을 강조하였는데 그것은 마리브와 샤브와 두 지역의 천연자원 개발과 관련된 것입니다. 그 후 1988년 5월 3~4일 싸나 정상회담이 개최 되었으며 이번 회담은 지난 타이즈 정상회담보다 더욱 구체적인 사항에 대한 합의가 이루어졌습니다. 즉 2,200km에 달하는 공동 투자지역이 발표되었으며 양 정상은 단일 정치제도위원회를 활성화하기로 합의했습니다. 또한 조속한 시일 내에 단일 정치실무를 시작하기 위한 공동 청사진을 제시하는 데에 합의가 이루어졌습니다. 그 외에도 통일 국가 헌법을 마련하기 위한 시간별 계획안을 마련하고 남북간에 공동구역을 설치하여 양측 주민들이 자유롭게 왕래할 수 있고 신분증만으로 통행이 가능하도록 하자고 합의했습니다. 또한 규제를 없애 서로 신뢰를 구축하고 서로의 거리를 좁히며 상호간에 상대방에 대해 잘못 알려진 사상적, 이념적인 측면에서 기존의 벽을 허물 것을 합의했습니다. 그리고 양측간에 도로를 연결하기 위한 자금 마련을 모색하기로 합의했습니다.

정상회담에서 합의된 구체적 실천사항들 중 가장 중요한 것은 석유, 광물 투자를 위한 공동기업 설립과 단일 정치제도위원회에서 활동할 위원 임명, 그리고 남북간에 통일국가 형태에 관한 다양한 계획안과 실천방안에 관한 의견 교환 등일 것입니다.

1989년 11월 2일 타이즈에서 단일 정치제도위원회 제1차 회의가 열려 다음과 같은 네 가지 방안이 합의되었습니다.

① 국민회의와 예멘 사회주의 정당은 단일 정치체제로 통합한다.

② 두 체제는 각각 독립적으로 존속하며 다당제의 자유를 부여한다.

③ 국민회의와 예멘 사회주의 정당을 해체하고 정치제도를 갖출 수 있는 자유
  는 남겨둔다.
④ 국민회의와 정당과 민족세력을 포함하는 연합을 구성하되 각각의 독립성
  은 보장한다.

청중 여러분

이 기간들은 국내적으로, 지역적으로, 국제적으로 다양한 변화를 경험한 시기
였습니다. 이들 모두는 각각 통일국가 수립 선언시기를 앞당기는 역할을 했습니

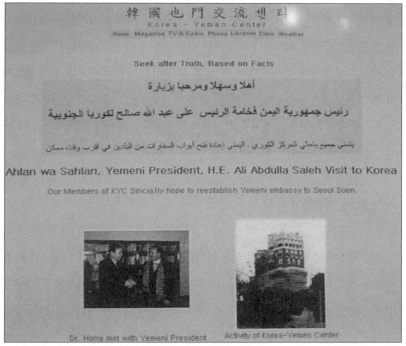

알리 압둘라 쌀레 예멘 대통령의 한국 방문을 환영하는 한국예멘교류센타 홈페이지의 한글, 아랍어, 영어 환
영 인사

다. 남예멘에서는 구 소련의 (페레스토이카) 형태의 체제 실험에 대한 전반적인 재고가 이루어져 결국에는 사회주의 진영의 붕괴로 이어졌습니다. 그로 인해 구 소련으로부터의 모든 지원이 급격히 줄어들어 경제 위기를 초래했으며 국가는 약 60억 달러에 달하는 부채에 허덕이게 되었습니다. 아랍 지역에서 지역 동맹 수립의 붐이 일어났을 때 북예멘은 그 중 아랍협력기구에 가담하고 있었습니다. 그래서 이러한 변화에 적절히 대처할 수 있었으며 또한 국민들의 전폭적인 지지 와 지원은 통일 선언의 날을 점점 앞당길 수 있도록 했습니다. 1989년 11월 30일 아덴 정상회담은 다음과 같이 표현할 수 있습니다. 즉, 우리는 남북간에 존재하 던 두 국가를 통합하여 단일 국가로 만들 흡수통일이라는 안을 들고 싸나에서 갔 는데 반대로 사회주의당의 형제들은 기존 두 체제는 그대로 놔둔 채 국방과 안보 및 외교적인 사안만 함께 조정하는 형태의 연방이라는 안을 제시했습니다. 하지 만 양측의 집중적인 토의와 우리의 아덴 방문이 통일 선언을 준비하기 위한 것임 을 바라는 국민들의 열의에 대한 부담감으로 우리는 마침내 두 지도부가 통일국 가 헌법 초안에 승인하도록 합의하는 데에 이르렀습니다. 그리고 국민투표와 통 일국가에 대한 단일헌법 선거를 실시하기 위해 6개월 이내에 두 입법기구에 헌 법안을 상정할 것을 합의했습니다.

친애하는 여러분

아덴 정상회담 후 저는 주변 형제 아랍국가들과 일부 강대국에 대표단을 파견 하였습니다. 또한 저는 미국, 영국, 사우디 아라비아 및 예멘에 관심 있는 국가 및 기구를 방문하여 통일국가 실현에 대한 분명한 청사진을 제시했습니다. 일련 의 방문을 통해 지역 세력과 국가들이 중립에 서줄 것과 통일 예멘 수립에 걸림 돌이 되는 모든 요소를 제거하고 긍정적으로 받아줄 것을 당부했습니다. 또한 이

국가들과의 관계를 더욱 공고히 하고 지역의 안보와 안정에 기여하려는 뜻을 밝히기 위한 것이기도 했습니다. 남북에서 공동으로 구성한 대표단들이 다른 국가로 파견되었으며 통일 국가에 대한 지역적, 국제적인 지지를 얻게 되었습니다. 그 뿐만 아니라 국민들과 지도부간에 통일을 실현하기 위해 함께 노력하자는 좋은 결과를 가져오기도 했습니다. 대표단들의 방문성과를 몇 가지 언급하자면 특히 몇몇 아랍 지도자들이 이전 아랍지역 통합을 위해 했던 경험들에 비추어 논평한 것들인데 다음과 같이 요약할 수 있습니다.

첫째, 통일 선언일을 반드시 준수하고 통일이 자신들의 이익에 해가 될 수도 있다는 생각에 선언시기에 영향을 미칠 수 있는 어떠한 시도의 가능성도 배제해야 한다는 것입니다. 이는 통일선언 시한을 1년에서 6개월로 앞당기는 계기가 되었습니다.

둘째, 통일과 함께 민주주의 정착과 다당제 채택을 확실하게 다짐해야 한다는 것입니다. 왜냐하면 통일국가를 보호하기 위한 역할을 해주기 때문입니다. 그 결과 정당과 국민의 참여를 보장하는 다당제 민주주의 수립으로 대표하는 국가의 형태가 정해졌습니다.

셋째, 군대와 안보의 신속한 통합이 이루어져 통일국가를 위협하는 원인이 되지 않도록 해야 한다는 것입니다.

넷째, 통일국가의 현대적인 각 부처의 수립을 위해 노력하는 것입니다. 단일 노력을 좌절시키는 어떠한 내부적, 외부적인 음모를 절대로 간과해서는 안 된다는 것입니다. 실제로 통일국가 수립 선포일에 대한 사회주의 지도부간에 갈등이 생겨 급기야 두 세력으로 분열되었습니다. 한 쪽은 통일 선포시기를 앞당겨 내부적으로는 국민들의 지지를 얻자는 데에 동의하는 쪽이었지만, 다른 한 쪽은 의견이 달랐습니다. 하지만 정치적인 열망은 점점 커져 통일단계들을 앞당기는 데에 일조했습니다. 그리하여 1989년 12월 22~26일 싸나 정상회담, 1990년 2월 19일

마키라으쓰 정상회담, 1990년 4월 19~20일 싸나 정상회담 등 다섯 차례 회담이 이루어졌습니다. 이 회담들을 통해 우리는 앞으로 발생할지 모르는 어떤 어려움도 극복하고 군대 내의 정당활동에 대한 입장, 그리고 통일 후 단일체제로 흡수한 이후의 안보 등과 같은 문제를 극복하기로 결의했습니다. 단일 정치체제에 관한 여러 선택 안 중에서 정치활동과 다당제 정치활동을 보장하는 두 번째 대안을 결의하기로 합의했습니다. 1990년 4월 싸나 정상회담에서의 합의는 지대한 중요성이 있습니다. 왜냐하면 1990년 5월 22일에 예멘공화국 수립을 선포하기로 한 합의를 보장해주는 것이기 때문입니다. 또한 과도기를 갖기 위해 아홉 가지 사항을 발표했는데 그 중에는 다음과 같은 것들이 있습니다. 과도기는 2년 반으로 제한하며 슈라 평의회와 국민회의(북예멘과 남예멘에 있던 서로 다른 입법기관)의 위원들을 통합하여 단일 내각을 구성하며 또한 1990년 11월 30일 이전에 헌법 안에 대한 국민투표를 실시하도록 하는 업무를 수행할 기구를 구성하고 자문기구 설치도 합의했습니다. 남예멘 체제의 지도자들은 통일국가에 필요한 사항과 여러 결의안들을 채택하기 위해 서둘러야 했습니다. 또한 1990년 4월 말 미국과의 관계도 재개했으며 사회주의 국가들의 잔재를 제거해야 했습니다.

마침내 1990년 5월 22일 아덴의 팔레스타인 홀에서 예멘공화국의 탄생을 선포하고 예멘공화국 국기를 게양하는 성대한 의식이 많은 지도자들이 참석한 가운데 거행되었습니다. 이 날로써 서로 다른 두 체제는 사라지게 되었으며 대안으로 단일 체제가 수립되었고 '예멘공화국' 이라는 새로운 국가가 탄생하였습니다.

여러분

동양 진영은 와해되었고 변화의 바람은 전 세계에서 불었습니다. 예멘은 다당제 민주주의가 결합된 통일을 선언했습니다. 혹시 여러분 중에서 왜 통일선포 이전에 헌법에 관한 총선거와 의회 선거가 실시되지 않았는지 궁금해 하실 분들도 있을 것입니다. 통일 작업에 대한 가속화와 통일 선포를 갈망하는 국민적 열망으로 인해 통일수립 이후로 헌법에 관하여 국민투표를 실시하도록 연기되었습니다. 그것은 왜냐하면 통일이 모든 예멘 국민들간의 민족적 화합을 의미하며 헌법은 통치 형태를 의미하기 때문이었습니다. 그 결과 평화적이고 민주적인 방법으로 새로운 예멘 국가가 선포되었습니다. 또한 국가의 통일은 발전을 위한 가장 좋은 방법이자 모든 예멘 국민들의 복지를 위해서도 가장 나은 선택이라는 믿음으로 이루어진 것입니다. 새로운 정치체제는 많은 도전에 직면했지만 이를 수호하고자 하는 국민들의 합의로 새로운 정치체제에 대한 지지를 보여줬으며 영향력을 확대할 수 있었습니다. 새로운 정치체제 수립 후 70여 일이 채 지나지 않아 새로운 지역 내 정치 위기를 가져온 두 번째 걸프전쟁이 발발하게 되었지만 이를 극복할 수 있었습니다. 또한 새로운 정치체제는 민주적인 선거 결과에 승복하지 않는 세력으로부터 도전을 받았고 그들은 국가를 다시 재 분열하려고 시도했습니다. 1994년 여름 역사의 수레바퀴를 뒤로 돌리려는 시도가 있었지만 오랜 동안 통일을 갈망해온 국민들은 이에 맞서 싸웠고 승리했으며, 1994년 7월 7일 통일의 뿌리를 더욱 견고히 하게 되었습니다.

여러분

예멘 통일은 세 차례 의회 선거를 실시하면서 구체적인 현실이 되었습니다. 또한 역사상 최초로 대통령 선거를 실시했으며 기타 크고 작은 선거가 진행되었고, 민간 사회단체들이 늘어났으며 여성의 정치활동과 사회단체에 참여가 이루어졌습니다. 이제 우리 앞에는 시간을 거꾸로 돌리는 것들을 개혁하여 발전이라는 임무를 수행해야 하며 발전가능한 분야를 가로막는 걸림돌을 제거할 의무만

이 남아 있습니다.

친애하는 청중 여러분

아시아 서쪽 끝에 위치한 예멘이 통일을 이룬 것처럼 저는 한국도 평화적인 방법으로 곧 통일이 이루어지길 진심으로 바랍니다. 전쟁이나 무력을 통해서는 결코 희망은 이루어지지 않을 것입니다.

또한 저는 여러분들의 앞날에 무궁한 발전이 있길 바랍니다. 다시 한번 귀한 자리를 마련해주신 서울대학교에 심심한 감사를 전하며 또한 조선대학교 전(前) 총장님과 현 총장님도 감사합니다. 조선대학교를 꼭 방문하고 싶었지만 시간이 허락하질 않아 아쉽습니다. 예멘-한국 관계 증진을 위해 애쓰시는 분들도 감사합니다. 특히 따뜻이 환대해주신 노무현 대통령과 정부, 친애하는 국민 여러분도 감사합니다.

마지막으로 이 글을 번역한 분도 감사합니다.

감사합니다.

제6장
예멘 통일과 한반도

제6장
□ □ □
예멘 통일과 한반도

1. 한국과 예멘의 만남

한국과 예멘간의 공식적인 교류는 1985년 8월 22일 북예멘과 외교관계가 수립된 이후이다. 북한이 1963년 외교관계를 수립한 기점으로 보더라도 근대적 의미에서 한국과 예멘의 만남은 이른 편이 못된다. 1987년 4월 이규일 초대대사가 예멘에 부임하고 한국은 남북 예멘 통일 직전인 1990년 5월 17일 남예멘과 수교하였다. 통일 이후 1993년 12월 아남 갈렙(Anam Galeb) 초대 예멘대사가 한국에 부임함으로써 한-예멘 관계는 본격적인 교류의 장으로 돌입하였다. 하지만 IMF 사태 이후 1998년 주예멘 한국대사관이 철수하고 2001년 6월 주한 예멘대사관이 철수함으로써 양국간 교류는 위축되고 있다. 다행히 2005년 4월 알리 압둘라 쌀레 대통령이 한국을 공식 방문하여 양국간 경제교류에 물꼬를 트긴 했지만, 아직도 경제교류 이외의 분야에서 교류는 활발하지 못한 편이다.

교류(交流)란 문자 그대로 주고받고 흐르는 것을 말하며, 영어로는 exchange라 한다. 단지 그 시기와 장소를 명확히 밝히지 못할 뿐이지 '주고받음', 즉 교역의 측면에서 볼 때, 한-예멘간 교류는 훨씬 이전부터 전개되었을 것이다. 과거 예멘 통상로의 지정학적 위치는 이 문제 해결의 열쇠를 쥐고 있으며 그들 삶의 단면에서도 그 종적을 찾아볼 수 있다. 그 위치는 아덴항이나 하드라마우트의 무칼라 지역일 가능성이 있고 교역품으로 인삼, 은장도, 향료 등에서 찾을 수 있을 것 같다. 이제 한-예멘 관계는 역사를 훌쩍 뛰어 넘는 과거, 즉 고대사까지 연구되어야 할 것이다. 이에 관련된 문헌적 발견이 속속 이루어짐을 볼 때, 그 가능성은 매우 높다고 할 수 있다.

아랍의 유명한 지리학자 이븐 쿠르다지바(Ibn Khurdaziah ; 820~912)도 그의 저서《제도 및 제 왕국안내서(Kit b al-ma lik wa' l-mam lik)》에서 '아랍인들의 한국 정착'을 언급하고 있다. 이러한 사실은 A.D. 931년 이라크의 남부 바스라(Basra) 지역에서 하드라마우트 지역으로 남하한 알라위 싸이드('Alawi Sayyides) 후손들에 의해 밝혀지고 있으며, 실제로 이 지역의 타림(Tarim)과 쎄이윤(Seiyun) 중간지점에 있는 알라위의 무덤은 오늘날까지 이 사실을 말해주고 있다.

신라에 많은 아랍-무슬림들이 내왕하였다는 사실과 신라에 관한 귀중한 기록이 아랍문헌에 보존되고 있음을 볼 때, 한-예멘 관계의 추측도 억측이라 단정하기는 어려울 것이다. 이븐 쿠르다지마의 저서에서 신라(Shilla)라는 단어를 발견할 수 있다. 아래 아랍어 원문에서 알 수 있는 바와 같이.

" المالك والممالك " ــ إبن خردلذبة

ولي آخر الصين بازاة تمو جبال كثيرة وملوك كثيرة و هي بلاد الشيلا

فيها الذهب الكثير ومن دخلها من المسلمين استوطنها لطيبها ولا يعلم ما بعدها .

"중국의 맨끝 간수의 맞은 편에는 많은 산(山)과 왕들이 있는데 그곳이 바로 신라국이다. 이 나라에는 금(金)이 많으며, 무슬림들이 들어가면 그곳의 훌륭함 때문에 정착하고 만다. 이 나라 다음에는 무엇이 있는지 알지 못한다."[1]

물론 연꽃과 같이 고구려시대 서역과의 교류를 알려주는 징표들도 있지만, 중세 아랍의 문헌들은 한—중동간 교역에 관한 기록을 전하고 있다. 지리학자 알-이드리시는《지리학 총서》에서 "신라를 방문한 여행자는 누구나 정착해 다시 나오고 싶어 하지 않는다. … 신라사람들은 개나 원숭이의 목줄도 금으로 만든다." 역시 지리학자인 알-마크디시도 "신라인들은 가옥을 비단과 금실로 수놓은 천으로 단장하며 금으로 만든 그릇을 사용한다"고 했다.[2] 정은주 외《비단길에서…》(2005)에서 그들은 "알-이드리시가 제작한 세계지도에는 신라가 표시되어 있어 이슬람에서 만든 세계지도에 우리나라가 최초로 등장했다"고 하지만, 그 훨씬 이전 중세 무슬림 지도에도 신라라는 명칭이 나타난다. 브라이스(W.C. Brice)의 A.D. 661년까지 '이슬람 지도와 무슬림 팽창도'에 따르면 이미 7세기에 신라라는 이름이 이슬람세계에 알려졌다. 같은 지도에 따르면, A.D. 750년 움마이야 제국 지도에서도 같은 '신라(SILLA)'라는 명칭이 발견되며, 그 후 A.D. 900년 압바스 제국 말기와 알모라비드, 셀주크 및 가즈나비드의 팽창기인 A.D. 1100년의 지도에서 그 명칭은 고려(高麗)를 의미하는 '카올리(KAOLI)'로 이름이 변경된다. A.D. 1300년 무슬림 세계의 지도에서 카올리라는 이름은 오늘날 KOREA의 어원이 된 KORYO로 변경된다.[3] 여기서 언제 신라라는 이름이 나타났느냐 하는 문제도 중요하지만, 가장 중요한 점은 신라라는 이름이 이미 이른 중세시대에 서

---

1) 홍성민, 1991,《중동경제론》, 470쪽.
2) 정은주 외, 2005,《비단길에서 만난 세계사》(파주 경기 : 창비), 339-341 쪽.
3) 홍성민, 2001, 'Commercial Relations between Korea and the Middle East in the Medieval Ages', 〈한국중동학회논총〉, 제22-2호, (서울 : 한국중동학회), 178 쪽.

역세계에 알려졌다는 점이며, 이는 '교류(exchange)'가 있었음을 입증하는
자료가 된다.

[지도] A.D. 661년까지 이슬람 역사 지도 및 무슬림 팽창

Sources: W.C. Brice. An Historical Atals of Islam Maps, Muslim Expansion untill A.D. 661,
http://www.founders.howard.edu/IslamMaps.htm 00-08-15.

정은주 외《비단길에서…》(2005)에 따르면, 칼은 신라의 국제무역항 울산
의 특산품으로 울산의 은장도(銀粧刀)는 특히 보검(寶劍)으로 이슬람 상인
의 수입품목 가운데 하나였다. 불국사 석가탑에서 발견된 유향(乳香) 세 봉
지는 서역에서 생산 된 것이라 한다. '신의 음식'이라 불리는 향료는 기원전
5000년경 아라비아 남부지방에서 쓰던 것이다. 이런 서역의 향료(香料)가
오아시스 길을 따라 중국에 알려졌고, 우리나라에 전해졌다.[4] 여기서 나의 관
심을 끄는 것이 바로 '은장도와 향료'이다.

앞에서 이븐 쿠르다지바의 예를 들어 언급했듯이, 한국의 인삼, 검, 견포,
도자기, 매 등이 이슬람세계에 전해졌다는 것은 거의 사실이다. 아울러 중국

---

4) 위의 책, 341-342 쪽.

으로부터 이슬람 제국의 수입품 중에 방향(芳香) 식물, 검(劍), 견, 도자기, 종이, 묵(墨), 계피, 향료 등이 있었다.[5] 또한 시바왕국이 향료의 나라로서 엄청난 부(富)와 사치를 누렸으며, 솔로몬 왕과 교류를 한 역사는 이를 뒷받침한다고 볼 수 있으며, 예멘 잠비아는 우리의 은장도와 함께 계속 밝혀야 할 문제이다.

정은주 외 《비단길에서…》(2005)의 지도에서 비단길은 그 가능성을 매우 높여주고 있다고 볼 수 있다. 문제는 지도의 진위 여부이지만, 아덴항의 중요성과 하드라마우트의 알라위 싸이드('Alawi Sayyides)의 기록에 따르면 고대 한-예멘간 교류 가능성은 매우 높다.

한편 아랍인들 중 일부는 낙타, 말, 가축, 양(羊) 등을 양육하면서 삶을 영위하는 유목생활을 한 반면, 다른 사람들은 상업에 종사하였으며, 그들의 대상(隊商 ; caravan)들은 규칙적인 간격으로 동서(東西)로 출발하였다. 쑤라 106 : 1-4에서.

"쿠라이시(Quraish) 부족을 길 들이기 위하여(그것은 알라로 부터의 커다란 자비와 보호이다),

(그들을 길들이기 위한 알라의 모든 대자대비(大慈大悲)와 보호로서) 쿠라이시 대상들이 (남쪽으로) 겨울과 (어떠한 공포도 없이 북쪽으로) 여름에 안전하게 길을 떠나도록 하신다,[6]

그러므로 그들에게 이 집(메카에 있는 카바)의 주인(主人, 알라)을 경배케 하라,

(그분은) 기아에는 음식으로 그들을 양육하시며, 위험의 공포로부터 그들을 안전하게 해주셨다."

---

5) 홍성민, 1991, 앞의 책, 474 쪽.
6) 바이다위(Baidawi)는 겨울에는 예멘, 여름에는 시리아로 해석한다.

서쪽의 대상길은 예언자 시대에 일반적으로 행해지던 무역로였다. 그의 증조부 하심(Hashim)은 시리아에 대한 상업 원정 때 가자(Gaza)에서 사망하였다. 그리고 잘 알려진 바와 같이 무함마드 자신도 수년 동안 상업에 종사하였다. 이 주제에 대한 언급은 상업의 합법성이 예언자에 의해 충분히 인식된 것으로 알려진 코란의 여러 구절에서 찾을 수 있으며, 여기서 예언자는 정직하고 솔직한 태도를 가르치고 있다.[7] 다시 말하면 코란에서도 대상들의 출발지를 예멘으로 언급하고 있는 바, 예멘이 교역로의 중심 역할을 했다는 것은 사실이며, 이 과정에서 예멘의 향료와 한국의 인삼 또는 은장도가 교역되었을 가능성은 매우 높다.

제2장 '번영이 보장된 행운의 아라비아(Arabia Felix) 예멘'에서 언급한 것처럼, 시바왕국이 번성한 이유는 시바왕국이 향료 등의 물건들을 고대 이집트나 구약성서에 나오는 이스라엘 등에 공급하는 중요한 교역로를 지배하고 있었기 때문이다. 특히 유향은 '신에 대한 제사의 필수용품'으로 지중해세계, 특히 이집트 주변에서 매우 중시되었다. 아울러 장식용 보검, 즉 은장도의 교역도 상당히 가능성이 높은 것으로 판명되고 있다. 물론 보다 극명한 자료제시가 있어야겠지만, '한국의 은장도=예멘의 잠비아'의 교류 가능성은 울산 은장도(銀粧刀)의 수출 예를 볼 때 상당한 설득력을 갖는다.[8] 이 문제는 실크로드에 관한 연구가 보다 진전될 때 가능할 것이다. 따라서 중동연구를 위해서는 예멘연구가 선행되어야 할 것이다.[9]

아무튼《삼국유사》의 처용설화, 백제왕릉의 국보 제154호 금제관식, 제

---

7) 홍성민, 1999, '이슬람은행(Islamic Banking)과 금융',〈중동연구〉, 제18-1권, (서울 : 한국외국어대학교 중동연구소), 277-278.
8) 역사적으로 예멘에서 신라의 은장도와 인삼의 만남이 아직 확인되진 않았지만, 21세기 예멘에서 '잠비아'와 '인삼'의 만남은 한-예멘간 교류에 큰 의미를 갖는다. 사진의 잠비아는 예멘 통일 제15주년 국경일 행사시 쌀레 대통령께서 필자에게 준 예멘의 전통 칼 잠비아이며, 이 칼은 향후 은장도와 인삼의 역사적 만남을 밝히는데 있어 하나의 초석(礎石)이 될 수도 있다.

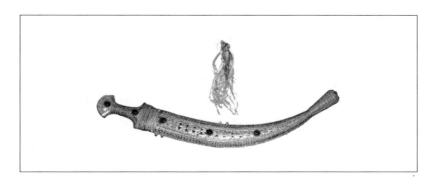

보석으로 장식된 예멘의 잠비아와 금관을 둘러 쓴 인간의 모습을 한 한국의 인상

157호 왕비의 귀고리와 유리구슬 등은 현재 속속 서역문화의 유입으로 밝혀지고 있으며, 고려사에서 100명의 대규모 상인 왕래에 관한 기록은 이미 잘 알려진 사실이다. 원나라 시대의 '쌍화점'과 메소포타미아의 수메르인이 만들었다고 하는 술(맥주)도 몽고를 통해 한국에 정착하여 우리의 소주가 '소주'가 되었다고 한다. 물론 조선시대에도 《조선왕조실록》과 여러 문헌에서 무슬림들의 활동을 언급하고 있다. 하지만 세종 1427년 무슬림들의 이색적인 풍속을 금지하는 외래 습속 금지령이 한국에서 무슬림 활동의 퇴조요인으로 작용한다. 아울러 16세기 조선의 정세변화 또한 무슬림들의 활동이 약화된 이유 중 하나다.[10] 하지만 여기서도 문제는 남는다. 지금까지 알려진 한-중동간 교류에 관해서 우선 한국의 역사학계의 인정이 필요하고, 그밖에 국

---

9) 중동연구에서 그 선행조건으로 예멘에서의 한국학의 필요성을 제기하였다. 통일 이전 남예멘이 사회주의 체제하에 있을 때, 아덴대학 학생들은 북한으로 많이 유학을 했고, 또 현재 한국어를 할 수 있는 교수들이 다수 있기에 예멘에서 '한국학 연구'는 큰 성과를 거둘 수 있을 것으로 기대된다. 홍성민, 2000, 'Korean Studies in Yemen', Korean Journal of the Middle East Studies, No. 21-2, The 9th KAMES International Symposium Korean Studies in the Middle East, (Seoul : Korean Association of the Middle East Studies) 참조.

10) 정은주 외, 2005, 《비단길에서 만난 세계사》343-357쪽의 내용은 아직 밝혀져야 할 하나의 가설(假說)이지 확인된 사실은 아니다. 따라서 이의 고증(考證)에 관한 후속 연구가 더 진행되어야 할 것이다.

문학, 건축학, 종교학, 경제학, 민속학 및 문화예술에 관련된 학계의 고증이 필요하다.

그 예로 경제사학적 접근에서 한-중동간 교역중단 이유는 12세기 이후 이슬람 국가의 쇠퇴에서 그 원인을 찾을 수 있다. 중동경제의 쇠퇴원인은 ① 삼림, ② 광물, ③ 수자원 등 세 가지 에너지 자원의 부족이었다. 특히 에너지원(源)의 부족은 중동경제 발전의 커다란 저해요인이었다.[11] 11세기에 들어와 동부 지중해에 비잔틴 제국이 역습하고 이태리가 서부로 진출함에 따라 그 주도권이 기독교권으로 넘어가고 말았다. 삼림, 광물, 수력 및 항해가 가능한 강(江)에서 유럽의 경제적 우세는 중동경제의 쇠퇴를 유도하였고, 산업혁명은 아랍-이슬람의 경제성장에 쐐기를 박았다. 유럽국가들의 지중해 해상권 장악으로 이슬람 교역은 쇠퇴의 길로 들어섰고, 해상교역은 유럽을 통한 동남아시아 경로로 중국, 일본 쪽으로 우회하게 된다. 이러한 흐름에 따라 무슬림 교역은 쇠퇴하고 아시아에서 유럽문화를 비교적 빨리 받아들인 일본이 동아시아 교역의 중심국가로 부상하게 된다.

아무튼 중동연구에서 '예멘의 중요성'은 입증된 셈이고, 한-중동교류나 교역의 연구에 있어서는 필수적인 연구 대상 국가가 예멘이 된다. 필자가 예멘연구에서 얻은 큰 수확도 바로 이점이다. 아울러 이 문제는 '남북교역'과 관련하여 '남북통일' 문제에 이르는 경제적 해법도 제시해주고 있다. 필자는 이미 대 중동교역에 실크로드를 통한 교역 확대방안을 제시한 바 있고, 그 방법으로 시베리아 철도 이용을 제시하였다.[12] 이 문제를 해결하기 위해서 남북한 교역은 그 열쇠를 쥐고 있고 또 그 열쇠를 풀기 위해서는 남북을 평화적

---

11) 19세기까지 아랍 국가들의 주요한 에너지원은 물레방아였으며, 초기 이슬람시대에 이란에서 개발된 것으로 알려진 풍차 역시 유럽으로 전래된 후 이란의 풍차와는 비교되지 않을 정도로 개선되고 발달하여 유럽의 주된 동력원으로 자리 잡았다. 홍성민, 1991, 앞의 책, 89-90 쪽.

12) 홍성민, 1991, 앞의 책, 475-476 쪽.

으로 통과하여 시베리아 철도에 연결되는 남북한 철도연결이 무엇보다 먼저 해결되어야 할 시급한 과제이다. 이 문제는 우리가 열망하고 있는 '남북통일'에 이르는 경제협력, 즉 남북교역을 통한 남북통일 해법에 밑거름이 될 수 있다.

2. 쌀레 대통령과의 만남

1) 베이징에서의 첫 만남

한 나라의 국가원수, 그것도 아랍의 지도자를 만난다는 사실은 가슴을 뛰게 하는 흥분 그 이상의 것이었다. 1998년 2월초 당시 주한 예멘대사관의 샤이프(Shaif Badr Abdulla) 대리대사는 예멘 대통령이 중국을 방문하니 그곳에서 대통령을 만날 수 있다는 급전(急傳)을 보내왔다. 하지만 내가 꿈에 그리던 예멘대통령을 만난다는 사실을 인정하기 어려웠다. 하도 그 사실이 믿겨지지 않아서 예멘 통일 당시 국무성 장관을 지내고 후에는 문화성 장관으로 우리 예멘교류센타 설립 초부터 우리들에게 큰 용기를 주었고 또 강력한 후원자 중 한 분이었던 '야흐야 후세인 알-아라시'에게 전화로 이 사실을 알렸다. 당시 그는 장관직을 사임하고 튀니지 대사로 있었다. 아라시는 중국대사관에 조치를 취해 놓을 테니 꼭 가서 만나라는 것이었다. 나는 지금까지도 아라시 장관의 한국예멘센타에 대한 애정과 관심을 결코 잊을 수 없다. 아직도 그 고마운 마음은 항상 예멘연구에 큰 지지목이 되고 있다. 1994년 겨울, 한국예멘교류센타(Korea-Yemen Center)를 처음 설립하고 예멘에서 그를 만났을 때 내게 보여 준 애정, 특히 그의 집 앞에서 예멘식 인사로 작별인사를 할 때

"예멘 역사의 한 줄을 쓰는 마음으로 예멘을 연구해 달라"고 당부하던 말이 항상 내 가슴을 떠나지 못한다.

대사관으로부터 최종 연락을 받은 것은 2월 14일 오후. 대통령 초상화를 급히 포장하여 황급히 김포공항으로 달렸다. 대통령 초상화를 화물칸에 실을 수 있는 여건도 못되어 승무원들에게 특별히 부탁하고 좌석 맨 뒤에서 초상화를 잡고 중국으로 향하던 일이 아직도 생생하다. 하지만 그 정도 애로사항은 문제도 되지 않았다. 쌀레 대통령을 만난다는 사실에….

베이징에서 쌀레 대통령을 만나기까지의 시간은 결코 짧은 기간이 아니었다. 예멘센타를 설립 당시부터 줄곧 우리와 함께 활동하고, 세미나며 예멘의 책 발간 때는 본국과 연락하며 꼼꼼히 자료를 챙겨주던 바이사(Abdulaziz Ahmed Baeisa) 대리대사 또한 큰 힘이 돼줬다. 1997년 귀임하여 예멘 외무성에 근무하고 있던 바이사는 한국 재임시절 나와 많은 시간을 보냈다. 그 시절 나는 쌀레 대통령에 대한 책자를 만들어 보고 싶다는 제안을 했고, 초상화도 그래서 기증하고 싶다는 제안을 했다. 그는 내 제안을 흔쾌히 받아들였고, 자료 수집은 물론 오랜 노력 끝에 본국으로부터 승낙을 구해냈다. 지금도 마찬가지이지만 아랍 지도자의 초상화를 그린다는 것, 그리고 책자를 발간하는 일은 결코 쉬운 일이 아니다. 본국의 승낙을 얻어야 하고 그 기간 또한 짧은 시간이 아니다. 바이사는 그 어려운 일을 마다 않고 앞장서서 도와주었다. 그래서 완성 된 것이 《알리 압둘라 쌀레 - 예멘 통일의 아버지, 민주공화국의 기수》(1997)라는 소책자이고 물론 그는 '새로운 시대를 향한 지도자, 쌀레' 라는 추천사까지 직접 써 주었다. 이 책은 다음해 발간된 《예멘 통일과 민주화의 기수 : 알리 압둘라 쌀레》(1998)의 기초가 되었다.

아울러 이상봉 교수가 정성으로 그려 준 '예멘대통령 초상화' 역시 예멘 대통령을 만나는 데 큰 기여를 했을 뿐만 아니라 실질적인 한-예멘관계에 첫

단추를 끼워준 가교역할을 하였다. 현재 성균관대학교에 재직하고 있는 이교수는 나의 제안을 흔쾌히 받아들였고 전공과는 무관하지만 노력하겠다는 약속을 했다. 적당한 사진을 구하지 못해 무척 어려운 작업을 한 끝에 이교수는 직접 표구까지 하여 우리 센타에 기증해주었다. 그 당시 우리 센타의 임직원은 물론 주변의 여러 사람들의 헌신적인 노력은 오늘 예멘센타의 영광에 큰 초석(礎石)이 되었다.

역시 쌀레 대통령을 만나는 일은 쉬운 것이 아니었다. 오전 9시 면담이 있을 거라는 주중 예멘대사관의 전갈과 함께 10시, 11시 그리고 몇 차례 연기가 거듭되더니 오후 1시쯤 다시 연락이 왔고 나는 그곳에서 마련해준 승용차 편으로 주중 예멘대사관에 도착했다. 당시 수상이었던 가넴(Faraj Ben Ghnim) 박사, 개발계획상이었던 바자말(Abdul-Qadie Bajammal) 장관 등 낯익은 인사들이 입구에서 반갑게 나를 환영해 주었다. 이때의 느낌은 마치 어렵사리 고향의 큰 어르신을 만나는 것 같은 연정 그것이었다.

드디어 2월 15일 역사적인 만남의 시간이 다가왔다. 나는 흥분을 채 가라앉히지도 못하고 대통령이 계시는 방으로 인도되었고 '그토록 꿈에 그리던 얼굴'을 직접 두 눈으로 확인할 수 있었다. 쌀레 대통령은 간편한 양복 차림에 머플러를 두르고 내게 악수를 건넸다. 사진에서나 보던 대통령의 얼굴은 거기서 느꼈던 근엄한 자태는 찾아볼 수 없었고 그 보다는 자상한 이미지로 내게 다가왔다. 악수할 때 자세히 보니 체구는 전통적인 예멘인으로 그리 큰 편이 아니었다. 하지만 그의 눈빛은 섬광(閃光)처럼 반짝이는 예리함을 보였다. 다시 말하면, 쌀레 대통령의 눈은 어찌 보면 천진난만한 어린아이의 눈빛 같은 동안(童顔)의 눈빛이긴 했지만, 그 빛은 칠흑의 어두운 밤에 혜성(彗星)처럼 나타나 전광석화(電光石火)처럼 반짝이는 날카로운 예리함을 함께 지니고 있는 매우 인상적인 모습이었다. 내가 기념사진이나 한 장 찍자고 제안했더니 역(逆)으로 내 카메라를 달라고 한다. 나는 갑자기 당황하였다. 아!
대통령과 사진은 막 찍는 게 아니구나. 카메라를 받아든 대통령은 우리 내외
를 함께 찍으려 했다. 그래서 "우리는 사진이 많으니 괜찮다"고 손을 가로 저
었음에도 그는 기어코 우리들 사진을 찍었다. 그 다음에 카메라를 다른 사람
들에게 인계하고 쌀레 대통령과 우리는 기념사진을 찍을 수 있었다. 나는 대
통령이 참 천진스럽다는 생각을 했고, 그 귀중한 '대통령의 사진'은 다시없는
기념 선물로 생각하고 아직도 잘 보존하고 있다.

1998년 2월 베이징에서 첫 만남시, 쌀레 대통령에게 이상봉 교수가 제작한 초상화에 대해 설명하는 필자

미리 준비해간 예멘 대통령 관련 소책자와 대통령 초상화가 쌀레 대통령의
손에 직접 전달되었다. 책과 그림에 대해 자세하게 설명하며 나는 예멘에 대
한 열정적인 포부도 밝혔다. 대통령께서는 친절히 옆자리에 나를 앉히고, 우

리는 짧지만 의미 있는 대화를 서로 주고받았다. "Korea-Yemen Center는 예멘을 사랑하는 사람들이 자발적으로 만든 세계 유일의 민간연구소이며, 앞으로 예멘을 한국에 알리는 데 큰 역할을 하겠다"는 나의 각오를 밝혔고, 대통령은 밝은 표정으로 "감사의 뜻을 전달하면서, …언제 예멘을 한번 방문하라"는 친절한 격려도 해주었다.

짧지만 영광스런 만남을 뒤로하고 돌아오던 길! 예멘대사관 차량에 흩날리던 빨강, 하양, 검정 예멘국기는 '한국인으로서의 자긍심과 예멘의 사랑'을 유감없이 이국 땅 베이징 하늘에 휘날리며 옛날 우리 조상들도 이 길을 통해 예멘사람들과 만났을 거라는 내 가설(假說)에 힘을 실어주고 있었다.

호텔로 돌아온 나는 정신 나간 사람처럼 먼 하늘을 멍한히 바라보며 지난 날들을 회상했다. 앞에서 '그토록 보고 싶었던 얼굴'이란 1991년으로 거슬러 올라간다. 당시 예멘 통일조사단 일원으로 처음 예멘을 방문했을 때, 나는 쉐라톤 호텔에 묵었다. 낯선 이국땅에서의 외로움 때문인지는 몰라도 방보다는 짬짬이 호텔 로비에서 쉬는 시간이 많았다. 호텔 로비에 걸려있던 쌀레 대통령의 초상화는 내게 큰 호기심을 불러 일으켰다. 그래서 그 로비에 걸려있는 초상화 앞에서 사진을 한 장 찍고 싶은 충동을 느꼈다. 그 이후 항상 내 마음속에는 "저 위대한 대통령은 도대체 어떻게 생겼을까?"라는 화두가 생겼고, 그 망상은 내 곁을 떠나지 않았다. 단순히 쌀레 대통령 초상화 앞에서 사진 한 장 찍은 인연으로 생긴 망상은 그 대통령을 한번 만나보고 싶다는 또 다른 꿈을 꾸게 만들었다. 그 망상으로 '한국예멘교류센타'를 만들게 되었고, 거기서 만난 동료들을 채근하여 바이사 대사를 부추긴 것이다. 아주 작은 인연(因緣)으로 시작되긴 했지만, 짧지 않은 기간 동료들의 노력과 헌신은 '더 큰 만남'을 성사시켜 주었고, 그 인연은 더 큰 하늘을 향해 날고 있다.

2) 서울에서의 극적인 만남

2005년 3월의 마지막 주, 싸나대학의 깁시 부총장으로부터 믿기지 않는
한 통화의 전화가 걸려왔다. "쌀레 대통령께서 한국을 공식 방문하는데,
Korea-Yemen Center를 꼭 방문하고 싶다"는 것이었다. 지난해 이맘 때도
"예멘 대통령의 한국 방문"이 그저 소문으로 끝난 적이 있었기에 "설마! 누추
한 우리 연구소까지…"하는 생각이 들었고, 그래서 "예멘센타를 방문하고 싶
다"는 이야기는 믿고 싶지 않았다. 깁시 박사와는 정말 오랜만에 통화를 했
다. 단지 그와 통화한 사실만으로도 나에겐 큰 힘이 됐다. 나는 즉시 연구소
임직원 및 관계자들과 토론한 결과, "대통령이 우리 연구소를 방문하는 일은
없을 것"이라는 의견을 모았다. 그렇지만 내심으론 걱정이 앞섰다.

사실 이 때는 우리 예멘센타가
가장 견디기 힘든 기간이었다.
1997년 말, 한국에 IMF 사태가
찾아왔고, 한국은 해외공관을 축
소하게 됐고 그 과정에 주예멘
한국대사관이 철수하게 됐다. 예
멘에서는 섭섭하다는 공식입장
을 표명했지만, 한국정부로서는
어쩔 수 없는 선택이었다. 1999
년 11월 예멘을 방문한 나는 당
시 부수상겸 외무성 장관이었던
바자말(Bajammal)을 예방할
기회를 가졌고, 그는 한국대사관

1991년 통일 조사단 시절 호텔로비에서 찍은 이 사
진 한 장은 훗날 한-예멘간 교류에 중요한 단초가
되었다.

철수에 대해 격한 어조로 내게 따지듯 물었다. 나는 IMF 이야기를 꺼내 항변 (抗辯)을 했지만, 내 이야기에는 관심도 갖지 않은 채, 한국은 우리보다 10배 이상 잘 사는데, 그래도 우리는 3명의 외교관을 파견하고 있다. 그러니 "IMF는 이유가 안 된다"는 요지의 섭섭함을 내게 표하고, 내가 친서(親書)를 써줄 테니 외교통상부와 산업자원부에 전달해달라고 했다. 이튿날 아침 그 친서는 어김없이 내게 전달되었고, 나는 귀국하자마자 주한 예멘대사관에 그 사실을 전달하고 12월초 세미나 때문에 리비아로 떠났다.

세미나에서 돌아온 나는 대사관을 방문하고 친서의 전달 여부를 물었다. 하지만 이런 저런 이유로 친서는 우리 외교부에 전달이 안 된 상태였고, 주예멘 한국대사관의 재오픈을 기다린 지 2년여 만의 질구한 기다림 뒤에 2001년 6월 주한 예멘대사관은 철수하고 말았다. 너무 나도 아쉬운 나머지 대사관 현판이라도 내게 맡기고 떠나라고 했다. "새로운 대사가 부임하는 날까지 그 현판을 깊이 간직하면서 예멘을 잊지 않겠다"며 이임하는 대사관 직원들과 약속을 했다. 그때 그 현판은 아직까지 우리 연구소에 잘 보관돼 있다. 그리고는 잊혀 질지도 모르는 예멘의 모습을 한번이라도 더 보기 위해 곧바로 싸나로 달려갔다. 하지만 싸나의 분위기는 냉랭하였다. 귀국 즉시 나는 예멘센타 〈뉴스레터〉에 아래와 같은 '싸나의 마지막 밤'이라는 글로 아픔을 달래야 했다.[13]

싸나의 마지막 밤은 쉐라톤에서 보내고 싶었기에 우리는 서둘렀다. 그리고 쉐라톤의 낯익은 쌀레 대통령 사진 앞에서 다시 기념 촬영을 했다. … 싸나의 마지막 밤! 시내가 내려다보이는 쉐라톤 호텔에서, '처음 시작한 예멘과의 사랑을 이제 이별로

---

13) 한국예멘교류센타, 2001, '싸나(Sana'a)의 마지막 밤!' 〈也門消息〉, 제15호.

고해야 하는 마음 아픈 시간을 보내야 했다. 밤늦은 시간 필리핀 가수들의 노래소리는 애잔하게 흐르고 있었다. 싸나의 밤은 그 가수들의 노랫소리를 통해 은밀히 나에게 '새로운 시작'을 일깨워주고 있었다.

우리 예멘센타에 큰 버팀목이 돼주던 주한 예멘대사관의 철수는 그동안 예멘을 사랑하며 함께 뭉친 우리 동료들에게 커다란 충격이었다. 대사관 철수 이후 예멘센타의 활동은 거의 중단상태가 됐고 많은 사람들도 정든 센타를 등 뒤로 하고 떠나갔다. 나는 정말 외롭고 고독한 시간의 흐름을 맛보았고 심한 좌절감에 빠지기도 했다. 아무리 그 아픔을 잊으려 애를 써보았지만, IMF 이후 어려워진 경제환경 탓으로 그동안 후원자 노릇을 해주던 친구들도 기업이 도산하는 등 나 못지않은 어려움을 겪고 있었다. 이라크 침공 사실이 기정사실화 되던 2002년 가을, 심기일전(心機一轉)의 모진 마음으로 연구에 몰두하고 있을 무렵 설상가상으로 더 힘든 상황이 벌어졌다. 우리 예멘센타와는 전혀 관계가 없는 사람이 주한 명예영사로 임명되어 신문에 대서특필되었다. 아라시 장관의 전폭적인 후원으로 그런 일이 발생했다는 사실을 나중에 알고 나서는 다소 섭섭하기는 했지만, 아직도 나는 그를 마음속으로 흠모하고 있다. 이 같은 상황으로 예멘센타는 한때 정든 홈페이지를 삭제하고 연구는커녕 최악의 위기상황을 맞기도 했다.

나는 아픈 만큼 더 이라크 사태에 큰 집착을 보였다. 2003년 1월 이라크 학술조사단의 일원으로 이라크를 방문하고 난 이후, 3월 20일 '미국의 이라크 침공'으로 무척 바빠진 나는 예멘을 잊기에 충분한 기회를 가질 수 있었다. 그렇게 해서 2003년의 바쁜 해도 정신없이 지나갔다. 그 해 말 학술조사에 동료들 모두가 예멘을 선택하리라던 예상을 뒤엎고 나는 이란행을 택했다. 2004년의 학술연구도 리비아로 정하고 나는 마그립지역으로 학술조사를 떠났다. 9·11 이후 숨가쁘게 전개되던 중동사태로 나는 예멘연구를 뒤로 한 채, 그 동안 미뤄왔던 중동연구에 몰두하였다.

한-예멘간 교류의 가교역할을 한 깁시 박사가 쌀레 대통령 방한시 동행하여 한국예멘교류센타 임직원, 언론인과 자리를 함께 했다(우측에서 네 번째가 싸나대 부총장 깁시 박사).

그러나 예멘은 나를 그냥 버려두지 않았다. 2005년 3월 깁시 박사의 제자인 갈랄(Galal Ibrahim Fakirah) 교수가 한국외국어대학교에서 개최된 한국학술진흥재단 후원의 한 세미나에 참석하였다. 예멘사람이라는데 그저 반가움을 느꼈고, 귀국 전 한번보고 싶다는 의례적인 인사만 남긴 채 헤어졌다. 하지만 그냥 지나치기엔 너무 허전한 마음이 들어 밤늦은 시간 마포의 홀리데이 인 호텔에서 차를 한잔 할 기회를 가졌다. 깁시 박사의 근황도 알 수 있었고, 새로 받은 이메일 주소와 바뀐 전화번호도 알 수 있었다. 이 '작은 만남'이 후에 한-예멘간에 큰 가교(架橋) 역할을 하게 될 줄은 미처 몰랐다. 나는 즉시 깁시 박사에게 전화를 했고, 그 전화를 계기로 오랫동안 단절(斷絶)의 시간에 '새로운 시작' 의 이라는 단초가 제공되었다.

그리고 오래지 않아 깁시 박사로부터 받은 전화가 '쌀레 대통령 방한' 소식이었으니 꿈같은 소식일 수밖에 없었다. 그 후로 우리는 거의 매일 전화를 주고받으며 상황 체크를 했다. 한국 방문이 기정사실화 되고 신문에 방한 기사가 날 무렵, 그러나 나는 무기력해서 아무 것도 할 수 없었다. 인터넷 홈페이지에 그저 '알리 압둘라 쌀레 예멘 대통령의 방한을 진심으로 축하합니다' 라는 간단한 환영인사에 곁들여 '우리 한국예멘교류센타의 임직원 일동은 양국간 조속한 대사관 재오픈을 기원합니다' 라는 한글, 영어 및 아랍어 자막만을 간단히 올렸다. 일종의 매너리즘에 빠진 나는 주말이면 찾는 조그만 내 농장에서 더 열심히 땀 흘려 일을 할 뿐이었다. 웬일인지 그 해에는 그간 키워온 농장의 매실이 화사롭게 꽃을 피워 마치 한겨울의 하얀 눈송이처럼 흩날렸고, 그 사이에 핀 빨간 진달래꽃은 나를 매료시켰다. 흰 눈 맞듯이 매실 꽃잎을 흠뻑 뒤집어쓰고 동산에 벌렁 드러누워 쳐다 본 하늘의 모습은 정말 창공(蒼空) 그 자체였다.

나는 이런 말을 자주 한다. "사랑을 알려거든 꽃을 키우고, 인생을 알려거든 나무를 키워라." 나무를 키워 본 사람은 일 년의 짧음을 쉽게 알 수 있다. 아울러 인생의 짧음과 허무함도 동시에 느낄 수 있다. 그래서 열매가 필요한 것이고, 나무는 탐스런 열매를 맺기 위해 그 이전에 사랑으로 꽃을 피운다. 내가 애써 키운 나무들이 현란한 꽃을 피웠으니, 이제 벌 나비가 몰려 들 것이고 마침내는 탐스런 열매를 내게 선사할 것이다. 갑자기 희망이 솟구쳤다. 예멘연구도 마찬가지로 큰 결실을 나올 것 같은 좋은 예감이 들었다. 오랜 세월 나무를 키우면서 항상 싸나의 황량한 누쿰산을 생각했다. 그 헐벗은 산에 푸른 숲을 가꾸어 벌 나무 찾아오는 산야(山野)를 만들 수는 없을까? 걸프만, 특히 UAE의 성공한 대추야자 숲은 그 가능성을 일러주고 있다. 예멘도

가능하리라 믿는다. 예멘은 세계적인 꿀 생산지로도 유명하다. 싸나에서 식목(植木)의 성공은 일석이조(一石二鳥)의 결과도 안겨 줄 것이다. 최근 싸나 시내에 시작된 조경용 가로수는 그 가능성을 미리 일러주고 있다. 우리 한국은 1950년 한국전쟁으로 황폐화 된 산야를 푸른 숲으로 가꾸는데 성공한 경험을 갖고 있다. '내 조그만 경험이 여기에 보탬이 될 수는 없을까?' 하는 뚱딴지같은 생각을 가끔 해보기도 한다. 싸나의 3면을 둘러싼 황량한 산들이 푸른 숲으로 바뀌는 날! 예멘에 대한 내 사랑은 더 큰 열매로 성숙해 있을 것이다.

하지만 이렇게 내가 진퇴양난의 길목에서 정신 못 차리고 있을 때, 깁시와 내 가운데서 나를 대신해서 밤새워 아랍어를 번역해가며 쌀레 대통령을 맞을 준비를 해준 통·번역 팀장 아미라 김재희의 노력은 평생 잊지 못할 것이다. 4월 23일 주말 깁시 박사로부터 방한 일정이 하루 단축되어 26일부터 1박 2일로 변경되었다는 뜻밖의 전화를 받았다.[14] 그리고 4월 25일 "지금 출발하니 서울에서 만나자!"라는 간단한 전화로 우리의 대화는 일단 끝났다.

우여곡절 끝에 4월 27일 나와 쌀레 대통령과의 극적인 '서울 만남'은 다시 이루어졌다. 서울에서의 재회(再會)는 롯데호텔에서였다. 사실 방한 첫 날만 해도 너무 촉박한 일정이라 대통령 예방은 불가능한 것처럼 보였다. 왜냐하면 이임하는 날에도 국립묘지 참배랑 많은 공식 일정이 잡혀 있었고 오후에는 곧바로 한국을 떠나야 했기 때문이다. 26일 밤늦게 깁시 박사로부터 내일 아침 쌀레 대통령과의 면담이 있으니 준비를 하라는 전갈을 받았다. 밤늦은 시간이라 예멘센타 임직원 모두에게 연락할 시간적 여유조차 없었다. 따라서

---

14) 매스컴이나 깁시박사로부터 받은 쌀레 대통령의 방한 일정은 원래 4월 25~27일 2박 3일이었는데, 그 이유는 잘 모르지만 방한 며칠 전에 1박 2일로 갑자기 변경되었다.

이른 아침 몇몇 동료에게 연락을 취했고, 면담이 불가능하리라고 발길을 돌리던 아내도 마음을 고쳐 나를 따라 나섰다. 숨막히는 기다림 속에 오전 11시경 우리는 쌀레 대통령을 면담할 수 있었다. 그때 대통령께서 우리를 보고 반가워하던 모습을 참석한 사람들은 모두 확인할 수 있었다.

2005년 4월 27일 한국 방문시 쌀레 대통령을 예방하고 양국 관계에 대해 환담을 나누는 필자

너무나 짧은 만남이었기에 깊은 대화는 나눌 수 없었지만, 앞서 깁시 박사의 말처럼 나를 만나겠다는 생각을 했던 것은 사실이었던 것 같다. 쌀레 대통령은 은(銀)으로 된 귀중한 '예멘의 잠비아'를 직접 가져와 내게 선물해 주었고, 아내에게는 값진 목걸이를 손수 걸어주었다. 이 사실만으로도 우리는 다시 감격하였다. 우리가 베이징에서 쌀레 대통령을 만났을 때, 나와 아내는 함께 있었고, 대통령은 아마 그 사실을 계속 기억하고 있었던 것 같다. 동행했던 동료들도 내 아내의 선물에 대해서는 모두 놀랐다. 그 당시 잊을 수 없는 것은 쌀레 대통령의 인간애(人間愛)이다. 쉬바 김에게 목걸이를 손수 채워줄 때, 고리를 연결하는 일은 그리 쉬운 일이 아니었다. 옆에서 보고 있던 보좌관이 도와주려고 다가서자 옆으로 밀치고 직접 목걸이 고리를 연결하여 '선물을

마음으로 선사하는 자상함'도 볼 수 있었다. 이런 연유로 쉬바 김은 나보다 더한 열렬한 쌀레 대통령의 지지자가 되었고, 곧 이은 예멘 국경일 행사 참석 후에는 '예멘을 사랑하는 사람들'의 모임인 '예사랑', 즉 HUBY(Hubb ul-Yemen)라는 모임을 만들어 한-예멘간 민간교류에 앞장서고 있다.[15] 여기에 더하여 짧은 1박 2일의 여정에도 불구하고 우리 예멘센타를 격려해주기 위해 목재로 특별 제작한 5섯 박스나 되는 엄청난 분량의 예멘 서적을 직접 가져와 기증해 주었다. 우리는 큰 박수로 그를 환영하지 않을 수 없었다.

3) '예멘 통일의 날' 영광의 만남

2005년 5월 22일 드디어 '베이징'-'서울'-'싸나'로 이어지는 영광스런 만남이 '예멘 땅'에서 이루어졌다. 서울을 방문한 쌀레 대통령은 한국을 떠나면서 나와 쉬바 김 그리고 아미라 김을 공식 초청했다. 하지만 아미라는 일신상의 문제로 함께 동행하지 못하여 깁시 부총장은 아직도 아쉬워하고 있다. 그러나 예멘에 대한 그의 노력은 결코 헛되지 않을 것이다. '중국-한국-예멘'이라는 경로를 통한 쌀레 대통령과 만남은, 역사에서 보듯이, '실크로드(silk road)'를 통한 과거의 한-예멘간 교류와 무관하지 않을 것이다. 그래서 오랜 시간의 기다림이 있었고 시공(時空)을 초월하여 예멘 땅에서 서로가 만난 것 같다. 그래서 나는 감히 '영광스러운 만남'이라 말하고 싶다.

5월 21일 싸나에 도착한 우리는 다음날 아침 예멘정부에서 마련해 준 특별 기편으로 제15주년 예멘 통일 기념식이 열리는 하드라마우트의 무칼라에 도착했다. 앞서 자세히 설명한 바와 같이 오전 10시경부터 시작된 기념식에서

---

15) '예멘을 사랑하는 사람들(People Who Love Yemen)', '예사랑 HUBY(Hubb ul-Yemen)'는 http://am-bc.com/yesarang에 소개되고 있다.

한국 방문시 쌀레 대통령을 예방
한 쉬바 김에게 손수 값진 목걸이
를 걸어 주는 모습

예멘에서의 쌀레 대통령과의 새로운 만남이 시작되었다. 동행한 아내는 몇 마디 배운 아랍어로 "마부룩!, 슈크란!"을 연발하며 즐거움을 감추지 못했고, 그 날 입은 한복이 특이했던지 TV에서는 여자라는 점도 문제 삼지 않고 대대적인 보도를 했다.[16] 한국의 한복을 알리기에 충분한 기회였다고 생각된다. 예멘 체류기간동안 우리 운전을 도맡아 준 무함마드는 아예 싸나에 한복집을 하나 차리고 싶다는 얘기까지 했다. 한복의 아름다움을 중동에 뽐낸 자부심은 오래 간직될 것이다.

연이은 오찬과 공설운동장에서의 공식적인 기념행사로 하루가 정신없이 지나갔다. 하루 종일 쌀레 대통령과 함께 하면서 느낀 인상은 '역시 그는 건강하고 정열에 넘쳐있다'는 점이다. 이른 새벽부터 3시간여에 가까운 악수로 모르긴 해도 그는 손이 부르텄을 것이다. 계속된 행사장에서의 축하공연과

---

16) '마부룩'은 아랍어로 "축하한다"는 의미이며, '슈크란'은 "고맙다"는 뜻이다. 아랍에서 통상 여자
가 공식적인 행사에 초대되는 일은 거의 상상하기조차 어려운 일이었지만, 그 날은 '한국의 한복'이
인상적이어서 인지 매우 이례적인 것 같았다.

매스게임이 진행되는 3시간 가까운 시간에도 꼼짝 않고 손을 흔들며 박수를 치던 그의 모습은 정렬 그 자체였다. 그래서 무칼라의 시민들은 더 즐거웠을 것이다. 쌀레 대통령과 함께 한 하루는 내 인생에 잊지 못할 추억으로 남았고, 나는 그 추억을 영원히 잊고 싶지 않은 '영광스런 만남'으로 기억하고 싶다. 자정이 넘어 싸나로 돌아왔지만 피곤한 줄도 몰랐고 그저 아름다운 추억을 되새기며 잠도 이루지 못했다.

싸나로 돌아 온 우리는 다시 바빠지기 시작했다. 쌀레 대통령과의 직접 면담이 기다리고 있었다. 대통령은 하드라마우트 행사에 참여하고 있었기에 언제 다시 만날지는 기약이 없었다. 그 공백기간 동안 깁시 박사는 계속 고위 각료들과 미팅을 주선했고 우리는 민간교류를 할 수 있는 좋은 기회를 가졌다. 그 가운데서도 특히 교육부 관련 인사들과는 거의 매일 같이 행동했다. 한국을 방문했던 갈랄교수가 고등교육부 차관으로 자리를 옮겼기에 자연스럽게 고등교육부 장관인 라웨(Abdul-Wahab Raweh) 박사와 함께 하는 시간이 많아졌다. 한번은 라웨 장관이 자택으로 우리를 초대하여 예멘에 관한 이야기를 하던 중, 나는 긴 세월속에 묻혀 잊고 지내던 그리움인지 서글픔인지 무언지 모르는 감정에 복받쳐 대화 도중 말을 잇지 못하고 와락 눈물을 쏟아버렸다. 싸나를 떠날 때도 마찬가지였다. 깁시 부총장과 공항에서 헤어지면서 서로 부둥켜안고 흐느끼는 바람에 비행기가 지연되던 해프닝도 있었다. 이제 '싸나의 눈물'은 내게 진한 사랑으로 승화(昇華)되어 지금은 보다 아름다운 추억의 일부가 되었다.

일주일 남짓 기다린 끝에 5월 29일. 우리는 예멘 통일의 주역이며 번영이 보장된 예멘의 미래를 이끌어갈 대통령이 사는 대통령궁에서 그야말로 영광스러운 만남을 가졌다. 가벼운 소나기가 한차례 지나간 후 파란 하늘 아래 그야말로 녹색 잔디가 그 푸른빛을 더하는 정원의 벤치에서 우리는 다정한 대화를 나눴다. 나는 소남(素南) 서동관 화백이 정성들여 그려 준 대형 한국 풍경화를 대통령에게 전달했고, 대통령은 즉석에서 박물관으로 보내라는 훈령을 내렸다. 쉬바 김 또한 화려한 한국 왕비의 전통의상을 대통령을 통해 영부인에게 전달했다. 이 모든 영광은 예멘을 사랑하는 사람들의 정성이 있었기에 가능했다.

서동관 화백은 교황 요한 바오르의 초상화를 세계에서는 유일하게 교황청에서 증정한 바 있고, 독일 통일 1주년 기념식에서도 세계 최초로 작품전을 열기도 한 통일과 무관하지 않은 인연으로 나를 만났다. 예멘정부 초청에 빈손으로 가기가 곤란하다는 나의 하소연에 서화백은 선뜻 귀중한 그림을 그려 주었고, 그밖에도 서화백이 기증해준 중형 및 소형 한국 풍경화들은 예멘센타를 위해 힘써 준 예멘의 고위 인사들에게 전달되었다. 아마도 한국의 문화를 알리는 데 큰 기여를 하고 있을 것이다. 이 자리를 빌어 다시 한번 큰 고마움을 표한다.

쌀레 대통령의 세심한 배려는 대통령 궁의 만남에서도 쉽게 확인할 수 있었다. 쉬바 김이 정원에서 나오다 장미 가시에 긴 한복자락이 걸렸다. 옆의 보좌관이 놀라서 옷자락을 풀려하자, 대통령은 그를 제지하고 직접 허리를 굽혀 장미 가시에 걸린 옷자락을 풀어주던 친절과 인자함은 위대한 지도자의 단면을 보는 데 충분했다. 내년에도 다시 예멘을 방문해달라는 쌀레 대통령의 작별인사와 함께 우리는 높다란 담장으로 가려진 대통령궁을 뒤로하고 환희의 가슴을 두 손으로 꼭 감싸 안고 길을 나섰다.

금년 호데이다에서 치러진 16주년 기념식에도 쉬바 김과 나는 약속대로 참석하여 후한 환대를 받았다. 예정에도 없던 특별 만남이 행사도중 이루어졌고, 그 모습이 TV에 크게 방영되기도 했다. 우리 예멘센타가 한 일에 비해 과분한 대접을 받는다는 생각이, 예멘을 위해 보다 더 큰 노력을 해야겠다는

رئيس الجمهورية يطلع على الدور الذي يلعبه المركز
اليمني - الكوري في خدمة العلاقات بين البلدين

2005년 5월 29일 예멘의 대
통령궁에서 쌀레 대통령을
예방하고 한-예멘간 교류협
력에 관하여 대화를 나누는
필자. 〈Al-Thawra 신문〉

각오로 바뀌었다. 우선 한국문화를 예멘에 알리고 그리하여 우리 문화의 우
수성을 이곳에 전하고 싶다. 쌀레 대통령과 나와의 만남은 그저 단순한 만남
그 자체의 의미를 갖는 게 아닌 것 같다. 그는 이미 까다피, 무바라크, 후세인,
아라파트 등 아랍의 정상들과 손을 맞잡고 교류를 해왔고, 부시를 비롯한 서
방의 지도자들과도 악수하며 마음을 터 왔다. 내가 맞잡은 쌀레 대통령의 온
정의 손은 그의 넓은 교류를 따뜻한 체온으로 내게 전해줬고, 이제 나는 다시
그 뜨거운 열기를 한국에 전해야 할 차례다.

요즘 한국에선 독일 월드컵 열기가 한창이다. 경기를 지켜보면서 감독의
역할이 매우 중요하다는 생각을 했다. 아무리 우수한 선수들이라도 일사불란
한 팀워크가 이루어지지 않으면 경기서 패하는 모습을 여러 번 지켜보았다.
국가경영도 마찬가지인 것 같다. 국가의 감독이라 할 수 있는 지도자, 즉 대통
령의 능력과 역할이 뛰어날 때 그 국가는 번영한다. 무한한 잠재력과 가능성
을 갖고 행운의 아라비아를 통일한 쌀레 대통령이 빼어난 능력을 발휘하여 미
래 예멘 성장의 지렛대 역할을 하여 예멘은 물론 아랍의 위대한 지도자로 남

는 그 날을 기대해 본다.

3. 예멘 통일이 한반도에 주는 시사점

1) 예멘 통일의 평가

남북 예멘의 통일에 대한 평가는 아래와 같이 6가지 측면으로 요약할 수 있다.

첫째, 예멘 통일은 비록 통일 이후 높은 실업률, 물가, 인플레이션, 환율급등 등의 경제적인 어려움에 부딪치기는 하였지만, 역사적으로 '합의통일'에 의한 모델케이스로 남을 것이며, 성공한 통일로 기록될 것이다.

둘째, 예멘 통일은 국제질서 흐름에 잘 편승하였고, 주변 아랍국과 아랍연맹의 중재역할을 잘 활용하였다.

셋째, 예멘 통일은 '선통합-후조정'이라는 '합의통일' 방식을 채택하였기에 통일을 앞당기는 문호를 열 수 있었다.

넷째, 통합 이후 '남북내전'을 거치긴 하였지만, '통합'과 '통일' 과정에 3년간의 '과도기'를 두면서 완전한 통일의 과정에 이르고 있다. 이 과정에서 완전한 평화통일에 대한 문제점도 노출되었다.

다섯째, '사회통합'의 과정에서 가장 어려운 단계 가운데 하나가 '통화통합'인데, 예멘이 (물론 외부적 요인이 강하긴 했지만) 극심한 인플레이션에 시달리면서도, '경제통합'을 이루고 '통화통합'을 이룩해 낸 점은 높이 평가해야 할 부분이다. 이 과정에서 서두르지 않는 예멘인들의 민족성과 아랍-이슬람 전통은 체제를 초월하여 큰 역할을 한 것으로 평가된다.

여섯째, 예멘 통일에서 무엇보다도 중요한 것은 '경제적 요인', 즉 남북간 경제구조의 보완적 필요성이 '촉진제'로 작용하였다.

2) 예멘 통일의 시사점

(1) 정치적 측면

통일 방식을 논의함에 있어서 단순히 '흡수통일'이나 '합의통일'로 단순 비교하는 것은 좋은 방법이 아니다. 예멘 통일이 합의통일 방식에 의한 통일이기는 하지만, 경제문제를 포함한 다른 측면에서는 흡수통일의 요인도 있기 때문이다. 하지만 중요한 점은 통일회담의 시작부터 양국간에 분명한 통일의 '이념'과 '체제' 문제에 대한 의견일치가 이루어져야 한다는 것이다. 그래야만 실무회담에서 체계적인 대안을 가지고 통일협상을 지속해나갈 수 있다. 예멘의 경우, 이미 1972년 첫 번째 정상회담에서, "새로운 국가는, 하나의 국기, 하나의 슬로건, 하나의 수도(首都), 한 명의 지도자, 하나의 입법부, 하나의 행정부, 하나의 사법부…. 그리고 새로운 국가의 통치체제는 '민주–민족–공화체제'이다"[17]라는 점에 합의하고 통일문제를 단계적으로 논의하기 시작하였다.

경제적 수준이 서로 다른 나라와 단순 비교하는 것 또한 좋은 비교가 되지 못한다. 특히 통일의 배경을 분석함에 있어서는 반드시 국제질서를 면밀히 분석하고, 후원자나 중재역할을 할 수 있는 나라와 유대관계를 정확하게 분석하여야 한다. 예멘의 경우 그 당시 기준으로 1인당 GNP가 북예멘은 약 680달러 남예멘은 약 420달러로 양국의 경제력에서 커다란 차이가 없는 매

---

17) 카이로 협정, 제2조 및 제3조.

우 낮은 단계의 경제수준에서 이루어진 통일이었다. 한국의 경우 약 1만 달러 이상에 달하는 1인당 GNP의 규모에 있어서 약 10배 정도의 경제력의 차이를 갖고 있는 통일문제를 비교 연구함에 있어서는 세심한 주의가 요구된다. 예멘 통일의 배경에 있어서도 소련의 붕괴와 미소의 데탕트 과정에서 '아랍연맹'을 통한 중재와, 리비아, 요르단, 이라크 등 주변 아랍국가들의 중재노력이 커다란 역할을 하였다. 독일의 경우도 유럽공동체(EC), 북대서양조약기구(NATO), 유럽안전보장협력회의(CESE) 등의 지역적 협력의 틀 속에서 통일에 커다란 역할을 하였다. 이밖에도 예멘의 경우 중동에서 안보적 성격이 강한 경제협력기구인 걸프협력위원회(GCC), 아랍협력위원회(ACC) 및 마그레브연합(AMU) 등이 물밑에서 많은 역할을 하였다. 우리의 경우 통일의 논의과정에서 이 부분을 간과해서는 안 된다.

(2) 사회적 측면

사회적 통합측면에서 가장 시급한 문제는 '민족의 동질성' 회복 문제이다. 예멘의 경우 동질성 회복문제는 자본주의와 사회주의라는 틀 속에서 전개되었지만, 한국의 경우와는 커다란 차이를 갖는다. 세계에서는 유일한 사회주의적 공산주의를 실천하고 또 그 속에서 생활하는 북한 주민과 자유주의를 신봉하고 있는 남한 주민간의 동질성 회복문제는 많은 시간을 요구할 것이다. 정부수립 이후 한국정부의 민주화 과정, 즉 1공화국부터 현재까지 이르는 민주화 과정에 관한 연구 또한 이 문제와 관련하여 많은 도움을 주리라 기대된다.

민족의 동질성 회복 문제는 비록 시간(時間)을 요하는 문제이기는 하지만, 구체적으로 실천 가능한 단계부터 시작하면 단일민족, 단일 언어를 비교적 순수하게 잘 지켜왔기에 그 전통을 잘 연구한다면 시간을 단축시킬 수 있을 것이다. 예멘의 경우 이 문제를 남북간 자유왕래, 단일 역사교과서의 활용, 텔레비전을 통한 홍보 등의 절차를 통해 이룩하였다. 특히 이 과정에서 교육(敎育) 문제는 커다란 역할을 할 수 있을 것이다. 예멘은 1983년 이후 주민들이 신분증만으로 자유로운 왕래를 할 수 있었음은 차후 통일 이후 후유증을 감소시키는 데도 큰 기여를 하였다. 남북이산가족의 왕래도 자유의사에 맡기는 장치를 마련해주는 것이 좋을 것이며, 이 과정에서 (남북 공히) 재외국민의 남북한 자유왕래에 관한 기준도 마련되어야 할 것이다. 이 문제는 차후 경제적 측면에서 운송, 교통의 분야에도 커다란 도움을 줄 것이다.

'단일 국어교과서'의 제작 및 교육은 민족 동질성 문제를 해결하는 데 시급한 현안문제가 되고 있다. 예멘의 경우 1983년 이후 '단일 역사교과서'를 제작하고 교육하여 이질감 해소에 커다란 도움을 주었다. 예멘은 언어(言語)나 역사문제에 커다란 장애가 없었다. 하지만 한국의 경우 예멘의 경우와는 다른 양상을 보이고 있다. 다른 분단국들은 언어 문제에 비교적 커다란 장애가 없었지만, 한반도의 경우 유일하게 남북한이 언어체계에 있어서도 커다란 차이를 보이고 있다. 물론 동일한 한글을 사용하고는 있지만, 그 내용과 사용에 있어서는 큰 차이를 보이고 있다. 해방 이후 서로 다른 체계(남한 한자혼용, 북한 한글전용)로 길들여져 왔고, 그래서 문법이나 어휘, 특히 외래어의 표기에는 상당한 차이를 보이고 있다. IT와 인터넷 정보화 시대에 있어서 컴퓨터 한글화의 통일 및 사용문제는 시급한 과제이며, 과학적 한글화 작업에 남북한이 모두 서둘러 통합 사용안을 만들어야 할 것이다. 역사교과서의 경우 상당히 미묘한 양국간 감정을 자극할 수 있는 부분이 있기에, 한국에서는 우선 '단일 국어교과서'의 사용 이후, '단일 역사교과서' 교육을 시행하는 것이 순리가 될 것이다. 물론 양국의 교육문제에 대해서는 예멘의 사례가 많은 도움이 되리라 기대된다.

TV, 라디오, 매스미디어, 학술교류, 예술단체의 교류활성화 또한 동질성 회복에 반드시 필요한 선행조건이 되고 있다. 예멘 TV의 경우 동 시간에 동 프로그램 방영을 통해 커다란 효과를 보았다. 특히 텔레비전은 이 과정에서 인터넷 못지않게 커다란 효과를 발휘할 수 있으리라 기대된다. 따라서 단순한 프로그램 교환이나 예술단 교환의 차원을 넘어 실질적인 학술교류와 토론의 장이 마련되어야 하고 삼국, 신라, 고려, 조선시대 등 한국의 역사나 인물에 관한 다큐멘터리 프로그램을 동시에 제작하여 방영하는 방법을 통해 민족의 위대성이나 동질성을 회복해 나아갈 때, 단일 역사교과서의 제작, 사용에도 커다란 도움을 줄 수 있으리라 기대된다.

(3) 경제적 측면

남북경협을 통한 남북한 경제의 산업간 구조적 조정에 대한 경제적 효과를 면밀히 검토해야 한다. 예멘의 경우 경제협력 분야에서는 확실한 목적과 목표가 설정되어 있었다. 자본과 기술부족으로 한계에 부딪치고 있던, 자원의 공동개발과 관광분야의 육성 및 아덴항 개발 등과 분야를 남북간 산업구조의 조정형식을 택하여 효율성을 제고하겠다는 발상이 통일을 앞당기는 계기가 되었다.[18] 한국의 경우 단순히 자본(資本)과 임금(賃金) 또는 노동력(勞動力) 등과 관련된 구조적(構造的) 결함을 탈피하기 위한 돌파구로 남북경협을 고려하는 것은 무리한 발상이다. 따라서 현재 진행 중에 있는 관광 및 경제특구의 경험을 토대로 자본과 노동력(임금)에 대한 체계적인 비교, 검토를 통한 산업간 구조조정을 국내 경제개발과 연계시키는 방안을 마련하여야 한다.

---

18) 이 부분에 관해서는, 홍성민, 2001. '남예멘의 초기 국가개혁 전략',《사회주의 국가개혁 전략과 북한 - 개혁·개방 초기 단계 전략중심》, (서울 : 통일부), 230-233 쪽 참조.

대금결제 수단으로서의 (향후 전자상거래를 대비한 전자화폐를 포함한) 공용화폐의 이용과 그 선결조건으로서의 '투자보장협정'에 대한 장치가 시급히 마련되어야 한다. 자본과 노동력의 이동과 직접교역은 간접교역 단계를 지나서 직접교역 그리고 경제협력, 경제통합의 과정을 거쳐야 하고, 경제통합이 통화통합을 이룩하면서 사회통합을 거쳐야 일련의 완전한 통일로 이어진다. 높은 실업률, 인플레이션 및 환율 폭등에 시달리면서 이룩한 예멘의 '통화통합'은 우리에게 시사하는 바가 크다고 볼 수 있다. 통일 전 북예멘 통화는 $1=YR12, 남예멘 통화는 $1=YD0.46이었지만, 통화통합 당시 양국간 환율은 YD1=YR26이었다.

토지소유, 재산권 및 개발권에 대한 기득권 문제와 보상체계에 관한 기준을 마련해야 한다. 예멘 통일의 경우 이 부분이 흡수통일적 요소를 많이 간직하고 있는 분야인데 대부분 이슬람율법에 따르는 공공의 개념을 도입함으로써 사회주의제도 하에서 제기되는 소유권 문제를 해결할 수 있었다. 특히 전소유자의 기득권 문제는 적절한 보상체계를 마련해줌으로써 재산권 문제를 해결할 수 있었다. 한국의 경우 해방 이후 월남한 이산가족의 경우 과거 기득권에 대한 문제가 제기될 것으로 보이기에 통일협상에서 이 문제가 반드시 해결되어야만 통일 이후 국토의 효율적인 개발과 관리가 가능할 것이다.

3) 우리의 과제

이상에서 우리는 예멘의 사회적 통합과 경제적 통합을 통해서 통일에 이르는 과정을 살펴보았다. 그리고 예멘 통일이 한국의 남북통일에 주는 시사점에 대해서도 살펴보았다. 따라서 우리는 예멘 통일이 주는 교훈을 토대로 한국의 남북통일에 대하여 아래와 같이 세 가지 과제를 제시하고자 한다.

첫째, 이제까지 연구되어온 통일 연구에 있어서 단순한 1국의 분석이나 체제의 분석을 탈피한 상호보완적인 다양한 사례연구가 진행되어야 한다. 예멘의 경우도 '아랍통합(Arab Unity)', '아랍연맹' 및 GCC를 비롯한 경제협력기구 등 주변의 경제여건에 대한 선결연구를 통해 경제협력문제에 명확한 해법을 제시하였다.

둘째, 지나치게 객관적인 통일의 원인, 배경, 과정, 결과만을 분석하는 체계를 탈피한 보다 구체적이고 세부적인 연구로 심화되어야 한다. 그래야만 정확한 통일비용을 산출할 수 있으며, 통일 이후의 (정치적, 사회적 효과를 포함한) 경제적 효과를 정확하게 도출해 낼 수 있을 것이다. 예멘의 경우 이제까지 연구는 예멘의 역사, 분단과 통일 등 객관적 사실과 예멘의 이해 정도에 미치는 미미한 연구가 되어왔다. 특히 뿌리 깊은 아랍-이슬람 전통을 유지하고 있는 예멘인들의 민족성 연구는 사회통합 연구를 위해서 하나의 타산지석이 될 것이다.

셋째, 문제의 시각을 안으로 돌려 '한민족', '단일민족'의 차원에서 통일 분위기를 고조시키는 연구가 병행되어야 한다. 특히 이 과정에서 삼국통일의 과정을 역사적 차원에서 재조명해보는 것도 –외국의 사례를 한국의 실정에 도입하려는 현실을 감안할 때– 효과적인 통일 연구가 될 것이다.

4. 한반도 통일에 관한 제언

한국의 통일문제의 접근에서 빼놓지 않고 대두되는 문제가 '흡수통일' 문제이고, 이 경우 독일 통일의 예가 그 답안처럼 제시된다.[19] 앞에서도 수차례

밝혔지만 예멘의 통일은 분명한 '합의통일'이며, 어느 경우에도 양국간에는 빈부의 차가 발생하기 마련이기에 보다 가난하더라도 보다 잘 사는 나라가 경제적인 측면에서 많은 양보를 할 수밖에 없다. 경제적 측면에서 예멘의 경우도 예외는 아니다. 하지만 통일의 경제적 비용을 희생한 독일의 경우와는 다르다. 이런 점에서 예멘 통일의 교훈이 우리에게 제시하는 방향은 중요한 의미를 갖는다.

예멘 통일에서 배운 것은 '평화적 통일'과 '지도자의 강력한 의지'이다. 우리는 단군 이래 단일민족으로 오랜 역사를 누리며 살아왔다. 삼국통일을 이룬 김유신 장군 보다는 왜적을 무찌른 이순신 장군이 한국의 위대한 영웅으로 더 회자(膾炙) 되는 것 역시 통일국가로서 하나의 민족국가를 이루며 살아온 사실을 입증한다고 볼 수 있다. 하지만 한국은 이 평화시대에서도 세계에서 유일하게 철책선으로 가로막힌 세계 최고의 민족분쟁 중 하나라 알려져 있다. 금강산 다녀오는 길, 휴전선 비무장지대에서 만난 이름 모르는 새도 나를 가엽게 여기는 것 같았다.

한국의 분단은 타의에 의한 분단이었지만, 시작부터 독일의 그것과는 전혀 다르다. 예멘의 분단과도 다르다. 오히려 아랍-이스라엘 분쟁의 근간이 되고 있는 이스라엘의 건국과 궤를 같이한다. 통일문제의 논의는 이 근본적인 문제부터 출발해야 좋은 결론을 이끌어 낼 수 있다. 제2차 세계대전 때까지 한국 국민의 열망은 '식민지로부터의 해방'이었다. 그래서 백두산이니 독도니 하는 문제는 돌아볼 틈도 없이 함께 뭉쳐 '해방을 기치'로 뭉쳤고, 1945년 해방 이후 체제문제의 소용돌이에 휘말리게 되었다. 이스라엘도 같은 처지였

---

19) 한국 통일문제를 논의함에 있어서 독일 통일의 교훈을 여과 없이 혹은 지나치게 활용하는 것은 큰 오류(誤謬)를 범할 수 있다. 이 경우 대부분 예멘 통일의 예는 후진국 모델이라는 이유로 많이 배제되고 있는 점은 사실이며, 예멘 통일 또한 '흡수통일'로 처리하는 경우가 많다.

다. 아랍인과 함께 뭉쳐 세계대전이 그들의 우방인 연합국의 승리로 끝나자, 이스라엘 건국 전 3년간의 과도기를 거치며 1948년 이스라엘 건국 후 급기야 피의 분쟁을 시작하여 오늘까지 이르고 있다. 한국의 분단도 이와 매우 유사한 측면을 갖고 있다.

통일전쟁이었건 민족전쟁이었건 간에 관계없이, 1950년 '한국전쟁'은 세계사에 큰 획을 그었고, 경제사에서는 전후 부흥에 큰 기여를 했다. 아이러니컬하게도 패전국이며 우리의 식민 모국이었던 황폐한 일본 경제가 부흥하는 계기가 되었다는 점은 정말 슬픈 일이다. 분명한 사실은 한국은 6·25라는 한국전쟁을 통해서 분단이 고착화되었고 그 분단은 '외세의 개입'을 불가피하게 만들었다. 여기서 간과할 수 없는 점이 '외세의 개입'이고 이는 우리의 의사와 관계 여부를 떠나 반세기가 지난 오늘까지도 '한국 통일에의 큰 장애물'로 작용하고 있다. 이점 또한 한국 통일논의에 매우 중요한 변수이다.

6·25전쟁으로 분단이 고착된 남북한은 전후 세계질서의 흐름에 따라 세계에서 가장 심한 이데올로기 분쟁지역 중 하나로 대두되었고, 우리 민족은 그 희생양이 되었다. 그리고 1980년대 말 사회주의 체제 붕괴로 세계적인 화해(detente) 분위기가 시작된다. 이 기간에 분단국 독일이 통일을 하고 곧이어 예멘도 통일 열차에 탑승했다. 하지만 남북한 양국은 통일에 이르지 못하고 아직도 '진행형의 통일과정'에서 때 아닌 복병, 핵(核) 문제를 만나 홍역을 치르고 있는 가운데 일본은 독도, 중국은 동북공정이라는 기존의 상처를 다시 건드리고 있다.

남북통일은 결혼으로 치면 재혼에 비유될 수 있다. 남북한 양국은 자신의 의사와는 관계없이 타의에 의한 어처구니없는 이혼을 당해야 했다. 마치 시어머니가 미웠서였든 처갓집 장모가 싫어서였든 이사 간 사람들처럼 일부 사람들은 남북한 체제를 선택하고 남북을 바꾸어 이사했지만, 대부분은 영문도 모르는 채 그저 그 자리에 살아야 했다. 그때 만난 '새 부모'[20]는 50년 이상의 긴 세월동안 그 들을 길들였고, 거기서 길들여진 사람들은 남남처럼 다른 사람들로 변해버렸다. 문제는 이 과정에서 고모(혹은 이모)로 간주되는 제3자의 역할을 간과해서는 안 된다. 따라서 한국 통일에 있어서 고모(혹은 이모)에 해당하는 중국의 간여를 배제하고 통일논의를 하는 것은 무리이다. 다시 말하면 남북한 통일은 중국이 큰 변수로 자라잡고 있다는 점이다.[21] 반세기 지나 정신차리고 다시 재결합(재혼) 하려고 의사를 타진했더니, 분단(이혼) 당할 때 개입했던 당사자들이 다시 모였고, 그것이 '6자 회담' 이라는 새로운 덫을 만들고 있다.

남북한 양국의 재결합(재혼)의 가장 큰 핵심은 재결합의 의사라 볼 수 있는 '남북한 양국의 통일의지' 이며, 이 문제의 해결은 남북통일을 앞당기는 견인차 역할을 할 것이다. 즉 재혼에 앞선 '사랑의 결합' 을 타진하는 일이 무엇보다 중요하며, 단지 연정(戀情)은 '사랑의 추억' 으로 끝날 가능성이 있다. 혼수나 새 집 마련을 위한 경비, 즉 통일비용은 그 다음의 문제이다. '사랑의 척도' , 즉 '통일의 의지' 를 속히 파악해야 한다. 통일(재결합)의 시기 또한 매우 중요하다. 이웃집, 즉 국제정세는 하루가 마다 않고 빠른 속도로 변하고 있다. 계속 사랑싸움만 할 때가 아니다. 우리는 늙어가고 있다. 이미 50살을 넘기고 환갑을 바라보고 있다. 나이가 너무 들어 재결합하면, 사랑보다는 재산타령만 하면 진정한 행복을 잊고 살 수도 있다. 예를 들어 100살쯤 되어 통일

---

20) 여기서 '새 부모'는 자본주의, 사회주의 양 체제의 종주국 미국과 소련에 비유할 수 있다.
21) 예멘 통일과 관련한 남북통일 해법에 있어서 필자는 2+4, 즉 남북한 양국과 미, 소, 중, 일의 역할을 강조하였다. 지금의 '6자 회담' 과 같은 맥락이긴 하지만, 여기서 소련과 특히 중국의 협조가 중요다다는 점을 강조하였다. 중동문제연구소, 1992, 〈통일예멘과 남북한〉, 세계지역연구 분석자료 1, (서울 : 외국학종합연구센터, 한국외국어대학교), 53-54 쪽 참조.

(재결합)하고 났을 때, 세상이 지금과는 판이한 세상으로 변해있다면 사랑의 종말, 즉 통일 결과가 만족스럽지 못할 결과가 나올 수 있다.

따라서 남북통일은 서둘러야 하지만 분명한 통일 의지를 갖고 구체적으로 접근해야 한다는 명제가 대두된다. 다시 강조하지만, 남북통일은 통일을 이루겠다는 국민들의 의견을 수렴한 양국 지도자의 '통일에 대한 의지'에 따라 그 시간이 정해질 수 있다.

참고 자료

• 강주헌 옮김. 2003. 《이슬람 미술(Jonathan Bloom and Sheila Blair, Islamic Arts)》. 경기 파주 : 한길아트.

• 국토통일원. 1990. 〈예멘 統一關係 資料集 Ⅱ〉. 서울 : 국토통일원.

• 국토통일원. 1986. 〈分斷國 統合事例研究〉. 국통자 86-7-48(재) 서울 : 국토통일원.

• 김재희. 1998. '통일을 향한 노력과 경제개혁', 〈예멘 통일과 민주화의 기수 : 알리 압둘라 쌀레〉. 중동인물연구 98-1. 서울 : 한국예멘교류센타.

• 김종도. 1998. '예멘의 통일과정과 쌀레의 업적', 〈예멘 통일과 민주화의 기수 : 알리 압둘라 쌀레〉. 중동인물연구 98-1. 서울 : 한국예멘교류센타.

• 민족통일연구원. 1994. 〈예멘 統一의 問題點〉. 서울 : 민족통일연구원.

• 박갑천. 1995. 《세계의 땅이름》. 서울 : 앞선책.

• 염경원 번역. 1994. '모카 마타리의 예멘'(사또히로시 칸. 《예멘-또 하나의 아랍》, 동경 : 아시아경제연구소).

• 유지호. 1997. 《예멘의 남북통일 – 평화통일의 매력과 위험성 – 》. 서울 : 서문당.

• 이상기. 1998. '1996년 국경일 대국민 연설문'. 〈예멘 통일과 민주화의 기수 : 알리 압둘라 쌀레〉. 중동연구 98-1. 서울 : 한국예멘교류센타.

• 정은주 외. 2005. 《비단길에서 만난 세계사》. 경기 파주 : 창비.

• 주예멘대사관. 1994. 〈예멘공화국 개황〉. 싸나 : 주예멘대사관.

• 중동문제연구소. 1992. 〈통일예멘과 남북한〉. 세계지역연구 분석자료 1. 서울 :

외국학종합연구센터, 한국외국어대학교.

• 통일원. 1995. 〈베트남 및 예멘의 통합사례 연구논문집〉. 서울 : 통일원.

• 통일원. 1991. 〈예멘 統一關係 資料集 Ⅱ〉. 서울 : 국토통일원.

• 한국외교협회. 2000. '남북한 정상회담이 우리에게 미치는 영향'. 〈외교〉 제55호. 서울 : 한국외교협회.

• 한국예멘교류센타. 2005. 〈예멘 통일의 실현과정〉. 서울 : 동센타.

• 한국예멘교류센타. 1998. 〈예멘 통일과 민주화의 기수 : 알리 압둘라 쌀레〉. 서울 : 동 센타.

• 한국예멘교류센타. 1997. 〈예멘 통일의 아버지- 알리 압둘라 쌀레〉. 서울 : 동 센타.

• 한국예멘교류센타. 1996. 〈예멘〉. 중동지역연구 96-1. 서울 : 동 센타.

• 한국예멘교류센타. 1994-2005. 〈也門消息〉 각호.

• 홍성민. 2005. '예멘 통일의 교훈'. 〈한국경제신문〉. 4월 25일자.

• 홍성민. 2001. '남예멘의 초기 국가개혁 전략'. 〈사회주의 국가개혁 전략과 북한 - 개혁·개방 초기 단계 전략중심〉. 서울 : 통일부.

• 홍성민. 2000. '예멘 통일의 주역 ; 알리 압둘라 쌀레(Ali Abdullah Saleh Al Amar : 예멘, 1942)', 손주영 외 지음, 《20세기 중동을 움직인 50인》. 서울 : 가람기획.

• 홍성민. 1999. '이슬람은행(Islamic Banking)과 금융'. 〈중동연구〉. 제18-1권. 서울 : 한국외국어대학교 중동연구소

• 홍성민. 1996. '행운의 아라비아(Arabia Felix) 예멘'. 〈신용분석〉. 여름·가을 합본호. 서울 : 한국신용분석사회.

• 홍성민. 1996(1). '예멘의 정치·경제적 상황과 석유산업(1)'. 〈석유〉. 봄호. 통권 67호. 한국석유개발공사.

• 홍성민. 1996(2) '예멘의 정치·경제적 상황과 석유산업(2)'. 〈석유〉. 여름호. 통권 68호. 한국석유개발공사.

• 홍성민. 1993. '예멘 統合 이후 經濟環境變化와 石油産業'. 〈한국중동학회논

총〉. 제14호. 서울 : 한국중동학회.

• 홍성민. 1991. '南·北예멘 統合後 經濟環境變化와 石油産業'. 〈석유〉. 12월 호(제50호). 서울 : 韓國石油開發公社.

• 홍성민. 1991. '이슬람 상인과 한국인의 교역'. 〈중동경제론〉. 서울 : 명지출판사.

• Ahmad M. Kibsi. 2002. Yemen Government 1990-2002. Sana'a : Zaid ul-Faraan.

• Athawabit(Foundations) 1997. 'Studies on Yemen Unity.' A Quarterly Journal of

• Culture, Development and Politics. Vol. 9 April-June.

• Charles & Patrica Aithie. 2004. Yemen : Jewel of Arabia. London : SATACEY International.

• EIU Country Report. 1995 - 2005.

• EUROPA. 1990. The Middle East and North Africa. London : EUROPA Publications Limited.

• Foreign Affairs. Nov.-Dec. 2005, 'Yemen : Poised to Prosper', A special report prepared by Strategic Media.

• http://www.aden-freezone.com/afz.htm.

• http://am-bc.com/yesarang, HUBY(Hubb ul-Yemen).

• http://www.presidentsaleh.gov.ye

• Information & Cultural Section. Lieutenant General Ali Abdulla Saleh : Press Interviews & Statements. New Delhi : Embassy of the Republic of Yemen.

• Kostiner, Joseph. 1996. Yemen : The Tortuous Quest for Unity, 1990-94. London : The Royal Institute of International Affairs.

• Pascal and Maria Marchaux 1997. Yemen. Paris : PhBus.

• Saint-Prot, Charles. 1995. Happy ARABIA : From the Antiquity to Ali Abdullah SALIH, The Yemeni Unifier. _____ : Bissan.

• Seong Min Hong. 2000. 'Korean Studies in Yemen.' Korean Journal of the Middle East Studies. No. 21-2. The 9th KAMES International Symposium Korean Studies in the Middle East. Seoul : Korean Association of the Middle East Studies.

• Seong Min Hong. 1996. 'Yemen's Economic Situation and its Relations with Korea.' 12th Annual Conference, Japan Association for the Middle East Studies(JAMES), April 20th–21st. Tottori University, Japan.

• Seong Min Hong. 1995. 'The Unified Yemeni Economy and its Economic Relations with Korea.' JES. Vol. 20. Seoul : RIES.

• Seong Min Hong. 1989. 'The Middle East and its Trade with Far Eastern Countries in Medieval Ages : With Special Reference to Muslim Trade between Korea and China.' The Korean Journal of the Middle East Studies. No.10. The Korean Association of the Middle East Studies.

• The General Dept. for Planing. 1998. Abhath Siyasiyah Quarterly. Sana'a: Ministry of Foreign Affairs Republic of Yemen.

• The Republic of Yemen. 1997. The General Program of the Government Sana'a: The Prime Ministry.

• Brice, W. C. An Historical Atals of Islam Maps, Muslim Expansion untill A.D. 661. http://www.founders.howard.edu/IslamMaps.htm.

• YEMEN gateway. http://www.al–bab.com

• Yemen Observer. May 22, 2006, Vol. Ⅳ–Issue 8, 'Speech of H. E. President Ali Abdyllah Saleh on the 15th National Day Anniversary of the Republic of Yemen.'

부록(아랍어)

2.جوانب الوحدة اليمنية
1)الجانب السياسي
2)الجانب الإجتماعي
3)الجانب الإقتصادي
3.مهامنا الرامية لتحقيق الوحدة الكورية
4.مقترحات لتحقيق وحدة شبه الجزيرة الكورية

■ البيبليوغرافيا

■ اللغة العربية

■ الفهرس

■ توطئة

■ تصدير الكتاب

1.تنشيط التبادل المدني

2.إسراع التعاون الإقتصادي المستمر

3.زيادة التعاون الإجتماعي والثقافي

4.مراحل إندماج شطري اليمن وتحقيق الوحدة بينهما

1.إندماج شطري اليمن

2.إندماج شطري اليمن والوحدة

5.الوحدة اليمنية من النواحي الإجتماعية والإقتصادية

1.الوحدة الإجتماعية

1)خلقية الوحدة الإجتماعية

2)الفجوة من النواحي الإجتماعية والإقتصادية

3)مراحل الوحدة الإجتماعية

4)الوحدة الإجتماعية

2.الوحدة الإقتصادية

1)خلفية الوحدة الإقتصادية

2)مراحل الوحدة الإقتصادية

3)الوحدة الإقتصادية

□ مساعي القائد لتحقيق الوحدة وإنجازاته

1.مساعي القائد العظيم والوحدة اليمنية

1.مساعي الرئيس صالح لتحقيق الوحدة

2.القائد القوي وتحقيق الوحدة

2.الأحداث التاريخية الهامة في مراحل تحقيق الوحدة

3.بناء بلاد عظمي وإنجازات الرئيس صالح

1.بناء اليمن العظيم والإصلاح

2.إنجازات الرئيس صالح الهامة

□ كلمات الرئيس صالح أمام الشعب اليمني ورسالته

3.سبأفون،أول جي أس أم في اليمن التي تصل الى كل أنحاء اليمن

□ اليمن المعروفة بالعربية السعيدة الموعودة بالإزدهار

1.بلاد ملكة سبأ والعطور
2.أصل قهوة Mocha
3.قات وزنبيا
4.الفنون المعمارية اليمنية المميزة والثروات الثقافية العالمية
    1.الفنون المعمارية اليمنية المميزة
    2.الثروات الثقافية المختارة من قبل منظمة اليونسكو
        1)صنعاء
        2)شيبام
        3)زابيد
        4)مأرب : عاصمة مملكة سبأ
5.اليمنيون ما بين التفاؤل والتشاؤم
6.منطقة التجارة الحرة وإكتشاف النفط

□ آلام إنقسام الشطرين وبهجة تحقيق الوحدة

1.إنقسام اليمن والوحدة
2.خلفية الوحدة اليمنية وخصائصها
    1.خلفية الوحدة
        1)الأسباب الداخلية
        2)الأسباب الخارجية
    2.خصائص الوحدة
3.مساعي شطري اليمن المستمرة لتحقيق الوحدة

الفهرس

الكوري وحبه وإعجابه بمنهجية الرئيس علي عبد الله صالح في إعادة تحقيق الوحدة والذي تجلى بالزيارات العديدة للوفود الكورية الى اليمن وبالحضور الكبير في سيئول للإستماع الى محاضرة فخامة الرئيس علي عبدالله صالح الذي إستطاع ترويض الأسد. كما يمكن ملاحظة ذلك من كثافة اللقاءات مع وسائل الإعلام المختلفة "تلفزيون ـ إذاعة ـ صحافة". كما أن الكتاب سيسهم في تعريف الشعب الكوري بالإنجازات الكبيرة التي تتحقق في اليمن. كما أنه رسالة الى الشعب الكوري حول أهمية تحقيق الوحدة بين شطريها.

في الختام، أتقدم بخالص الشكر والتقدير للدكتور هونج وزوجته شيبا وكل أعضاء المركز الكوري ـ اليمني وأعضاء نادي حبي الذين يبذلون قصارى جهدهم لتقريب العلاقات بين اليمن وكوريا، كما أتقدم بخالص تقديري للسيدة الفاضلة "أميرة" لكل الجهود التي تقوم بها وأمل أن أراها قريبا في اليمن تشاركنا إحتفالاتنا الوطنية.

وفي الأخير، أدعو الله لوحدتنا في اليمن النماء والإزدهار. كما أرجون أن تتحقق الوحدة في شبه الجزيرة الكورية، وقريبا نشارك الشعب الكوري الصديق إحتفالاته بإعادة تحقيق وحدته

يوليو، 2006

أ.د. أحمد محمد الكبسي

نائب رئيس الجامعة للشؤون الأكاديمية
أستاذ العلوم السياسية ـ جامعة صنعاء

لجمهورية كوريا في أبريل 2005م قد أتاح الفرصة للقاء بأعضاء المركز الكوري اليمني الذين تشرفوا بلقاء فخامة الرئيس والإستماع الى محاضرته القيمة حول منهجية إعادة تحقيق الوحدة اليمنية في القاعة الكبرى لجامعة سيئول الوطنية. كما أنهم قد أجروا العديد من اللقاءات مع فخامة الرئيس وعملوا كمنسقين بين الوفد اليمني ومختلف الهيئات والمنظمات الكورية.

ولقد شارك الدكتور هونج والسيدة زوجته في إحتفالات بلادنا في الذكرى الخامسة عشر لإعادة تحقيق الوحدة المباركة وللإحاطة، فلقد أطلقت زوجة الدكتور هونج على نفسها إسم "شيبا هونج" "بلقيس اليمن". كما أن تعلق زوجة الدكتور هونج باليمن قد دفعها الى تأسيس نادي أسمته "حبي اليمن" ينضم اليه كل محبي اليمن. كما أنها قد أفردت له موقعا على صفحات الإنترنت وضمنته صور للإحتفالات اليمنية وللطبيعة اليمنية وتدعوا كل من يحب اليمن الإنضمام اليها في النادي، كما أن الدكتور هونج وزوجته وإبنته قد حضروا بعد ذلك الى اليمن لكي تتعرف إبنتهم على اليمن السعيد.

إن حب وتعلق الدكتور هونج وعائلته باليمن ينبع من عشقهم للوحدة وتمنيهم الدائم أن تعاد وحدة الوطن الكوري، بل أن حبهم باليمن إرتبط بحب الرئيس علي عبدالله صالح محقق الإنجاز العظيم والذي تتجلى مواقفه العظيمة في كل المناسبات وتوجيهه الدعوة للسيد هونج وزوجته لمشاركة أصدقائهم اليمنيين في إحتفالاتهم بمنجز هم العظيم.

لقد نشر الدكتور هونج العديد من المقالات والأبحاث والدراسات حول اليمن من الناحية السياسية والإقتصادية والإجتماعية. كما أنه يعمل من أجل تعريف الشركات والمؤسسات الكورية باليمن، وأني على ثقة بأن هذا الكتاب سوف يسهم في توطيد العلاقات الكورية اليمنية بحكم معرفتي بالشعب

للوفود الكورية رفيعة المستوى التي زارت اليمن ومن ضمنها نائب رئيس الوزراء وزير شؤون الوحدة الذي لبى دعوتنا في الجمعية اليمنية للعلوم السياسية والقى محاضرة حول الوضع في كوريا في قاعة الزعيم جمال عبد الناصر بجامعة صنعاء.

كما أن مبادرة صدرت من أصدقاء كوريا في اليمن لتأسيس جمعية الصداقة اليمنية الكورية، ولقد شرفت برئاستها إلا أن الأوضاع التي جرت في كوريا وإضطرت الحكومة الكورية الى إغلاق سفارتها في صنعاء وتكليف السفارة بالرياض بالقيام بأعمال السفارة في صنعاء قد أعاق الجمهود لإعلان جمعية الصداقة اليمنية الكورية التي يعتز المنتمين اليها ولم تعلم بصداقتهم للشعب الكوري الصديق.

ومن خلال عمل السفارة الكورية بالرياض قمنا بالعديد من الأنشطة والمحاضرات المتعلقة بتوطيد العلاقات بين اليمن وكوريا. كما أن الصديق العزيز الدكتور هونج قد أسس مركزا متخصصا أسماه المركز اليمني الكوري الذي يلعب دورا كبيرا في التعريف باليمن في كوريا. ويمكن ملاحظة ذلك من خلال النشرات التي يصدرها وموقعه على صفحات الإنترنت.

كما أن علاقتي بكوريا توطدت من خلال التنسيق لزيارة وفد جامعة تشوسون الكورية التي منحت فخامة الرئيس علي عبدالله صالح ـ حفظه الله ـ شهادة الدكتوراه الفخرية في العلوم السياسية تقديرا لجهوده في إعادة تحقيق وحدة الوطني اليمني.

كما قد تواصلت علاقتي بالزملاء الكوريين من خلال الأساتذة الباحثين الشباب أثناء زياراتهم لكوريا، ومن ضمن هؤلاء الأستاذ الدكتور جلال فقيرة الذي حمل العديد من الرسائل من الدكتور هونج والتي وطدت العلاقات بيننا.

كما أن تشريفي من قبل فخامة الرئيس على عبد الله صالح ـ حفظه الله ـ أن أكون ضمن الوفد الرافق لفخامته أثناء زيارته

توطئة

لقد بدأت علاقتي وإهتمامي بجمهورية كوريا مع بداية إعلان إعادة وحدة اليمن التي كان لها وقع كبير لدى الشعب الكوري الصديق، فبدأت الوفود من وزارة شؤون الوحدة الكورية ومن الجامعات والمؤسسات البحثية، كما نشأت بيني وبين سفراء جمهورية كوريا علاقات حميمة ولقد كان التواصل مستمر، ولقد سعدت كما سعد زملائي في جامعة صنعاء بإستقبال الوفود الكورية المختلفة والإجابة على تساؤلاتهم حول كيفية تحقيق الوحدة اليمنية.

وبمناسبة إحتفالات اليمن بالعيد الأول لإعادة تحقيق الوحدة اليمنية، بمشاركة العديد من الوفود الدولية، منها الوفد الكوري الذي كان من بين أعضائه الدكتور هونج سونج مين الذي ربطتني به وبأفراد أسرته علاقات وطيدة، ولقد كان جل إهتمامنا هو العمل من أجل توطيد العلاقات بين اليمن وكوريا، وكيف يمكن للأصدقاء في كوريا الإستفادة من أسلوب تحقيق الوحدة اليمنة.

ولقد أعقب ذلك زيارتي لجمهورية كوريا بدعوة من معهد الشرق الأوسط وأفريقيا لألقاء محاضرة حول منهجية إعادة تحقيق الوحدة في اليمن، وأثناء زيارتي لجمهورية كوريا التي كانت تشهد الإنتخابات الرئاسية فالتقيت الدكتور هونج الذي بدوره عرفني على قيادات الحملة الإنتخابية. كما زرت القرية الحدودية بانمونجوم التي تفصل بين شطري كوريا بما يعرف بالخط 38 الذي ذكرني بالبراميل التي كانت تفصل بين شطري اليمن، وكما تمنيت أن تعاد وحدة كوريا التي وجدت الكثير من أبنائها يتألمون من حال التشطير التي فرضت عليهم.

كما أن علاقتي بكوريا تواصلت مع الزيارات المختلفة

ومن أجل زيادة شهرة فخامة الرئيس صالح على مستوى العالم، فإنني أخطط لتأليف كتاب باللغة الإنجليزية يتناول إنجازات الرئيس في الوحدة وذلك بالتعاون مع الدكتور كبسي .

وفي هذا المضمار، لن أنسى جهود أعضاء المركز الكوري - اليمني من أجل نشر الكتاب هذا، بمن فيهم المترجمة أميرة كيم. وعلى وجه الخصوص ، وبدون مساعدة الدكتور أحمد الكبسي نائب رئيس جامعة صنعاء، لاستحال نشر هذا الكتاب. هذا وساهمت العديد من الشخصيات البارزة اليمنية في نشر الكتاب، مثل كبار المسؤولين في القصر الجمهوري اليمني ووزير الزراعة والأساتذة في جامعة صنعاء، بالإضافة الى الدبلوماسيين اليمنيين وفي مقدمتهم السيد ناصر.

أخيرا، أود أن أعبر عن شكري الجزيل لرئيس دار "بوك غالاري" للكتب السيد تشيه كيل ـ جو.

مع تمنياتي في أن يكون هذا الكتاب جسرا يربط بين كوريا واليمن.

يوليو، 2006

د. هونج سونج مين
رئيس المركز الكوري ـ اليمني

وعلى ضوء الإنجازات التي حققها فخامة الرئيس صالح من أجل بلاده والشعب اليمني، قررت نشر الكتاب تحت عنوان "قائد العصر الجديد". وبلا شك، سيحفظ التاريخ العربي مكانة فخامة الرئيس صالح ودوره كقائد عمل عظيم من أجل مستقبل العالم العربي.

ورغم الجهود التي بذلناها من أجل تعرف الشعب الكوري على اليمن، إلا أنه ما زال يعتبر بلد غير معروف بالنسبة للكوريين ، وكل ما يعرفون عنه أنه بلد يقع في شبه الجزيرة العربية، نجح في تحقيق الوحدة بين الشطرين في التسعينات.

ومن أجل إدراك الشعب الكوري بأهمية الوحدة بين الشطرين، وصل فخامة الرئيس على عبدالله صالح الى جمهورية كوريا العام الماضي في زيارة رسمية، وألقى محاضرة خاصة أمام الطلاب في جامعة سيول الوطنية، لكن تلك المساعي المتنوعة لم تنجح في جذب إهتمام المزيد من المواطنين الكوريين. وأظنه أمر مؤسف بالنسبة لي.

وحتى بعد قفل السفارة اليمنية في سيئول عام 2001، واصل أعضاء المركز الكوري ـ اليمني أبحاثهم العلمية والثقافية من أجل تقريب البلدين، وذلك بفضل مساعدة الدبلوماسيين اليمنيين في هذا المجال حتى بعد عودتهم الى اليمن. هذا وساهم العديد من الأساتذة في الجامعات اليمنية في إستمرار التبادل العلمي مع المركز، حيث زار يعض الأساتذة في جامعة صنعاء سيئول لحضور ندوات علمية، بينما أرسل الأساتذة في جامعة عدن عددا من المطبوعات والنشرات العلمية المتعلقة باليمن الى المركز، مما أبدى فخامة الرئيس صالح أثناء زيارته الرسمية الى كوريا في أبريل العام الماضي، تأييده التام لأنشطة المركز البحثية ليصبح المركز اليمني الثقافي الوحيد في بلادنا يقوم بمثل هذه الأنشطة العلمية.

إصدارة كتاب قائد العصر الجديد

لا يخامرني أدنى شك في أن علاقة كوريا مع اليمن قد بدأت في منطقة حضرموت في عصر الطريق الحريري، ثم في مدينة عدن في العصور الوسطى.

فقد أكد المؤرخ الفارسي الشهير ابن خرداذبه (820-912)، في "كتاب المسالك والممالك" على إقامة العرب في شبه الجزيرة الكورية. كما اتضحت هذه الحقيقة، من قبل أحفاد علوي السعيدي (Alawi Sayyides) الذين انتقلوا من البصرة في جنوب العراق إلى منطقة حضرموت عام 931 م. هذا وتوجد أدلة في مقبرة علوي الموجود في منطقتي تاريم و سيون على حقيقة إقامة العرب في كوريا.

وفي هذه اللحظة وبعد مرور آلاف السنوات، تدهشني جاذبية اليمن وقدراته الكامنة التي حققت الوحدة بين الشطرين الشمالي والجنوبي.

بدون شك، فإن مدينة عدن ، الغنية بالموارد الطبيعية مثل البترول والأسماك والسياحة، ستصبح مركزا للتاريخ العالمي، كما سيكون اليمن دولة عظمى من الناحية الثقافية لأنها تحافظ على تقاليدها المعمارية الثقافية والفنية.

يرجع سبب نشر الكتاب هذا الى حبي الكبير لفخامة الرئيس اليمني على عبدالله صالح، نظرا لأنه حقق بنجاح الوحدة اليمنية أثناء فترة انهيار الحرب الباردة في أواخر الثمانينات ، وظهور النظام الدولي الجديد.

وفي الحال، شرع فخامة الرئيس صالح في إجراء إصلاحات اقتصادية شاملة، وتنفيذ بعض الإجراءات الرامية الى النمو الإقتصادي.

أهدي هذا الكتاب الى فخامة الرئيس علي عبدالله صالح رئيس جمهورية اليمن

يوليو، 2006

الدكتور هونج سونج مين
رئيس المركز الكوري ـ اليمني